U0541057

THE DISSEMINATION
AND RECEPTION
OF CHINESE CULTURE
IN EUROPE

中国文化对欧洲的影响

王 宁 钱林森 马树德 著

河北出版传媒集团
河北人民出版社
石家庄

图书在版编目（CIP）数据

中国文化对欧洲的影响 / 王宁，钱林森，马树德著. -- 石家庄：河北人民出版社，2022.11
ISBN 978-7-202-16140-1

Ⅰ. ①中… Ⅱ. ①王… ②钱… ③马… Ⅲ. ①文化交流-文化史-研究-中国、欧洲 Ⅳ. ①K203②K500.3

中国版本图书馆CIP数据核字(2022)第218529号

书　　名	中国文化对欧洲的影响
著　　者	王　宁　钱林森　马树德
总策划编辑	王斌贤
策划编辑	荆彦周
特约编辑	张晨光
责任编辑	高　菲
美术编辑	李　欣
封面设计	赵　建
责任校对	付敬华

出版发行	河北出版传媒集团　河北人民出版社
	(石家庄市友谊北大街330号)
印　　刷	河北新华第一印刷有限责任公司
开　　本	787毫米×1092毫米　1/16
印　　张	15.5
字　　数	213 000
版　　次	2022年11月第1版　2022年11月第1次印刷
书　　号	ISBN 978-7-202-16140-1
定　　价	58.00元

版权所有　翻印必究

如有印装质量问题，请拨打电话0311-88641240联系调换。

序

探讨中国文化在欧洲的接受与传播已经不是一个全新的课题了，朱谦之先生早在20世纪40年代就出版了《中国哲学对欧洲的影响》一书。1998年，我和季羡林先生应河北人民出版社邀请，合作主编"东学西渐丛书"时再度将其收入丛书中，从而体现了这一课题的历史延续性。但是在当时全盘西化仍有很大市场时，谈论中国哲学和文化对西方的影响并不是很受欢迎的。好在河北人民出版社领导具有敏锐的学术前瞻性，毅然邀请我和季羡林先生主编了那套丛书，我和钱林森、马树德合著的《中国文化对欧洲的影响》亦是系列丛书中的一种。时隔二十多年后，这本小书并没有成为"明日黄花"，它不仅被列入中华学术外译项目，得到国家社会科学基金的资助，而且也顺利地被德国德古意特出版社出版了英文版。我觉得本书撰写的时间较早，有些资料和文献需要更新，有些观点也应该适应时代发展的需要，特别是当时季羡林先生亲笔为丛书撰写的总序中的一些观点也需要修正。只可惜先生已不在世，无法对原来的总序作修改。于是，我便应出版社要求，专门为我们这本书的新版撰写一篇序文。

确实，从1998年本书初版到现在，中国发生了巨大的变化。如果从 2001 年 12 月 11 日我国正式加入世界贸易组织并成为其第 143 个成员算起，全球化在中国的登陆已超过二十年，对中国的经济、政治和文化的各个方面产生了巨大的影响。这种影响不仅体现于中国经济的持续发展和 GDP 排名的飙升，更体现于中国的文化软实力的提升。如果从历史的观点来看，我们不难得出这样的结论：全球化的出现有不同的源头，它并非西方的专利品。确实，不少西方学者已经意识到，如果说经济全球化始自西方发达国家的话，或者确切地说始于哥伦布发现美洲新大陆，那么文化上的全球化则依循另一条路线：始于中国古代的丝绸之路，这至少是全球化的源头之一。全球化概念的提出标志着西方发达国家试图将其发展模式和价值观念推向整个世界，因此，它在一开始确实含有某种帝国霸权的成分。因此就这个意义上说来，全球化是一个率先发生在西方世界的现象。但是全球化也为一些发展中国家，尤其是中国，带来了难得的发展机遇，并且经过中国的"本土化"过程，取得了巨大的成就。这一点不仅体现于中国的经济，而且也体现于中国文化和人文学术的国际化，也即文化上的全球化现象并非只是单一的"趋同性"，而在更多的情况下体现于其多样性。此外，文化上的全球化也并非单向度的，而应该是一种双向度的：西方文化进入中国，中国文化也应在海外得到传播和接受，尽管在很大程度上会出现一些变异。因此我们可以说，全球化在中国的成功登陆不仅使得中国的经济得到迅猛发展，进而成为世界第二大经济体，同时也为中国文化的走向世界铺平了道路。

作为人文学者，我们应该有何作为呢？毋庸置疑，整个 20 世纪我们都在致力于引进各种国外的，尤其是西方的文化观念和人文学术理论思潮，因而我们的几代人文学者都能够娴熟地运用西方的理论观念和话语来阐释中国的现实。而全球化的进程发展到今天，我们更关注的一个焦点已经出现了转向：在全球化的语境下，中国文化和人文学术何以成功地实现海外传播。在这方面，历史上的成功经验值得我们今天在推进中国人文学术的国际化时加以借鉴。本书所讲述的一些历史上的中欧文化学术交流事例完全可以说明中国文化的世界性影响，但与欧洲文化对中国的影响相比却是小巫见大巫。当然，有人会这样认为，中国的经济发达了，文化和人文学术就自然可以得到世界的认可。但事实并非如此简单。中国文化的海外传播依然步履艰难，这使得中国的人文学者认识到，经济上的强大并非一定会与文化上的强势成正比。

当然，随着中国的国际地位日益提高，一些国内的人文学者便想到要在国际学术交流中发出中国的声音，甚至提出要建构中国的学术理论话语，这是十分正当的，也是十分必要的。确实，中国在全球化的进程中被公认为是最大的受益者之一，这一点主要体现于二十多年来中国经济的飞速发展。而随着中国经济的腾飞，它也开始逐步体现于中国的文化和人文学术在全世界的传播。最近十多年来，一些国内知名学者的著作开始逐步进入国际学界，但其效果还有待于时间的检验。在这方面，新一代人文学者应该大有作为。

在当今这个全球化的时代，所有国家都处于一种相互依赖的关系之中，你中有我，我中也有你。即使中国处于贫穷落后的状态时，中国文化依然在欧洲得到有限的接受和传播。今天，互联网的普及则将我们与生活在世界各地的人"联通"为一体了，可以说，我们今天就生活在这样一个"地球村"里，这虽然如安德森所言曾经是一个"想象的共同体"，但现在这个"想象的共同体"已经成为名副其实的"人类命运共同体"了：我们彼此不仅分享福祉，同时也承担责任。

从本书对中国文化在欧洲的接受和传播来看，欧洲的汉学界起到了独特的作用。今天的一个可喜的现象是，近二十多年来，一大批来自中国的留学生获得人文学科的博士学位后在一些世界一流大学任教，他们中的不少人加盟西方的中国研究学界，从而给这一边缘的学科增添了许多生机，同时也加强了西方的中国学与中国国内学界的联系。他们同时在自己工作的国家用外语、在中国用汉语发表著述，其中一些有着传播中国文化历史使命的学者还在自己著述的同时，将中国的一些优秀人文学者的著作译介到西方世界。这批赴欧美著名大学攻读学位的研究生大多来自中国一流大学的文、史、哲和外语学科，受过国内人文学术的严格训练，同时又经过严格的出国外语水平考试。经过几年的学习，这批学者，尤其是在欧美著名高校任教的学者，既有着深厚的国学功底，同时又受到西方汉学的严格训练，其中一些佼佼者的外语水平几乎达到母语的水平，因此他们很快就能进入国际学术前沿，并在人文学科的顶尖学术期刊上发表论文，或在国际权威的出版社出版专著。我们与这些学者合作必定更有成效。此外，我们的人文学科现在也处于一个重要的转折时期，抓住机遇谋求发展，我们就可以迅速地走出封闭的小圈子，进入国际人文学科的前沿。有鉴于此，我们在大力译介中国的人文学术著作的同时，也应鼓励掌握外语这个工具的学者直接用外语著述，也即尽可能用道地的外语，尤其是世界上的通用语英语，来发出中国学者的声音，阐述中国的理论观点，讲述中国的故事。此外，我们也可以利用目前在国际学界有着很高学术声誉和广泛影响的权威期刊和出版社，发表我们中国学者的著作和论文，进而有效地传播中国文化和人文学术。就这一点而言，新一波全球化的兴起必定为中国文化和人文学术更为有效地走向世界铺平道路。

　　以上看法不知当否？是为序。

王　宁
2022年7月于上海

目　　录

绪论　形象的演变：欧洲人眼中的中国 ［1］
　第一节　"东方主义"的意识形态意义批判 ［2］
　第二节　西方的"东方学"和"汉学"分析批判 ［8］
　第三节　文化相对主义重构 ［12］
　第四节　欧洲人眼中的中国形象分析 ［17］

第一章　东学西渐的开始：中国文化在欧洲的传播 ［28］
　第一节　欧洲人对中国的"发现" ［28］
　第二节　17、18世纪的中英文化关系 ［34］
　第三节　中国文学和文化在20世纪的英国 ［37］

第二章　中国文化对法国的影响 ［43］
　第一节　法国汉学的发端与中国文化西渐的开始 ［43］
　第二节　汉学和中国文学传播的进一步拓展 ［49］
　第三节　法国汉学的昌盛与中法文学交流的深化 ［53］
　第四节　法国汉学由衰微到复苏的历史演变 ［56］

第三章　中国文学对法国的影响 ［62］
　第一节　中国古典诗歌对法国的影响 ［62］

第二节　中国古典戏剧对法国的影响　　　　　　[70]
　　第三节　中国古典小说对法国的影响　　　　　　[75]
　　第四节　中国现当代文学对法国的影响　　　　　[85]
　　第五节　中国新时期文学在法国　　　　　　　　[98]

第四章　中国文化在德国的传播　　　　　　　　　　[103]
　　第一节　中德文化交流的历史回顾　　　　　　　[103]
　　第二节　留学生——在德意志土地上留下　　　　[109]
　　　　　　中国文化印记
　　第三节　汉学和中国文学研究在德国　　　　　　[136]

第五章　中国文化对德国的影响　　　　　　　　　　[163]
　　第一节　德国思想家论中国　　　　　　　　　　[164]
　　第二节　卫礼贤笔下的"中国精神"　　　　　　　[172]
　　第三节　德国文学家的中国情结　　　　　　　　[182]

第六章　中国文化在欧洲其他国家的传播与影响　　　[194]
　　第一节　中国文化和文学对荷兰的影响　　　　　[195]
　　第二节　中国文化对北欧的影响　　　　　　　　[212]

结语　汉学的重建与世界文明新秩序　　　　　　　　[224]
主要参考书目　　　　　　　　　　　　　　　　　　[233]
后记　　　　　　　　　　　　　　　　　　　　　　[238]

绪论
形象的演变：欧洲人眼中的中国

探讨欧洲人眼中的中国之形象，或者把范围再扩大一些，探讨西方人眼中的中国之形象，近几十年来已成为从事东西方比较文学和比较文化研究者们感兴趣的一个研究课题。正如在西方高等学府从事中国文学和比较文学教学的一些学者所理解的那样，在西方人的眼中，中国的形象实际上是一个异于西方的"他者"（other）形象，也即"对西方说来，远东的中国便成为代表非我异己的传统形象……中国作为非我的象征那陌生而异己的空间，以及摧毁秩序和逻辑范畴的威胁，这一切原来正是不折不扣的西方人的虚构"[①]。由于这种实际上的虚构有着牢固的理论基础和袭来已久的传统，因而探讨西方人眼中的中国之形象，就应当从理论上的正本清源入手。另一些长期在中国从事教学并与西方学术界有着频繁交往的学者则认为，西方世界之所以对中国感兴趣，其原因并不仅仅在于中国的现实，而更是西方本身的现实的需要。"这种时刻，人们最需要通过'他性'，创造一个'非我'来发泄不满和寄托希

---

① 参见张隆溪：《非我的神话：西方人眼里的中国》，载史景迁北大讲演录《文化类同与文化利用——世界文化总体中的中国形象》，北京大学出版社，1990年版，第147页。

望。富于创见的作家和思想家总是要探寻存在于自己已知领域之外的异域，长期以来，中国正是作为这样一个'他者'而出现的。"① 它作为西方人反观自身的一个不可缺少的参照系，所起到的独特作用也是不可忽视的。看到这一点，我们才可以在本书各章里较为准确地把握和描述中国文化在欧洲的传播。本绪论所要讨论的是两个理论问题，东方主义和文化相对主义。因为在我们看来，正是这两个理论问题本身的发展演变，带来了西方人眼中的中国形象的不断发展和演变。

第一节 "东方主义"的意识形态意义批判

"东方主义"（Orientalism）又可译作"东方学"，这个概念目前在西方和东方的文化学术界都很热门，但这并不是东方文化本来意义上的东方主义。它是曾在美国哥伦比亚大学执教的巴勒斯坦人后裔爱德华·赛义德（Edward Said，1935—2003）出版于1978年的一本书的题目，在这本书中，作者基于后殖民主义的解构立场，对产生于18世纪西方的所谓"东方学"或"东方研究"中所带有的偏见进行了有力的批判，同时也对这一理论术语本身所含有的意识形态性作了新的建构。不管我们今天如何强调这一概念的意识形态意义或学科意义，我们都必须清醒地认识到，这是一个西方人建构或虚构的概念。按照赛义德在书中的描述，"东方主义"至少包括了这样两层含义，第一层指的是一种基于对"东方"（Orient）与"西方"（Occident）的本体论与认识论之差异的思维方式。在这方面，东西方在地理上分别居于地球的东西半球，在政治上、经济上，乃至语言文化上存在着许多难以弥合的巨大差异。第二层含义则指处于强势地位的西方对处于弱势地位的东方的长期以来的主

---

① 参见乐黛云：《世界文化总体对话中的中国形象——序》，载史景迁北大讲演录《文化类同与文化利用——世界文化总体对话中的中国形象》，北京大学出版社，1990年版，第8页。

宰、重构和话语权力压迫方式，西方与东方的关系往往表现为纯粹的影响与被影响、制约与受制约、施予与接受的关系。在另一个层面上，东方主义又可以在三个领域里重合：长达四千年之久的欧亚文化关系史；自19世纪以来不断培养造就东方语言文化专家的东方学学科；一代又一代的西方学者所形成的"东方"的"他者"形象。如此等等。本书所描述的中国文化在欧洲实际上也涉及了上述三个方面。

自从赛义德的同名专著出版以来，东方主义便一直是东西方学者所主要关注的理论课题之一。诚然，赛义德早在20世纪70年代后期就出版了这本专著，但是为什么直到80年代后期东方主义这一话题才成为学者们关注的中心呢？这其中的意识形态含义是显而易见的，其一是在那时，关于后现代主义问题的讨论正在欧美文化学术界和文学理论批评界如火如荼地展开，特别是利奥塔与哈贝马斯之争更是吸引了成千上万的学者和批评家。而后现代主义论争在这一时期的一个明显特点就是其鲜明的西方中心主义色彩，很少有人涉及后现代主义或后现代性在东方和第三世界国家产生的反应和出现的变体，更有一些权威性的理论家甚至断然宣称，"后现代主义实际上是美国的一个事件"[1]，因而在中国这样一个东方国家，"赞同性地接受后现代主义是不可想象的"[2]。应该承认，在那时，几乎所有介入后现代主义论争的学者都一致认为，后现代现象是西方社会发展到特定阶段时的必然产物，言下之意，在东方和第三世界国家，由于其社会文化土壤的不适应，后现代现象是不可能出现的。这种西方中心主义的阴影自然使得讨论后殖民主义或东方主义问题的尝试黯然失色。另一个原因则是东方或东方人在西方人眼中的形象以

---

[1] 艾伦·王尔德：《一致的视野：现代主义、后现代主义与反讽想象》，约翰·霍普金斯大学出版社，1981年版，第12页。
[2] 杜威·佛克马：《文学史、现代主义和后现代主义》，约翰·本杰明出版公司，1984年版，第55-56页。

及其在不同时期和不同地域有着不同的表现形式：在西方殖民主义明显地对第三世界和殖民地占主宰地位时，西方人眼中的东方就以一种落后、愚昧的他者形象出现。20世纪60年代曾风行过的所谓文化相对主义不过旨在说明，相对于具有他性的（东方）文化，西方文化（主要是欧洲文化）有着明显的优越性，因而始终处于权力和话语的中心（centre），而东方或第三世界的文化则处于边缘地带（periphery），具体体现在东西方文化关系上就显得不平等；而在冷战结束后的今天，或称"后冷战时期"（Post-Cold War Period），新的多极化的世界格局已形成，原先的一方占主导地位另一方居从属地位的状况发生了变化，特别是近年来东方在政治、经济和文化方面的日益强大和发展，使得原先的两极对抗关系逐渐演变为多极角逐、既争斗又交往的复杂局面。这时的东方虽然仍以他者的面目出现，但其固有的"边缘性"和"他性"之本质特征已并非如以往那样，而是以一种有着潜在的强大力量的他者形象出现于各种国际性的政治、经济和文化讲坛。它在不少方面虽然不能和西方对抗，但也至少可以与之共处和对话，并逐步从边缘向中心运动，进而成为西方帝国的潜在竞争对手。更令人不安的是，有些雄心勃勃的东方文化研究者竟然试图用博大精深的东方思想和文化来统一21世纪的世界。① 尽管东方或东方主义目前已成为人们兴趣的中心，但它仍然不是它本来的形态，而是一个在西方人眼中的表现（representation）或形象（image），正如赛义德所描绘的那样："东方主义不仅仅只是由文化、学术或机构被动地反映出来的一个政治主题或研究领域；它也并非只是由一些关于东方的文本组成的结构庞大扩散的结合体；也并非只是反映并表现了某些企图制约'东方'世界的'西方'帝国主

---

① 在这方面，最为突出的例子就是在北美和一些东亚地区颇有声势的"新儒学"或"后儒学"，以及在中国也有着一定影响的"后国学"，等等。

义的险恶阴谋……东方主义是——但不只是表现了现代政治—知识文化的某个方面,而且它本身与其说与东方有关倒不如说与'我们'的这个世界有关。"①

赛义德在这里想说明的是,建构"东方主义"的理论基点或观察视角并非"东方",而是其对立面"西方"。正是从西方这个"他者"的眼中,东方才被当作一个"他者"的"他者"建构了出来,并成为西方的对立物而出现。长久以来对东方的偏见致使在西方人的眼中,东方人一方面有着"懒惰"的习性,远离文明的中心;另一方面,东方本身又不无某种"神秘"色彩。② 这些充满矛盾性的描写均可在吉卜林（Joseph Rudyard Kipling, 1865—1936）、康拉德（Joseph Conrad, 1857—1924）、赛珍珠（Pearl S. Buck, 1892—1973）等作家描写殖民地或半殖民地题材的英语文学作品中觅见,这也是随着后殖民问题研究的深入这些作家再度引起人们关注的原因所在。总之,东方主义在本质上说来是西方（殖民主义）试图制约东方（殖民地）而制造出的一种意识形态教义,它的出发点并非东方本身,而是西方。也就是说,这里的"东方"只不过是西方人眼中的一个"他者",既然西方本身之于东方就是一个"他者",那么从这个"他者"眼中观察出的"东方"就必定成了一个"他者"的"他者",其或然性和不确定性是不证自明的。由此可见,东方主义作为西方人对东方的一种根深蒂固的认识体系,它的存在并不说明东方本身的价值所在,而是一种被建构出来的东方的形象,因而被建构出来的"东方"的本质特征就有着很大的或然性和不确定性。这也是许多第三世界批评家所赖以进行解构性尝试的出发点。

---

① 爱德华·赛义德:《东方主义》,劳特利奇和凯基·保罗有限公司,1978年版,第12页。
② 关于东方主义多重含义的详细阐述,参阅《东方主义》一书"导言",第1-28页。

既然已经表明东方或东方主义是一个被"建构"出来的东西，与东方的本来含义有着本质的不同，那么它的意识形态意义又何在呢？首先，赛义德的《东方主义》在西方的主流学术圈内开辟了一个崭新的理论探索领域，即诱使学者们将研究触角指向历来被忽视的一个"边缘化"了的领域：东方或第三世界。它在地理环境上与西方世界分别处于地球的两个部分，但这个"东方"并非仅指涉其地理位置，同时它本身还有着深刻的政治和文化内涵。透过这个他者的视界，西方人可以反观自己的文化和文明，因此东方或东方主义又在实际上充当了西方知识分子反省甚至批判自身的一个不可缺少的参照系。正如赛义德所指出的："东方几乎就是一个欧洲人的发明，它自古以来就是一个充满浪漫传奇色彩和异国情调的、萦绕着人们的记忆和视野的、有着奇特经历的地方。"① 而这块神奇的土地正是包括他本人在内的许多后殖民理论家和第三世界批评家的故乡，他们对之始终抱有一种模棱两可的矛盾态度：一方面，作为东方人的后裔，他们时刻缅怀着曾在历史上闪烁过耀眼光辉的东方盛世，并为那一时代的一去不复返而颇为感伤和惆怅；另一方面，作为在西方高等学府身居高位的东方人后裔，他们又为自己的第三世界知识分子精英的独特身份而备感自豪。可以说，他们在某种程度上是当之无愧的东方学研究者。但这里必须指出的是，在赛义德眼里，东方学研究者作为一种比喻实际上与他本人所处的位置不无联系，同时这种视角也会自然而然地熔铸于他对所观察的对象和材料的取舍态度上，从而使自己扮演了一种双重叛逆者的角色：既背离了原来的故土，同时又成了自己的定居地的"他者"；既是西方精神文明的自我放逐者，同时又是传统文化的追寻者。这就表明了后殖民主义的矛盾性和

---

① 爱德华·赛义德：《东方主义》，"导言"，劳特利奇和凯基·保罗有限公司，1978年版，第1页、第22页。

许多后殖民理论批评家的民族文化身份的不确定性和可疑性。

其次，赛义德的理论建构具体还体现在对"中心"和"边缘"这个二元对立关系的阐释和消解。这种"非中心化"和"解构"的尝试实际上是后现代主义之后的"非边缘化"之大趋势的先声，同时也标志着从内部进行的解构逐渐扩展到由外部向内部进行的解构。而赛义德的目标则是从"他者"（东方）的视角来批判陈腐的政治上和文化上的"欧洲中心主义"或"西方中心主义"，从边缘向中心运动，最后旨在消除所谓的"中心"意识。应该说，这正是他所批判和建构的"东方主义"的积极意义所在。但他的"东方"视角只是一个出于解构目的而临时使用的策略。在谈到东方主义的"他性"特征时，赛义德指出："东方主义的所有一切都与东方无甚相关：东方主义之所以具有意义完全是取决于西方而不是东方本身，这种观念直接受惠于西方的各种表现技巧，是它们使其清晰可见，并且居于关于它的话语'那里'。"[①] 这一段再坦率不过的陈述道出了他所谓的"东方"视角的虚幻性和人为性，同时也揭露了在建构东方和东方主义的过程中帝国中心话语的权力所起的主宰和重构作用。

再次，我们如果仔细审视"东方"和"东方主义"的理论内涵，就会发现其明显的局限性，这主要表现在意识形态和文化上。就其意识形态和文化意义而言，东方和西方的对立并非只是简单的地理位置上的相对，我们这里所说的"西方观念"或"西方文化"实际上指的是基于西欧和北美诸国流行的资产阶级价值准则之上的意识形态或文化观念，而与此相悖的则被笼统地称为"东方"的观念，日本这个地理上处于东方但意识形态和价值观念却与西方十分接近甚至效法西方文明的

[①] 爱德华·赛义德：《东方主义》，"导言"，劳特利奇和凯基·保罗有限公司，1978年版，第1页、第22页。

国度，其文化身份则很难确定。正是基于这一意识形态上和文化上的巨大差异，东西方才在二次世界大战后的"冷战"时期一直处于对峙状态，这种状态一直持续到20世纪80年代后期。随着"冷战"的结束，世界进入了一个"后冷战"时期，这时的东西方关系才由原先的对抗逐步演化为沟通和对话，但尽管如此，正如赛义德所言，后殖民主义的主宰形式已经由原先的侵略和殖民转变为文化入侵和文化渗透，也即"通过文化刊物、旅行以及学术讲演等方式逐步地赢得后殖民地人民"①。对此，一切东方和第三世界的学者和批评家切不可掉以轻心，而应当通过这种沟通和对话，积极地宣传自己的民族文化精华，并使其为世人所知，同时也使自己的学术研究和理论批评与国际（而非仅仅是西方）接轨，我们认为，这才是我们面对后殖民理论的冲击时应采取的相应对策。这也是本书的撰写目的之一。

第二节 西方的"东方学"和"汉学"分析批判

我们说，赛义德所建构的东方主义还有着另一层含义，也即对作为一个存在于西方高等院校多年的学科——东方学或东方研究领域（Orientalism，或 Oriental Studies，或 Non-Western Studies）。诚然，单单从上面几个术语的使用我们就可看出隐匿其中的西方中心主义或西方优越论：尽管东方文化之间的差异远较各种西方文化之间的差异，而且东方文化和文明本身就并非铁板一块，其中的差异是十分明显的，但东方各民族仍被一些西方中心主义者笼统地描绘为"东方"，东方各民族的文化也就自然而然地被统称为"东方文化"（Oriental Culture），研究东方问题的学科也就成了一门只能处于边缘地带的学科领域。这显然是极不

---

① 爱德华·赛义德：《文化和帝国主义》，年代图书出版社，1994年版，第292页。

公平的。众所周知,赛义德的《东方主义》这本书主要是为西方人写的,或者说得更确切些,是专为处于西方世界话语中心的美国人而写的,因而这一"美国的"立场便意味着"对统制权力在一些边缘地区的所作所为的批判正在被帝国中心用作东方主义话语之内的一种错位或颠覆的策略"①。由此可见,东方主义或东方学作为对西方中心主义话语的一种颠覆和解构有着不容忽视的积极意义和作用,它至少向我们启示,随着东方和广大第三世界国家在政治上和经济上的日益强大,西方世界对其研究也应当逐步受到重视,具体体现在学术界就以西方高校对东方语言文化的研究的日益发展和学科化为特征。即使在当前的欧美学术界,由于经费的短缺,有些学校的人文学科教席被取消,而另一方面,有些教席则规定必须由东方血统的学者担任,有的学校为了标榜自己的多元文化主义的宽阔胸襟,甚至另增加一些新的东方研究职位,并且专门聘用来自东方国家的学者任教。总之,东方学在欧美正处于一个更新换代的转折时期,一批有着东方血统并在西方受过系统教育和训练的新一代学者将登上讲坛,给传统的东方学增添新的活力。

西方的东方学研究早在18世纪就已经作为一个学科出现在当时的中心——欧洲,这在本书接下来的几章中便可见出证据。建立东方学的目的旨在从西方人特有的视角来看待东方,运用西方人文社会科学的方法论来研究东方的问题。而更为狭窄一些的"汉学"(Sinology,或 Sinological Studies)学科的建立则旨在从西方的视角来研究中国文化和中国问题,与我们中国学者所从事的国学研究有着本质的不同。本书在探讨中国文化在欧洲的传播、介绍和研究时,自然应当把相当的篇幅放在介绍欧洲国家的汉学研究及其成果上。不管出于何种目的,对东方世界

---

① 这段引文出自澳大利亚学者约翰·克拉克的论文《评爱德华·赛义德的两本书》,是他于1994年10月24日在悉尼大学向美术系师生作的一篇报告。

（包括古老的中国）的兴趣致使一批又一批欧洲学者漂洋过海不远万里来到东方诸国，或从事经济贸易或进行文化教育活动，在东方的国土上留下了难以磨灭的足迹，为东西方之间的沟通和相互理解作出了卓越的贡献。但同时，由于西方人由来已久的观察事物的视角和迥异于东方人的思维方式，致使他们对东方的理解和描绘仍自觉不自觉地带上了某些片面的看法或偏见，因而在相当长的一段时间内便形成了关于东方主义的第二层含义。正是由此出发，东方学从一开始就作为西方学术界的"他者"和点缀物的形象而出现。即使是赛义德本人也不例外，他一方面承认东方主义主宰了生产东方文化的人们，致使他们很难超越自己的视野，另一方面他也不否认这一事实，即并非只有东方人自己才能讨论东方文化，有些问题需要从"他者"的立场出发才能得到某些洞见。例如，由他在哥伦比亚大学的同事、美籍中国学者夏志清（1921—2013）撰写的《中国现代小说史》首先在海外出版，然后介绍到中国，对中国学者反思中国现代文学研究领域内的一些老问题提供了不少可供借鉴的启示。① 因此我们不可否认，由于东方研究这门学科的客观存在，致使东方语言的普及和东方文化的流传一直在以一种独特的方式发展着，东方研究专家的层出不穷更是使得这个领域的学科化和机构化逐步成型。它不但本身自成体系，而且还渗透到一些新兴的边缘学科——如比较文学和文化研究，对这些学科领域内的超越西方中心模式的研究起到了推波助澜的作用。② 仅在欧洲汉学界，就出现了像普实克（Jaroslav Prusek，1906—1980）、马悦然（Goran Malmqvist，1924—2019）、高力克（Marian Galik，1933—）、米列娜（Milena Doleželová-Velingerová，

---

① 夏志清：《中国现代小说史：1917—1957》，耶鲁大学出版社，1971年修订版。书中对张爱玲、钱锺书和沈从文这三位作家的基于新批评派立场的形式主义分析和重评价对我们颇有参考价值，但该书对中国左翼文学的艺术成就断然否定，显然是我们不能接受的。
② 在西方高等院校，比较文学研究者一般的双重身份过去总是英文和比较文学或法文和比较文学，近几年来，由于东方文化的崛起，出现了一批中文和比较文学或日文和比较文学学者。

1932—2012)、伊维德（Wilt Lukas Idema, 1944—）、佛克马（Douwe W. Fokkema, 1931—2011）、杜德桥（Glen Dudbridge, 1938—2017）、顾彬（Wolfgang Kubin, 1945—）、魏安娜（Anne Wedell-Wedeusborg）、罗多弼（Torbjorn Loden, 1947—）、李夏德（Richard Trappl, 1951—）等这样一批兼通东西方文化，尤其在中国古典文学方面有着深厚造诣的国际著名学者，他们对中国文化在欧洲的传播和普及以及中国当代文学走向世界做了大量的工作，取得了令世人瞩目的成就。同时，由于他们中的一些人有着扎实的西方文学理论功底和很强的理论阐释能力，因而得出的一些结论的确值得中国国内的研究者参考和借鉴。正如赛义德为大多数东方研究者在方法论上遇到的困境所作的辩护所言："东方学在方法论上的失败并不能说明，真正的东方与东方学所作的描绘迥然不同；也不能说明，因为东方学研究者大多是西方人，因而不能指望他们把握关于东方的所有内涵。"[1]

但是像上述学者那样对东方有着深厚感情的学者并不在多数，更多的东方文化研究者并非出自对东方文化的热爱而毕生从事东方文化研究，而是将其当作一种谋生的职业和工作，他们对东方文化的态度往往是矛盾的：既将其当成自己的本职工作，同时又不那么投入，只是在东方文化的国度以外树起一面大旗，自我标榜为"东方学研究者"（Orientalist）。这部分学者的研究特色是厚古薄今，致力于历史问题的分析，很少触及现实问题或提出自己的见解，或者有意远离现实问题，专心致志地在故纸堆里从事纯学术研究。他们往往可以做到在某一点上钻研得很深，并能提出一孔之见，但在其他方面却一无所知。当然这样的例子在中国的西方文化研究者中也不难见到。应该承认，这部分学者的研究成果依然客观地帮助了东方文化被更多的人所了解，尽管其中难免存在

---

[1] 爱德华·赛义德：《东方主义》，劳特利奇和凯基·保罗出版公司，1978年版，第322页。

误解甚至曲解的成分。在当今的欧美汉学界,这部分人的比重很大。但在西方的东方学研究领域内,还有一些学者或出于对东方的天然蔑视甚至意识形态上的仇视,或出于自己的个人生活、家庭或学术生涯中曾有过的某段不愉快的经历而对东方国家抱有敌意,他们为了迎合西方文化霸权主义向东方国家的政治渗透和搜集情报的需要而致力于东方学研究。这些人实际上是披着学者外衣的新文化殖民主义者,一旦某个东方国家遇到政治风波或其他类似的社会经济问题,他们就会乘虚而入,脱掉学者的外衣,充当起新殖民主义的御用文人,向东方和第三世界国家的人民进行煽动或挑唆,促使他们起而反对自己的国家。这些人的"友善面目"有些已被识破,有些却仍对相当一部分东方人有着较大的诱惑,对此,东方和广大第三世界的学者必须有所警惕。

第三节　文化相对主义重构

在探讨欧洲人或西方人眼中的中国形象时,除了东方主义这个问题必须引起我们注意外,我们还会碰到另一个问题:为什么在西方人的眼中,中国以及中国人竟被描绘得与其真实面目相差很大呢?为什么许多对中国一无所知的西方人竟能在自己的纪实或虚构作品中仅凭着道听途说或自己的想象就对中国进行一番栩栩如生的描绘呢?究其原因,我们同样也可在西方人建构出来的"东方"或"中国"之概念和形象中找到答案。因为中国长期以来在欧洲人眼里,是以"他者"的形象出现的,这个他者对欧洲人来说,有着两个既相辅相成又相互矛盾的因素:一方面,中国作为一个远离"文明中心"欧洲的异国之邦,无论其文明程度还是文化的质量都无法与"先进的""高级的"欧洲文化相比;另一方面,中国的神秘性和历史悠久性对这个"龙的帝国"之外的每一个人似乎又都有着极大的诱惑力,因而对它进行种种猜想、探索进而描绘就成了欧洲人的一大乐趣。不少欧洲人不远万里，甚至远涉重洋，来到中国，就是为了获取对中国的一点直观印象，然后经过他们带有强烈的主观能动意识甚至建构意识的描绘，便把一个欧洲人眼中的中国形象展现在了他们的同胞面前。本书各章在介绍中国文化在主要欧洲国家的传播时也会介绍不同的欧洲国家的人们对中国、中国文化以及文学的反应和重新建构，我们从这些不同的反应和重构中可以看到一个多重的"中国"形象。中国的哲学、中国的文化在17世纪的英国颇受重视，甚至被一些英国知识分子称为达到了完美的极致，① 而中国的园林艺术则对18世纪的英国文化和艺术风尚产生了相当大的影响。② 相比之下，18世纪的英国小说家丹尼尔·迪福（Daniel Defoe, 1660—1731）则显然出于殖民主义的观念和欧洲中心意识的驱使，竟对当时的中国得出了很坏的印象，他从各方面拿中国来和当时已发展到相当文明程度的欧洲相比，最后得出的结论认为，中国人并不比野蛮人强多少。这些错误的看法都是这位从未来过中国的小说家借《鲁滨孙漂流记》（第二部）的主人公之口说出的，但却反映了以迪福为代表的一批欧洲知识分子对中国的根深蒂固的偏见。但19世纪的欧洲人对中国的表现或对中国文化的利用则大大少于17、18世纪，其原因主要在于这时的欧洲殖民主义已从对中国的神往转向对这个大国进行直接的侵略、掠夺进而控制。我们若是要从理论上来找出欧洲人对中国的种种误解和误构的原因，恐怕还要涉及一直在理论界和东西比较文化界引起争论的文化相对主义概念。

　　文化相对主义这一概念，固然首先是欧洲人提出的，其目的在于强

---

① 钱锺书的英文论文：《十七世纪英国文学里的中国》，载《中国文献通讯季刊》，1940年，12月号。
② 范存忠：《中国园林和十八世纪英国的艺术风尚》，载钱林森编《中外文学因缘》，南京大学出版社，1989年版，第349-367页。

调欧洲文化的高级和文明程度是其他任何文化都无法相比的，而欧洲以外的文化或文明则长期处于蛮荒蒙昧的状态，正是欧洲人的大量殖民实践，把自己的文化强加给这些民族，才使其进化为今天这个样子的。显然，这是一派十足的殖民主义腔调。有些欧洲学者虽然对这种欧洲中心或欧洲优越的思想并不赞成，但他们出于无意识的驱使，也时常在自己的著述中流露出这种思想的痕迹。奥斯瓦尔德·斯宾格勒（Oswald Spengler，1880—1936）这位西方文化内部的批判者，他的《西方的没落》一书，从表面看来是在批判这种思想，但实际上也还是在鼓吹带有强烈欧洲优越观念的文化相对主义思想。但是他的积极意义则在于承认每一种文化都具有的特殊性和个性，这对于欧洲人认识到他种文化的价值无疑有着一定的指导作用。按照他的归纳，"……其中每一种文化都以原始的力量从它的土生土壤中勃兴起来，都在它的整个生活期中坚实地和那土生土壤联系着；每一种文化都把自己的影像印在它的材料、即它的人类身上；每一种文化各有自己的观念，自己的情欲，自己的生活、愿望和感情，自己的死亡……在这里，文化、民族、语言、真理、神、风光等等，有如橡树与石松，花朵、枝条与树叶，从盛开又到衰老——但是没有衰老的'人类'。每一种文化都有它的自我表现的新的可能，从发生到成熟，再到衰老，永不复返"[①]。在斯宾格勒看来，东方文化早已衰朽，但西方文化在未来的 23 世纪也难以逃脱衰朽的命运。总之，较之东方文化，西方文化依然具有自己的优越性。确实，在过去一个相当长的时间内，欧洲文化学术界却打着文化相对主义的旗号来研究比较文学和比较文化，意在突出欧洲文化和文学优于其他文化和文学的特殊性。由于他们把一切欧洲以外的文化都视为"他性"文化，因而这种比较的结果便成了通过找出欧洲文化与那些他性文化的不同而进

---

① 奥斯瓦尔德·斯宾格勒：《西方的没落》，商务印书馆，1963 年版，第 39 页。

一步确立了其优越地位的出发点。后来，由于美国在政治、经济和军事等方面的崛起，欧洲老牌殖民主义逐步衰落，欧洲中心主义也逐渐拓展演化为西方中心主义。由于美国自身的多元文化特征，旧有的文化相对主义概念显然变得不合时宜而在文化学术界颇受冷落。文化的多元性得到文化界和学术界的普遍认可。近十多年来，由于东方和第三世界文化的崛起，以及后殖民主义从边缘向中心的运动进而对中心进行解构的尝试，文化相对主义原有的西方中心内涵发生了本质的变化，一批有着宽阔的胸襟和战略眼光的西方有识之士开始认识到这一不可忽视的事实，即西方文化已发展到自身的尽头，它本身难以克服自己的种种问题，因而需要借助于外部的理论和实践来反观自身。作为一个直接的结果，文化相对主义这个术语也变得越来越包容，它对比较文化和比较文学研究的固有观念也产生了影响。我们今天所讨论的文化相对主义，其内涵已与其提出者的初衷大相径庭。从文化相对主义的观点出发，我们可以总结出这样一个规律：对中国的表现和重构，属于相对的"中国"，这种相对的"中国"与本质的"中国"有着极大的差异，这种差异的程度取决于接受者和描绘者自身对中国的了解程度如何，此外，特定的时代风尚和中华民族的承受心理也占有一定的比重。

鲁迅（1881—1936）曾对那些故意吹捧中国的外国人不屑一顾，倒是对那些敢于揭露中华民族某些劣根性的外国人大加赞赏。可惜，长期以来，我们对西方人的看法往往是看他们怎样对中国持"友好"的态度，怎样在自己的著述中赞扬甚至美化中国，等等，而对中国持批评态度者则一概遭到排斥。这里仅举一个例子。美国的诺贝尔文学奖获得者赛珍珠在中国学术界的沉浮起落就说明了西方人眼中的中国形象自身的变化。赛珍珠自幼生长在中国，曾以中国农村为题材写了《大地》三部曲，由于赛珍珠在作品中客观地描写了中国农村的落后和当时农民的愚昧等缺点，因此赛珍珠在中国的外国文学界一直受到非议和贬斥。甚至她率先将中国古典文学名著《水浒传》译成英文这一事实也不被提及。但是经过几十年来历史的考验和时间的流逝，赛珍珠的作品中所描写的不少东西在当代中国的文学作品中产生了回应，同时也由于东方主义的研究逐步进入学术研究的中心，赛珍珠这位西方的作家在中国被"重新发现"了，权威性的报纸也称她为"用文学架设中美文化交流的桥梁"作出了卓越的贡献，从而使得中国"光辉灿烂而又鲜为西方知晓的文化第一次昂首展现在西方"。[①] 可见真正的"真实"和表现的"真实"仍是相对的：有时前者并非能表现得十分真实，而后者又可以在想象性作品中被表现得栩栩如生。我们在考察欧洲人眼中的中国形象时，常常就会碰到这种虚构的真实和真正的真实混杂一体难以区分的情形，这自然对我们的研究提出了既有诱惑又有挑战性的新课题。

最早把文化相对主义这一概念引入比较文学研究的荷兰学者杜威·佛克马（Dowe Fokkema，1931—2011）曾这样简略地描述文化相对主义："文化相对主义并不是一种研究方法，甚至都算不上一种理论：它指的是一种可能会对学者们在选择自己的研究方法和理论观点时发生影响的伦理道德态度。"[②] 在过去的二十多年里，文化相对主义的内涵已发生了很大的变化：变得从妄自尊大到开始宽容并尊重他种文化。按照当今的学者们对文化相对主义的最新理解和阐释，任何文化都是相对于另一种文化而存在的，作为一种存在，任何一种文化都有其自身的存在方式和存在价值，每一种文化与另一种文化都是平等的，每一种文化都须经历其发展期、全盛期和衰落期，每个民族的文化都有其优劣和长短，没有哪一种文化可以永远保持永久不衰的状态，没有哪一种文化可

[①] 参见《文艺报》，1998年6月25日。
[②] 杜威·佛克马：《总体文学和比较文学论题》，帕皮拉思出版社，1987年版，第1页。

以永远居于中心地位。各民族文化之间既存在着差异又不无其共同点，求同存异，找到一个可以进行交流和对话的共同点至少可以促进和加强不同文化之间的相互了解。这样看来，所谓文化优越论只是一种已被实践证明破产了的天方夜谭。各民族的文化只有相互沟通和对话才能达成共识和互补，最终求得某种文化的认同。这一点已在国际比较文学研究界近十多年来日益关注东方文化这一事实中见出了端倪。然而，"欧洲中心主义"或"西方中心主义"的阴魂至今仍然不散，它不时地以不同的面目出现，对后殖民地文化的压迫、渗透和重构也以"关心"的方式进行。但毕竟在当今这个多元文化走向的时代，重弹"欧洲中心"或"西方中心"的老调已明显不合时宜。正如佛克马所指出的："承认文化的相对性与早先所称的欧洲文明之优越性相比当然是迈出了一大步。"[1] 因而，在这个意义上说来，逐渐被人们注意的文化相对主义便赋予我们以一种宽容的态度和开阔的胸襟，在我们的东西方文化的交流和对话中，我们既不想压倒对方也不可能臣服于对方，唯一的选择就是让各自一方都有自己的生存和活动的空间。这就是文化相对主义在被"冷落"了二十多年后又开始为更多的人所接受的原因所在。

第四节　欧洲人眼中的中国形象分析

由于受到"东方主义"和旧的欧洲中心主义的文化相对主义等先入为主的理论概念的制约，欧洲人对中国和中国人一直有着某种先入为主的概念或印象，这些概念或印象在不同的时期和不同的描述者那里都呈现出不同的形态。对这些不同的形象作些分析，自然是我们研究中国文化在欧洲的一个重要方面。欧洲人眼中的中国或中国人的形象可以大

---

[1]　杜威·佛克马：《总体文学和比较文学论题》，帕皮拉思出版社，1987年版，第1页。

致分为这样几大类。

（1）中国是一个在各方面都不如欧洲的国家，虽然它有着古老的文明，但这种文明早就衰落了，近代中国的先进东西几乎都是从欧洲引进的，等等。持这种观点的欧洲人有时甚至不顾历史事实，把明明属于中国人的发明或发现据为己有。一个十分明显的例子就是，明明是中国人早于欧洲人先发明了印刷术，这早已是有案可查的历史事实。然而，在那些顽固的欧洲中心主义者那里，印刷术却被说成是一位名叫谷登堡（Gutenberg，1398—1468）的德国人发明的，而且这位谷登堡竟被奉为"天才的印刷术发明家"。毫无疑问，这种不顾历史事实、贪天功为己有的海盗行径遭到了一切有良心的欧洲人的有力驳斥。法国著名汉学家艾田蒲（René étiemble，1909—2002）在前人研究的基础上，经过进一步的仔细考证和分析，严正指出："印刷术源自中国，而谷登堡的'发明'源自于它。令人感到奇怪的是，这些白纸黑字，明确地承认是中国人发明了印刷术，印刷术是通过各种途径传至欧洲的，然而，当他们谈起谷登堡的'模仿'（用该词最贴切）时，他们却还一味地说什么'发明'。"① 当然，艾田蒲也并不否认欧洲的先进思想和科学技术对中国现代文明和科学现代化进程的巨大影响，他在结论中十分中肯地指出："欧洲人向中国人提供了不少类似的服务（哪怕是原子弹、卫星运载火箭、正在建造的空中飞船等），完全可以毫不惭愧地承认它所得之于中国的那微薄的一点东西：纸、火药、指南针、印刷术等。"② 今天，随着中国的日益开放和越来越多的欧洲人对中国的进一步认识，这样的常识性错误大概会越来越少了，而蓄意颠倒历史的人也该收敛一些了。

（2）中国是一个古老的文明国家，它曾在历史上有过自己的鼎盛

---

① 艾田蒲：《中国之欧洲》（上卷），河南人民出版社，1992年版，第14页。在这本书中，作者以大量的事实全面分析阐述了中国文化对欧洲的影响和与欧洲的关系。
② 同上书，第15-16页。

时期，它的存在于古代世界是任何其他国家所无法企及的。持这种看法者可大致分为两类：一类是对中国并不了解，但出于艺术家的想象，对中国进行了种种美好的甚至理想化的构想，结果在他们心目中的中国往往要超越于现实中的中国。一个较近的例子就是由印度籍国际指挥大师祖宾·梅塔（Zubin Mehta，1936—）指挥、中国导演张艺谋执导的歌剧《图兰朵》。这部由著名作曲家普契尼（Giacomo Puccini，1858—1924）根据意大利剧作家高齐（Carlo Gozzi，1720—1806）的原作改编的歌剧于1997年5—6月间在佛罗伦萨歌剧院演出时，取得了前所未有的轰动效应，可以说简直是那位从未到过中国的作者做梦也想不到的。剧中描写一位中国公主嫁到异国他乡，从而为中外文化交流作出了独特的贡献。普契尼为了使这部以中国为题材的作品更加中国化，特地从在一次音乐会上听到的曲目中选取了当时十分流行的中国歌曲《茉莉花》作为贯穿全剧的主要乐曲。而张艺谋的执导则更是从另一个角度实现了"东方主义"的效果——古老中国的神秘和令人神往。确实，从舞台上金碧辉煌的道具和庄严宏大的音乐旋律来看，当时正处于鼎盛时期的大唐王朝确实与同一时代的西方诸国形成了鲜明的对照。从而一个繁荣昌盛的古代中国的形象便呈现在欧洲观众面前，[①]而它的"朱门酒肉臭，路有冻死骨"的另一个侧面则被掩盖了。这部歌剧在取得"东方主义"的效果之后，又在中国的紫禁城（故宫）——主人公的故乡——上演，其同样的效果也是预料之中的。另一类则是在出于对中国的了解之后对中国作出相对客观真实的描述，这便是大家都很熟悉的利玛窦（Matteo Ricci，1552—1610）对中国的描写，这位在中国居住了二十七年之久的历史学家和宗教学家在《中国文化史》中，不仅强调了当时中国的

[①] 当歌剧《图兰朵》于1997年5—6月间在意大利佛罗伦萨上演时，本书作者之一王宁在意大利出席国际学术会议时，有幸得到一张赠券而在最后一天欣赏了这部艺术作品。其时，剧场爆满，演出结束时，掌声至少持续了15分钟，这种动人的场面于其在西方多国的访问中仅见。

强大和稳定，同时也揭露了社会上的一些丑恶的东西，但总的来说仍是褒多于贬，对于西方读者了解真正的中国形象作出了很大贡献。但是，近代以来的中国在欧洲人眼中的形象则远不如古代的中国之形象，这主要是因为中国历代封建王朝的腐败和无可挽回的衰落趋势以及西方资本主义的崛起而在国力上超过了中国，这也在一些欧洲人的想象性或学术著述中有所表现。不管他们的构想有着多大的虚构性或多么远离真实，但可以肯定的是，他们对中国的这种构想大都是出于善意的和客观的，因此，对于研究历史者来说，同样不能以他们的虚构形象作为描述历史的依据。

（3）中国文化是世界上有着最悠久的历史和最光辉灿烂的遗产的文化，中国的哲学思想博大精深，中国文化在西方文化处于危机之时，将担负起21世纪统一全人类文化的重任。持这种看法者大都是一些有着中国血统同时又在海外执教的"新儒家"学者。他们的文化背景和理论视角并不是单一的中国或西方的，而是这二者的糅合，因而他们从一个第三者的角度出发来强调中国传统文化和哲学思想的博大精深，在很大程度上要比国内一些学者的观点持中和更为合乎实际。因为他们既有着中华民族的传统背景，又在西方高等学府受到良好的教育，同时具备了中学和西学两种学问，因而在他们眼中的中国形象就是一个自我的和建构的形象之融合。例如，当代"新儒学"代表人物杜维明就指出："儒家所提倡的社会和谐化，似乎是对泛滥西方的个人主义的一种合理矫正。"[1] 因此在他们看来，唯有儒家的思想才能把处于危机之中的西方人文主义精神解脱出来。于是，杜维明等人便总结道："儒家对西方的反应决不能削弱东亚文化的根基。倒是在日本、韩国以及新加坡等地的儒家学者中进行地区间的交流或许可以导致与中华人民共和国的学者

---

[1] 杜维明：《儒家思想：以创造转化为自我认同》，东大图书公司，1997年版，第6页。

的真正的学术交流。'文化大革命'后中国的内在活力很可能滋生出儒学研究的前所未有的创造力。北美和欧洲的儒学研究者也可以积极地把这些对话引入一个持续不断的讨论。这样的讨论和对话也许可以导致全世界的儒学知识分子的带有批判精神的共同的自我意识。"① 事实证明,这股源自海外的"新儒学"思潮已经直接影响到中国国内的儒学研究了。

(4) 中国是一头睡着的狮子,它一旦苏醒,将使整个地球发抖,因此中国的崛起将对世界是一个极大的威胁。这个从拿破仑时代起就有的关于中国的神话至今仍留存在相当一部分西方人的无意识中,他们承认中国的强大并非出于善意,而是出于某种无知或误解而担心中国这个历史上的"东亚病夫"一旦崛起变得强大起来,就有可能威胁世界的和平。因此他们在种种场合利用各种机会向不明真相的西方人散布所谓"中国威胁"论,试图从另一方面为某些人的遏制中国的政策提供论据。美国政治学者塞缪尔·亨廷顿（Samuel Huntington,1927—2008）的颇有争议的文章《文明的冲突?》,在对"冷战"结束后的世界格局的描述中,亨氏毫不隐讳地指出:"……在这个新世界中,冲突的主要缘由并非是意识形态和经济上的,人类文明的巨大差异以及冲突的主要来源将是文化上的。民族国家在世界事务中将依然是最有力量的因素,但是全球政治的主要冲突将发生在不同的民族间和不同文明的群体之间。文明的冲突将主宰全球的政治。"② 在这些不同的文明群体中,最有威胁性的就是以伊斯兰教为主的阿拉伯文明和以儒教为主的中华文明。虽然亨氏后来一再试图对自己的激进观点进行修正,③ 但客观影响

---

① 杜维明:《方法、学问和政见：儒学论集》,纽约州立大学出版社,1993年版,第159页。
② 亨廷顿:《文明的冲突?》,载《外交事务》,第72卷,第3期（1993年夏）,转引自《外交事务读本》,第22页。
③ 关于亨廷顿对自己早先观点的修正,参见他的新著《文明的冲突与世界秩序的重建》,"中文版序言",新华出版社,1998年版,第1-3页。

已在欧美广大知识分子中产生了不好的效果。可惜的是，这种"中国威胁"论的险恶用心竟被相当多的中国人当作值得骄傲的资本。

（5）中国也如同其他东方国家一样，有着种种令人神往的东西，这些东西始终萦绕着想探索它的奥秘的人们；但另一方面，中国人又有着本质上的各种劣根性和丑陋的东西，中国人愚昧、懒惰，远未达到文明的程度。这实际上是赛义德所描绘的"东方主义"的第三个含义的一种变体，由于这种形式的中国形象时常出现在欧美作家的想象性作品中，因而在西方人眼中，中国的形象就有着不可调和的两重性，这也就是为什么一些由张艺谋、陈凯歌执导的以描写旧中国风貌为题材的中国电影能够迅速在西方产生轰动效应并且频频在国际电影节上获奖的部分原因。[①] 对于中国的神秘和令人神往，这是不可否认的。但是对中国持批评态度的人也应当分为两类：一类是痛恨一部分中国人身上所固有的某些劣根性和不文明习惯，希望他们能不断克服这些缺点，变得更好，也即鲁迅当年那种"恨铁不成钢"式的批评；另一类则是蓄意贬低中国人，以部分代替整体，从而达到贬损整个中华民族声誉的目的。对于这后一种态度我们自然应当警惕，而对于前一种善意的批评我们也不应自以为是地全然拒斥。

（6）中国人最勤劳、节俭，具有东方人的许多美德。这一形象可以说不仅在欧洲人的著述和艺术作品中得到不同形式的描绘，在更大的程度上，这一特征是由在海外定居或留学的中国人自己塑造的。因而就连最带有种族主义意识的西方人在竭力反对中国移民的同时也不得不承认中国的移民在现代欧洲文明建设中所作出的杰出贡献。

应该承认，上述种种现象主要产生于欧洲人以及一些西方人长期以

---

① 关于这个复杂的问题的后殖民理论视角和美学分析，参阅王宁：《后现代主义之后》，第七章"中国当代电影的后殖民性"，中国文学出版社，1998年版，第134-147页。

来形成的对中国和中国人的习惯看法，有些已经诉诸学术性或想象性文字，而有些则留存在人们的头脑里，并且不时地在与中国人的交往中通过言谈或举止表现出来，往往真实的成分和虚构的成分混为一体，难以区分。

但是历史的车轮滚滚向前，中国在过去四十年的改革开放进程中发生了巨大的变化，使那些历来对中国抱有偏见的西方中心主义者也不得不对中国刮目相看。诚然，对于中国在全球化时代的崛起，尤其是经济、政治和社会文化等全方位的崛起，国际学界和大众传媒近年来也给予了越来越多的关注，并就这一现象发表了大量的文字和报道。他们同时也建构了各种版本的"中国神话"（Chinese myth）和"中国幻想"（Chinese fantasy），仿佛中国果真是世界上最富有的国家或新崛起的又一个超级大国。但是中国真正的形象又是如何呢？毫无疑问，中国和美国一样，都是全球化的最大受益者。然而，西方学者和西方的一些主流媒体往往从不同的角度来看待崛起的中国。有些人，如社会学家道格·加斯利（Doug Guthrie），在将中国与全球化相关联的同时，也提请人们注意到这样一个现象，即在过去的二十五年里，中国人民是如何将一个极度贫穷的国家改变为当今世界发展速度最快的最大经济体之一的，他认为这不能不说是展现"全球化力量的一个故事"（story of the forces of globalization）。①加斯利在自己的书中用诗一般的语言描绘了中国的上海、北京、成都和重庆这些大都市的令人印象深刻的发展之后，颇为中肯地指出：

所有这些事实和形象迄今都已经为人所知了。确实，那些

---

① 道格·加斯利：《中国与全球化：中国社会的社会、经济和政治变革》，劳特利奇和凯基·保罗出版公司，2012年版，第3页。

宣布"中国的世纪"（China's Century）、"中国的挑战"（The China's Challenge）、"中国综合征"（The China Syndrome）、"购买世界"（Buying up the World）、"美国担心中国"（America's Fear of China）、"中国去购买"（China Goes Shopping）、"中国会是一成不变的吗？"（Can China be Fixed?）的报刊头条新闻以及其他许多报道均充斥这些杂志的封面：《商业周刊》（Business Week）、《经济学家》（The Economist）、《福布斯》（Forbes）、《新闻周刊》（Newsweek）、《美国新闻与世界报道》（U. S. News and World Report）以及其他许多的主要出版物。①

尽管上述描述和报道在很大程度上对于当今中国的形势而言是比较准确的，但是这只是当今中国形势的一个方面，主要集中地体现在那些发展迅猛的一线大都市，比如上海、北京、深圳、广州等，因为中国本身在过去二十年里的发展是极不平衡的。在他那本十分有影响的著作《中国与全球化：中国社会的社会、经济和政治变革》中，加斯利也提出了这样一些问题：中国将变得更加民主吗？中国政府将更为严肃地对待保护人权和创造透明的法治体系吗？中国的"暴发性增长"（explosive growth）将如何影响东亚以及范围更大的全球经济？应该承认，加斯利的描述相对说来还是比较客观和公正的，因为这些言辞大都基于他在中国的亲身经历以及他长期以来从一个局外人的角度对中国的仔细观察。在分析了上述这些问题后，他仍然相信，一种具有中国特色的"民主形式"将"在中国出现，但是由于种种原因，这种形式并没有得

---

① 道格·加斯利：《中国与全球化：中国社会的社会、经济和政治变革》，劳特利奇和凯基·保罗出版公司，2012年版，第2页。

到西方政客和时事评论员的充分理解"。① 我们认为他的这种预测也是比较中肯的,至少反映了相当一部分西方知识分子对中国的期待。同时,对于我们展望中国文化在全球化进程中的发展方向也不无借鉴意义。

另一些人,如在香港大学任教的美国学者胡德(Daniel Vukovich)则对中国的变化十分赞赏,因而对中国的快速发展抱有十分乐观的态度。他认为:

> 那么为什么是中国呢?我们首先假想这些对立的观点和认识论挑战,例如东方主义,因为这些看法一直统治了中西关系三百年之久……因此,同样,让我们回顾一下"我们"与中国的关系,这绝对是经济上的(同时也是政治上的)关系。中国的崛起,它作为"另一个"超级大国的地位,全世界的制造商,新的亚洲霸主,世界历史的消费市场,美元的最后买主,第二大经济体,如此等等。②

胡德试图提醒西方读者注意,随着中国的崛起和经济上的飞速增长,西方大众媒体长期以来形成的老的东方主义观念将发生变化,一种将中国视为新的"超级大国"的新的东方主义幻象将逐步形成。但是,胡德在批判老的东方主义的同时又建构了一种过于理想化的新的东方主义。因此坦率地说,这些著作的作者在承认中国的快速增长和繁荣的同时,往往忽视了这样一个事实,即中国作为一个大国依然存在着巨大的

---

① 道格·加斯利:《中国与全球化:中国社会的社会、经济和政治变革》,劳特利奇和凯基·保罗出版公司,2012 年版,第 19 页。
② 胡德:《中国与东方主义:西方的知识生产与中华人民共和国》,劳特利奇出版社,2012 年版,第 142 页。

贫富等级差距、城乡差距和沿海与内陆之间的差距，因此中国总体上说来仍然可算作是一个发展中国家，但是在逐步"脱贫困化"和"去第三世界化"，进而朝着真正的小康社会和发达国家的方向迈进。

还有一些人一方面承认，虽然中国作为实行改革之前"世界上最贫穷的国家之一"，却在21世纪初成为"迅速崛起的经济体——世界第二大经济体"，但是也指出，中国仍然存在着诸多问题，这些问题对中国的发展形成了严峻的"挑战"：①

> 虽然主要的城市有着闪闪发光的新的基础设施以及随之而建立的城市设施，实际上赶上或超过了那些发达的工业国家，但是广大农村和内陆地区依然处于贫困的状态。新兴的城市中产阶级的富有靠着房地产交易和炒作来运作，而这却被数百万移民劳工的贫困状态所抵消。②

因而在这些作者看来，既然中国在许多方面非常独特，因而仅仅因为他们"预测这一政治体制总有一天会消失"就"无视或小视中国为解决全球问题所作的努力，将是十分草率和简单化的"。③

当然，我们对上述观点无论是赞同还是反对，都不得不承认，这些作者关于全球化时代的中国的不同印象和看法都是从他们自己的角度得出的，主要是出于经济的、政治的和社会方面的考虑。此外，这些看法也至少表明了这样一个事实：即当今的中国已经变得越来越像一头正在苏醒的狮子，它的崛起是不可抗拒的，它将在总体上有助于改变当今世

---

① 裴宜理：《成长的烦恼：中国崛起所面临的挑战》，载《Daedalus》，2014年第143卷02期，第5页。
② 同上文，第5—6页。
③ 同上文，第13页。

界的格局，使之朝着多极的方向发展。这些看法都为我们从另一些不同的角度来考察全球化之于中国的影响和意义奠定了基础。

在以下几章中，我们将进一步深入描述并予以分析欧洲人对中国的形象的不同想象和建构，其中以其在文学中的表现为主。它对于我们的进一步研究仅仅具有参考价值，却不能作为我们据此进行理论分析的主要论据。因为上述所提到的西方人眼中的中国及中国人的形象并非一成不变，它实际上始终处于一种发展演变的状态。

尤其是近二十多年中国经济的飞速发展使得中国在全球化的进程中成为少数几个直接受益的大国，中国的"第三世界"国家的身份也普遍受到质疑。为此我们应该采取何种对策？我们认为，既然全球化对中国的社会、政治和经济产生了巨大的影响，那么它在影响中国文化的同时，也给中国文化的走向世界提供了难得的机遇。北京奥运会中国体育健儿的突出表现在一定程度上改变了中国人在西方人眼中的"东亚病夫"的形象，同时也给今后再举办奥运会的国家和城市提出了严峻的挑战。而上海世博会的成功举办，则更是向世人展示了一个正在崛起的中国的经济和文化风貌。如果说北京奥运会仅仅是一个政治上和文化上的成功的话，那么上海世博会的成功举办则全方位地向世人展示了中国的经济实力和综合国力。现在我们看到，不少西方发达国家的知识精英也申请到中国，尤其是一线城市，来工作或发展事业。显然，中国的国家形象得到了大大的改变。从上述的描述来看，西方人眼中的中国和中国人的形象并非是一成不变的，而是在不断地发展演变的，准确地把握这种历史的演变对于我们制定自己的对策不无裨益。

第一章
东学西渐的开始：中国文化在欧洲的传播

我们说，中国文化在西方世界的传播和介绍，首先应追溯到其在欧洲的传播，因为欧洲历来作为西方文化的发源地并在很长一段时间内充当了西方文化的中心。中国文化在西方传播的流经路线也是从欧洲逐渐扩展到北美的。因此本书主要对中国文化在欧洲（主要是西欧和南欧国家）的传播以及欧洲人对中国文化和文学的接受进行历史的回顾和理论的分析，其中必然涉及横的（理论）和纵的（历史）两个方面。在绪论部分，我们已经就东方文化以及中国文化在欧洲以及整个西方世界的形象之演变过程作了宏观描述和分析，并对建构出这种形象的西方人文社会科学领域内的东方学和汉学研究的总体成败得失作了尽可能客观的评估。这些铺垫自然有助于我们具体地探讨中国文化在某一国家和地区的传播和接受。在这一章里，我们将就中国文化在欧洲一些主要国家的传播以及其在不同的历史时期的发展脉络作一回顾式的讨论。

第一节 欧洲人对中国的"发现"

尽管我们完全可以十分自豪地宣告，作为世界四大文明古国之一，

第一章 东学西渐的开始：中国文化在欧洲的传播

我们中华民族有着五千多年的悠久历史和光辉灿烂的文化遗产，而且在其他文明古国早已衰落的今天，我们这个民族仍有着勃勃的生气，我们的经济发展速度之快简直令世人吃惊，因而我们竟能经常在海外听到关于"中国威胁"之类的论调，当然，这种别有用心是不难为人们发现的：它一方面确实反映了中国的日益强大使得企图控制它的西方帝国主义者胆战心惊，另一方面则是帝国主义企图把攻击的矛头对准中国的一个策略。确实，正如当年曾梦想征服整个欧洲和全世界的拿破仑所预言的那样，古老的中国就如同一头沉睡的狮子，一旦它醒来就会使整个地球发抖。这个传说一直是使海外的中国侨胞感到振奋的例子，但是，另一方面，令我们不安的是，普通的西方人对中国的了解程度却达到了近乎无知的境地。每当我们去西方国家的高等学校从事研究或讲学，我们就会十分惊讶地发现，我们中国人对西方世界及其文化的了解大大胜过西方人对中国以及中国文化的了解。我们有着高中以上文化水平的青年谈起柏拉图（Plato，公元前 427—公元前 347）、亚里士多德（Aristotle，公元前 384—公元前 322）、康德（Immanuel Kant，1724—1804）、黑格尔（G. W. F. Hegel，1770—1831）等古代先哲几乎都知其一二，有些甚至津津乐道；对尼采（Friedrich Wilhelm Nietzsche，1844—1900）、韦伯（Maximilian Weber，1864—1920）、弗洛伊德（Sigmund Freud，1856—1939）、荣格（Carl Gustav Jung，1875—1961）、萨特（Jean-Paul Sartre，1905—1980）、德里达（Jacques Derrida，1930—2004）、福柯（Michel Foucault，1926—1984）、巴尔特（Roland Barthes，1915—1980）、利奥塔（Jean-Francois Lyotard，1924—1998）等现当代的思想家则更加熟悉。而在西方青年中，也许除了专事中国问题研究的少数汉学家外，一般的青年恐怕连屈原、李白、杜甫、关汉卿、吴承恩、罗贯中、蒲松龄、曹雪芹、鲁迅的名字都没听说过，更不用说那些远古时代的哲人了。毫无疑问，正是这种中外文化和文学交流史上的"逆差"导致了西方人对东方以及中国及其古老的文明和文化几乎一无所知，有些人甚至还以此为荣。但是无知有时可能会导致两个不同的结果：一是对客观存在的对象根本不屑一顾，任其无知的状况发展下去也满不在乎；另一种结果则会使得客观存在的对象对一些有着丰富想象力和艺术气质的人更有诱惑力，最后致使他们任意发挥想象力，对原来并不怎么诱人的对象作出种种猜测甚至建构，等等。据说英国现代著名的文学翻译家和汉学家阿瑟·韦利（Arthur Waley，1889—1960）一生从未到过中国，只是在新加坡作过短暂的逗留。照他的话来说，他始终把东方和中国当作一种离奇的东方幻想（Oriental fantasy），因而他本人以及其他欧洲人对东方和中国的构想和描绘在很大程度上正是基于这样的幻想之上的。一旦这种幻想被真实所打破，艺术的想象力就会被破坏。因而当有人要韦利来中国看一看时，他竟毫不犹豫地说，这将破坏他的"东方幻想"。

　　韦利的例子在很大程度上也反映了欧洲人对中国的一种距离感和神秘感，只有这种距离感永远保持，神秘感才不至于丧失，这种情况其实早就存在于西方知识分子的头脑里了。迪福、歌德（Johann Wolfgang von Goethe，1749—1832）、布莱希特（Bertolt Brecht，1898—1956）、卡夫卡（Franz Kafka，1883—1924）、博尔赫斯（Jorge Luis Borges，1899—1986）等文学大师们的作品中对中国的描绘大都属于这种情形，而对于一般的西方人来说，大多数则属于前者。对于少数想象力丰富的艺术家来说，正是这种"盲视"有时也使他们产生出某种当事人无法得出的"洞见"，当然这种"洞见"往往与客观对象的本来面目相去甚远，有时甚至会风马牛不相及。诚然，西方人眼中的中国之形象就大多产生于作为这种"洞见"之结果的建构。但是不管怎么说，西方人毕竟打破了"井底之蛙"的狭隘视野,开始意识到天外有天了,原来外部世界并非只有他们所生活在其中的天地那般大,天边外的世界或许更加神奇,更加充满浪漫的异国情调,并且更加令人神往。于是,一大批有着丰富的想象力、充满了冒险精神并且致力于探索天外世界的欧洲人,便开始把目光转向北美,其结果便产生了 1492 年哥伦布(Christopher Columbus, 1451—1506)对美洲新大陆的发现;而另一批更有勇气和胆略的探险家则把目光移向东方,于是便"发现"了古老的龙的帝国——中国。可以说,近几百年来的中西文化交流史在某种程度上就是西方人对中国逐步"发现"和建构的历史,而探讨和研究中国被欧洲人逐步"发现"和"重构"的历史,无疑是当今的比较文学和比较文化研究者的一大理论课题,同时也是本书撰写的目的。

尽管我们可以把欧洲人对中国的含混了解追溯到 13 世纪以前,但那时的欧洲人对中国的了解仅限于与汉代有关的一些人和事,其关注的重点主要是所谓的"丝绸之路"。但直到后来,马可·波罗(Marco Polo, 1254—1324)根据自己在元代中国的十七年生活经历写成的《马可·波罗游记》在欧洲的出版,才使一般的欧洲读者从书本上了解到有关中国的第一手资料。但是马可·波罗的旅行记大多是根据自己的亲身经历和个人感受写成的,其局限性是显而易见的,因而并不能作为研究中国的准确资料,它仅能供后来的学者对中国的社会现实作进一步考证和研究时参考借鉴。此外,对于马可·波罗究竟有未到过中国,学术界仍有很大争议,仍有一些东西方学者就《马可·波罗游记》的真实性和可靠性不断地提出质疑。就文学研究而言,马可·波罗有未到过中国已不太重要,他写下的客观的文本——与他的名字相关联的《马可·波罗游记》,却成了我们研究中国文化和社会为西方人了解的一个难以越过的重要方面。应该说,他通过这个文本分别从幻想的和现实的两个方面为我们提供了难得的资料和欧洲人早期对中国的构想。

除了马可·波罗对中国的描绘外,还有另一些西方探险家在自己的著述中对中国作过较为学术化的描写。正如现有的研究成果所示,西方人撰写的第一部关于中国的著作当推西班牙军人和探险家门多萨(Juan Gonsales de Mendoza, 1545—1618)的《大中华帝国史》(1585年),这位为古老的中国及其伟大文明深深吸引的探险家应罗马教皇的要求写下了这部至今仍常为人们所阅读和引证的书。在作者的眼里,当时的中国是一个空前强盛的大国,因而具有大一统的"中央"帝国所应有的种种特征和实力,足以引起欧洲人的强烈兴趣。因此这本书一经问世,便一版再版,七年之内竟印行了46版,并以当时的七种欧洲主要语言广为发行。然后便是那位大名鼎鼎的意大利天主教耶稣会士利玛窦撰写的《中国文化史》。利玛窦的棋高一着恰在于他在中国生活了二十七年,对中国社会的各阶层都有着广泛的接触,因而他的这本书在很大程度上有着作者本人对中国的直接的感性认识。在这本书中,利玛窦也和门多萨一样,对中国的强盛有着清醒的认识,但与前者所不同的是,他并没有沉溺于对中国的强大外表的陶醉之中,倒是与一些头脑清醒的中国知识分子一样,他也意识到了当时的明代皇朝的贪婪和纵欲以及穷人饱受欺压的一面,隐约地预示了这个危机四伏的大帝国必然走向衰落的一些因素。显然,出生在欧洲大陆的利玛窦对中国的观察和研究是出自欧洲人的视角的,在他的眼中,中国显然是一个"他者",而他则试图从欧洲人固有的视角来观察中国,用欧洲人自己的文化观念来解释当时中国社会的各种现象,其目的在于促使中国文化得到西方基督教文化的认同。可以说,后来所基于的西方人眼中的东方之形象产生出的"东方主义"或"中国主义"(Sinicism)之建构大概都应追溯到利玛窦对中国的看法和描述。之后,由于欧洲各国的耶稣会士大批进入中国,一方面把欧洲文化和文明大量地引进中国,另一方面又通过两种不同文化的冲突和交融逐渐产生了对中国的独特观念,并基于此向自己的同胞介绍中国的文化,以致在17、18世纪的欧洲产生了一股"中国热":中国的服饰、工业乃至园林等自然的或人文的景观都引起了对这个文明古国抱有好奇心的欧洲人的兴趣。正如有些中国学者所总结的那样,"不管怎样,18世纪总是欧洲最倾慕中国的时代。中国工艺品导致了欧洲巴洛克风格之后的洛可可风格,中国建筑使英法各国进入了所谓'园林时代',中国的陶瓷、绘画、地毯、壁饰遍及各地,直接、间接地推动了西方工业革命"[①]。从此,中国文化深深地渗入了欧洲文明,并直接影响着长期以老大和中心自居的欧洲文明的发展进程,实际上也为18世纪欧洲中心主义的逐渐解体埋下了伏笔。

但是,毕竟中国文化对于欧洲人来说,仍是一种迥然不同的文化,虽然在某些方面也许可以找到一些相对的共同点,但这两者之间的差异依然是绝对的,因为这两者分别属于两大文明和文化传统。如何在这种不同的文化传统之间找到某种可赖以进行沟通和对话的结合点,便成了西方和中国的一些有识之士苦苦思索的问题。既然欧洲人往往把中国当作一个"他者",那么他们就必然从他们自己的视角出发,对这个远离蓝色文明中心的"他者"进行种种猜测和构想,其目的在于把中国文化统一到他们自己的帝国中心一边。也有的则把中国当作一种取之不尽、用之不竭的文化资源加以利用,其中既不乏对中国文化景仰崇敬者,但更多的则是对之抱有偏见和蓄意贬斥者。久而久之,这些一代又一代沿袭下来的带有偏见的文化建构便成了西方人对中国看法的先入为主之基础,对当代西方人从固有的视角来看待中国的一切有着直接的影

[①] 乐黛云:《世界文化总体对话中的中国形象》,载史景迁《文化类同与文化利用》,北京大学出版社,1990年版,第2页。

响。诚然，我们也不可否定，伟大的思想家，如伏尔泰（François-Marie Arouet，1694—1778）、歌德等，一方面对中国的伟大和强盛不予否定，但另一方面，他们也能够较为中肯地指出中国文明和文化的弱点，而正是这些隐于我们的民族传统之深层的弱点阻碍了中华文明和文化的正常发展完善，成了导致19世纪以来的中国文化日益西化并失去民族特色的一个重要因素。应该说，出于客观的角度对中国文明和文化的弱点提出的中肯批评往往是居于局内的中国人自己所视而不见的，这些充满洞见的真诚意见也许有助于我们克服我们自身的弱点，因而不加分析地把对中国的所有批评意见都当作是对中国的污蔑同样也是不利于中华文明和文化健康发展的。

第二节　17、18世纪的中英文化关系

我们说，欧洲17、18世纪出现的"中国热"主要表现在英法两个大国。关于中国文化在法国的传播，我们将在后面的两章加以详述。鉴于探讨中英文化关系的著述已不鲜见，本节主要在描述的基础上进行理论分析。[①] 首先，我们要探讨的是"中国热"在英国是如何表现的，它对周边的国家有何直接和间接的影响，它对20世纪以来中国文化和文学在英国的传播有何帮助。

今天当我们步入驰名世界的伦敦大英博物馆时，我们很快就会"迷失"在两个"迷宫"里：其一是那建筑结构复杂、馆内展厅交错纵横，使你难以找到尽头的内部结构；其二便是整个博物馆内的相当一部分具有令人神往的"东方主义"色彩的展物，它们向你展示了多姿多彩的古代世界文明大背景下的东方文化的丰姿，其中所展示的中国文明

---

① 范存忠：《中国园林和18世纪英国的艺术风格》，载钱林森编《中外文学因缘》，南京大学出版社，1989年版，第349-367页。

第一章 东学西渐的开始：中国文化在欧洲的传播

和文化源远流长的实物更是令人流连忘返。这些实物的众多和稀有恐怕只有紫禁城内的故宫博物院才可与之相媲美。这些展物使我们一方面确实为古代中华文明的辉煌而感到自豪和骄傲，并对这些稀有的遗产得以保留至今而赞叹不已，另一方面则不由得产生了对英国殖民主义者掠夺和剥削中国人民及其文化遗产的气愤。应该指出的是，大英博物馆里的有些展物今天在世界上任何地方都再也找不到第二件了。当然，我们今天完全可以把这些实物当作我们从事中英文化比较研究的第一手资料从而追溯中英文化关系的源头，同时也可推断出，今天的英国乃至来自世界的游客之所以能对古老的中华文明和中国文化产生如此强烈的兴趣，其中很大一部分原因来自对大英博物馆内中国展品的观看和欣赏。

人们也许会对这一事实感到兴趣，即就中英文化关系而言，当中英双方并不十分了解时，他们的关系反倒更加密切，因为这其中隐含有类同的成分。这种类同也与社会的发展内在规律不无关系。明代的中国社会和伊丽莎白时期的英国社会都处在走向一种新型的、城市的、或许是原始的资本主义社会的过程中，其文化当然也会出现长足的发展和进步，这一点也可以导致文化的类同。[1] 中国文化在英国产生的"热"到了17世纪便逐步形成了，一些中国的作品也引起了英国读者的好奇。当时处于变革时期的英国人对远离他们的东方神秘国度一方面感到好奇，力图通过各种途径对之有所了解，另一方面，一些有着向外扩张的殖民主义野心的人则试图通过了解中国进而将其纳入大英帝国的殖民统治之下，但中国实在是幅员辽阔，其文化思想之博大精深和异常复杂是难以被任何其他民族所把握的，同时也不能被任何一个殖民主义宗主国吃掉，因而他们不得不放弃这种企图，转而通过向中国大量派遣传教士

---

[1] 史景迁：《文化类同与文化利用》，北京大学出版社，1990年版，第23-24页。

中国文化对欧洲的影响

来达到对中国进行文化思想侵略和渗透之目的。翻开中国近代史新的一页的鸦片战争就是英国殖民者侵略掠夺中国的野心总爆发的一个证据。因此我们在考察中英文化关系时不仅应看到其积极的方面，也应透过这一表层见出隐于其民族心灵深处的另一个侧面。

由于风行于17、18世纪英国的"中国热"远不止文学作品的流传和翻译，更涉及文化艺术风尚乃至园林建筑风格的模仿，因而这种"热潮"同时在精英阶层和大众中都产生了效果，尽管这其中的曲解和误构是在所难免的。但正如范存忠先生所中肯地分析的，"18世纪中期，'中国风尚'差不多达到了最高潮"，但这并不能说明英国人对中国文化的真谛有着完整的了解，因为不少人并不了解"中英两国之间的文化接触如何在18世纪中叶的英国引起了一股广泛的中国热。很明显，大多数仿效中国的园林家对于他们力图引进的工作只是一知半解。他们对中国艺术只知其形式而不知其精神；只知其装潢细节而不知其含意深远的手法；只知其异国情调的结构而不知赋予其生命的气韵。不管怎样，当时仿效的中国园林并不是中国所能贡献的真正的艺术，而是一种不规则的、畸形的、甚至是奇形怪状的东西。但它自有一种妙处，一种难以言喻的意味——一种难以捉摸的东西。人们嘲笑它，但又无法抵制它的魅力"。[①] 应该说，这就是"东方主义"的二重性特征在欧洲人的心灵深处产生的双重作用。

由于英国在欧洲的独特地位和影响，又由于英语使用范围的广泛和普及，中国文化在英国的传播必然对欧洲其他国家也产生直接或间接的效果，有些作品在欧洲的传播，首先就是通过英国或法国这一途径，然后才波及其他国家的，因此探讨中国文化在欧洲的传播和影响必然无法忽视其在英国的传播和接受。

---

① 范存忠：《中国园林和18世纪英国的艺术风格》，载《中外文学因缘》，第357页、366页。

由于进入 19 世纪末、20 世纪初以来，西方文化以及各种学术理论和文艺思潮蜂拥进入中国，对近现代中国文化、知识分子生活以及文学创作和理论批评均产生了重大的影响。另一方面，随着中英文化学术交流的不断发展，大批中国文学作品也逐步进入英国，至少在一个相对固定的圈子里产生了影响。此外，由于大量中国移民进入英国和通过英国进入其他欧洲国家，中国文化风尚在英国的传播在很大程度上也是通过这一途径实现的。因此可以说，早期的中英文化关系对于中国文化和文学在 20 世纪英国的传播也有着直接的影响，而悠久的汉学研究传统也对当代英国的中国文化研究和中国文学作品翻译奠定了基础。对此我们将在下一节概述。

第三节　中国文学和文化在 20 世纪的英国

进入 20 世纪以来，随着汉学在英国各主要大学的逐步发展和普及，中国文学在英国的介绍和传播也有了长足的发展。汉学以及中国当代文化和文学的教学研究尤其在牛津大学、剑桥大学、伦敦大学、杜伦大学、爱丁堡大学等重要学府得到了长足的发展，一批汉学家著书立说，在中国文化和文学研究方面取得了突破性的成就。如果说，牛津剑桥的汉学仍以古典文学研究见长并保有自己的传统的话，那么伦敦、杜伦和爱丁堡三所大学的中国研究者则在当代中国的研究方面在整个欧洲都颇有影响，研究的课题涉及中国的政治、经济、社会和文学的各个方面，而在文学方面，则主要体现在自"五四"以来的中国现当代文艺思潮与西方学术思想和理论思潮的关系以及中国当代的新诗和元小说的研究方面。就文学作品的翻译而言，第一个值得介绍的翻译家当推阿瑟·韦利。虽然他本人从未到过东方，但由于他一生都在大英博物馆工作，因而主要靠自学学会了中文和日文。1918 年他出版了《中国诗 170 首》，这标志着他在日后的全面翻译工作的开始。接下来他又接连译写了《诗经》（1937年）、《猴儿》（《西游记》节译本，1942年）、《白居易的生平与时代》（1949年）、《李白的诗歌和生平》（1950年）、《敦煌曲子与故事》（1960年）、《蒙古秘史及其它》（1963年）等著述，为把中国古典文学作品介绍到英国作出了重要贡献。此外，他在日本文学的翻译介绍方面也颇有成就。在中国文学的翻译方面，他主要以翻译诗歌为主，而在诗歌翻译方面，他又主要以翻译唐诗为主，这足以看出他的审美判断力。在此应指出的是，韦利不仅是一位翻译家，还是一位文学批评家和鉴赏家。在他看来，唐诗的繁荣标志着中国古典文学发展到了一个登峰造极的地步，代表了中国古典文学的精华，因此介绍唐诗实际上等于把中国古典文学的最精华部分介绍给广大英语读者。与过去的英国汉学家所不同的是，韦利在诗歌的翻译风格方面也大胆地创新，不仅超越了表面的形似，而且还体现了他追求一种转达原文精神的神似之风格。尤其是因为韦利本人作为一位诗人，他的诗歌翻译比较贴近原文的风格和精神，对于后来的汉学家进一步深入研究中国古典诗歌奠定了基础，此外他的译文本身也可作为自满自足的文学艺术品得到广大热爱中国文化的读者的欣赏。

继韦利之后，在翻译中国诗歌方面成绩斐然者包括葛瑞汉（A. C. Graham，1919—1991）和戴维·霍克斯（David Hawkes，1923—2009）。葛瑞汉的成就主要体现在对中国古典诗词（主要是唐诗）的翻译介绍上，如《唐后期诗》（1965年）等译著，这实际上是对韦利的早期开拓工作的进一步深化和超越。在这本诗集中，葛瑞汉将杜甫、孟郊、李贺、李商隐、韩愈、杜牧等诗人的带有象征主义色彩的诗译介了出来，并且在译文和注释方面下了很大功夫，取得了很好的效果：一方面使得英语读者对有着现实主义倾向的杜甫等诗人的艺术成就有着新的认识，另一方面也向广大读者介绍了李商隐、韩愈等能体现中国古典美学的含蓄、朦胧等特征的诗作。当然，由于中国古典文学的"只可意会、不可言传"之美学特征，译者很可能在翻译过程中把有着多重审美代码的诗句简单化，但总体说来，葛瑞汉的译作还是较为准确地传达了原文的风格。

霍克斯也许是当代英国汉学界最重要的文学翻译家，作为中国古典文学名著《红楼梦》在西方的主要英译者，霍克斯为把这部古典名著介绍给英语读者作出了极大的贡献。他早期的译著《楚辞：南方的歌》（1959年）把屈原这位跋涉在楚国山间的诗人的心声栩栩如生地表达了出来，展现了诗人为了追求真理而"上下求索"的不懈精神。在霍克斯的笔下，屈原对真理的执着追求和探索精神得到了传神的转达，从而构成了一个独特的艺术世界。而在《红楼梦》的翻译方面，霍克斯则达到了炉火纯青的圆熟地步。一般学者认为，就其文学翻译和研究的成就而言，霍克斯的主要贡献体现在《红楼梦》的翻译方面。当初他为了全身心地投入《红楼梦》的翻译，不仅毅然辞去了牛津大学中国文学教授的职位，还邀请他的女婿汉学家闵福德（John Minford, 1946—）和他共同完成了这部巨著的翻译：霍克斯翻译了前八十回，闵福德翻译了后四十回。在此之前，虽然西方世界已经有了一些英文节译本，但霍克斯经过仔细阅读和比较这些译本后觉得远不能尽如人意。在霍克斯看来，这些节译本要把这部不朽的艺术作品尽可能忠实地介绍给英语世界的读者显然是远远不够的，因而他决心把自己呕心沥血完成的全译本完整地展现在读者面前。应该承认，霍克斯的译本是英语世界出版的第一部由非中国翻译家完成的《红楼梦》全译本，在西方对中国古典文学名著的翻译和研究方面填补了一大空白。虽然对这部伟大的译著的译文质量，中国国内的翻译界仍有不少争论，但通过与这本书的另一版本

——由中国翻译家杨宪益、戴乃迭夫妇完成的译本——比较阅读，人们并不难发现这两部译本的各自特色：杨译在忠实原著的语言文字方面显然高于霍译本，并且在译本中加了大量的注释，不仅对普通读者了解当时的中国社会和文学特征有所帮助，而且对学术研究者也有所助益；而在英语的可读性方面和故事普及的广度方面，霍译本则更胜一筹，今天的英语世界的读者对《红楼梦》的了解，大都得助于霍译本。这本译著实际上也体现了译者的美学追求和翻译思想，也即将原文的内容融会贯通后"化"为另一种语言的文本，因而这样的翻译在很大程度上是一种"再创造"：它在精神实质上紧扣原文的精髓，把握了原文的要义，但形式风格上又挥洒自如，如同本来就是用英文撰写的小说一样，使得书中的故事情节和人物形象深深地打动了读者。为了使普通读者也能对《红楼梦》有所理解，霍克斯把大量的注释融入译文中，这样一来，译文的文字似乎多了许多，但正是这些必不可少的注释把原文中的跳跃性文字连贯一体。[1] 此外，由于霍译本用的是经过提炼的现代英语文学语言，因而广大读者可以不费大力气就能了解这部中国古典文学名著的精神实质。比较文学研究者也可以通过比照原文对译文的风格进行考察研究。可以说，在把中国古典文学名著普及广大英语世界的读者方面，霍克斯的贡献是其他汉学家所难以比拟的。

除了唐诗和《红楼梦》以外，其他中国文学名著也先后有了英译本，其中包括陶渊明的《桃花源记》、宋词、元代杂剧、吴承恩的《西游记》、罗贯中的《三国演义》等明清小说作品以及"五四"以来的中国现当代文学作品。进入新时期以来，中国文学在英国的翻译介绍又进入了一个新的阶段。由于一批来自中国大陆的作家和文学批评家不断地

---

[1] 关于《红楼梦》的两个译本的比较研究，虽然国内学者发表了大量中文撰写的翻译评论文章，但海外学术界仍知之甚少，这方面的英文研究论文可参阅韩加明的《翻译与解释》，载《视角：翻译学研究》，1996年第1期，第113-126页。

将中国当代文学在英国的翻译和传播大加推进,再加上英国本地和美国的汉学家的努力,新时期的重要作家,如王蒙、张贤亮、张洁、刘心武、北岛、舒婷、杨炼、苏童、余华、张承志、刘索拉、莫言、张辛欣、虹影等,以及其代表作大都有了较好的英译本。上述作家中有些还不止一次地到过英国,参加过不少文学活动或研讨会,或在高校发表演讲,等等。在牛津、剑桥、杜伦、伦敦、爱丁堡等有着坚实的汉学研究基础的大学,不仅中国古典文学教学继续占有一席之地,而且中国现当代文学的教学和研究也有了长足的发展,出现了杜德桥、刘涛涛(Tao Tao Liu)、杜伯尼(Bonnie S. McDougall)、赵毅衡(Henry Zhao)、司马麟(Donn Starr)、贺麦晓(Michel Hockx)这样一批优秀的中国文学研究家和翻译家。杜德桥和刘涛涛占据牛津大学这一英国高等教育重镇,不仅分别在中国古典文学和现代文学教学研究方面成绩斐然,而且积极促进牛津的汉学研究与世界各地的汉学研究以及中国国内学术界的广泛联系,从而保持了牛津大学的汉学研究传统。[1] 当20世纪90年代初英国高校的其他人文科学领域日益萎缩之际,牛津大学的中文部却扩大并从东方学系中分了出来,成了欧洲大学中为数不多的中文(汉学)系(院)之一。上述这些汉学家或中国文学研究者不仅和中国当代作家及文学批评家有着广泛的接触,对他们的写作动态掌握得十分清楚,而且有些人,如杜伯尼和赵毅衡等,甚至对中国当代文学学术思潮的跟踪也是许多国内学者都望尘莫及的:前者尤其在西方文学思潮对中国现当代文学的影响方面研究功力扎实,而后者则作为一位学者型作家,不仅集著述翻译于一身,而且经常参加中国国内举办的学术研讨会,为与

---

[1] 这里尤其值得一提的是,本书作者之一王宁于1990—1991年在荷兰乌德勒支大学从事博士后研究时,杜德桥教授盛情邀请他于1990年10月赴牛津大学访问,并亲自主持了他的演讲。随后又向他介绍了该校的汉学研究传统,参观了当年吴世昌先生工作过的办公室,在此特向杜德桥先生致谢。

会的中国作家和学者及时带来欧洲学术界的最新学术信息。[①] 因此在中国当代文学研究方面,英国的汉学家所起的作用是举足轻重的,而英国的中国文学和文化教学也直接为西方的汉学和中国问题研究培养了一大批有用的人才。

[①] 在此本书作者之一王宁也感谢现在四川大学任教的赵毅衡教授,他不仅盛情邀请王宁于1990年10月访问伦敦大学并在亚非学院发表演讲,而且还分别出席了王宁主持的"后现代文化与中国当代文学"国际研讨会(1993,北京)和"文化研究:中国与西方"国际研讨会(1995,大连),并作了大会发言。

第二章
中国文化对法国的影响

中国和法国是亚洲和欧洲的两个文化大国,中法文化和文学的交流可谓源远流长。在中国文化与欧洲诸国的交流和对话中,中法文化之间的交流和对话占有突出的地位,这不仅是因为中国文化和法国文化都在世界上占有重要的地位,而且更因为一大批各个时代的法国汉学家对中国文化在法国的介绍和传播起到了推波助澜的作用。本章将粗略地描述中国文化直接地以及通过文学之中介在法国的传播和接受。

第一节 法国汉学的发端与中国文化西渐的开始

如果说,汉学是东西方文化交流的必然产物的话,那么开始时实施这种交流的最重要的桥梁便是一批来到东方的传教士。一般说来,法国素有欧洲的汉学中心之称,尽管进入20世纪70、80年代以来,这一欧洲实际上的"中心"已经转到了荷兰的莱顿大学,但法国的汉学研究在欧洲汉学界仍有着举足轻重的影响。实际上,法国与中国的交流在时间上要迟于邻国意大利、西班牙和葡萄牙。早在 16 世纪初，葡萄牙人便以炮舰轰开了中国的大门，作为西方第一批"客人"闯入了中国。接着到来的便是西班牙人、荷兰人、英国人……仰仗着炮舰的掩护，这些西方的传教士们（同时也包括游客和商人）也随之来到东方的陌生而又神奇的国土。他们将自己在中国的所见所闻以及实地调查搜集到的资料迅速写成文字，汇集出版，这就成了西方人了解中国的第一批汉学著作。虽然时过境迁，但这些珍贵的资料却为我们今天的研究的深化奠定了实证的基础。这些负有各种政治使命和文化使命的传教士们一到中国，便逐渐抹去了袈裟上的硝烟，隐去了宗教的神秘的光轮，成为沟通中西文化的首批使者和最初的汉学家。最初出现的汉学家及其著作，举其要者有西班牙传教士门多萨的《大中华帝国史》、葡萄牙耶稣会士鲁德照（Alvarez Semedo，1585—1658）的《中华帝国史》、安文思（Gabriel de Magalhaens，1609—1677）的《中国新纪闻》、意大利的耶稣会士卫匡国（Martino Martini，1614—1661）的《中华上古史》以及"欧洲汉学先驱"① 利玛窦等人的著作。这些著作多数将中国作为理想的乐土加以赞美，中国的文化往往被作者涂上一层玫瑰色的诱人色彩，因此，它颇能激发法国和西方人对中国文化的想象力，对孕育中的法国汉学具有直接的催生作用。当时法国的知识界、文化界正是通过这些著作开始认识中国，拓展自己的东方文化视野的，并且也开始带着同样的理想主义调子公开谈论中国。比如人文主义的代表作家蒙田（Michel de Montaigne，1533—1592）读过门多萨的《大中华帝国史》后，便在他的《随笔》中发出这样的赞叹：在中国，"在这个很少与我们交往、对我们并不了解的王国里，它的政府体制和艺术在一些杰出的领域内超越了我们，它的历史告诉我们，世界之大，之丰富是我们的祖辈和我们自

---

① 参见《法国汉学之一瞥》，转引自《保尔·戴密微汉学论文集》，1982 年版，第 433-488 页。

己所无法深刻理解的。皇帝派往各地巡视的大臣罚处营私舞弊的官吏，也有权奖掖有功之士"。与蒙田同一时代的另一个人文主义者约瑟夫·斯卡里格（Joseph J. Scaliger，1540—1603）读了门氏的著作后也赞叹中国是个"令人仰慕的帝国"，说"生活在异常宁静、公正的环境而又如此守秩序"的中国人，真使当时"法兰西小王国正在搞宗教纷争的基督教徒感到羞愧"。① 对中国的赞美与向往，乃至对中国文化作理想化的描述，正是后来法国汉学发展的一个重要特点。而这一特点早在16世纪初就初见端倪了。

显然，邻国最初出现的这些汉学著作为法国人打开了一个新的天地，刺激了他们的东方趣味，而当时路易十四及其王族宠臣们十分喜欢葡萄牙人舶载的中国工艺美术品，通过这些文物的收藏，在朝廷内外培养了一种特殊的对"中国风尚"的嗜好，这就更加助长了中国趣味在法国的流行。由于朝野上下均与全然不同于本土文化的中国文明有了初步实质性的接触，这就进一步诱发了法国人对东方理想国家的向往；同时邻国与中国的频频交流的直接诱惑，也激发了法国统治者要打通中西关系的愿望，于是实行一种开放的东方政策便势在必行了。1663年，在路易十四本人的赞助下，法国建立了一个专门的神修院，招募教士，进行训练，为了跟中国"对话"做好准备。1685年，六个荣获"国王数学家"头衔的知识渊博、训练有素的耶稣会士②被选派中国，他们搭乘路易十四特派的船只驶向中国海港，经宁波、扬州，直上北京，揭开了法国汉学的序幕。首批法国传教士，每个人都有着较深厚的文化修养和专长，每个人都接受国王的特别使命，肩负着布道和研究两大任务，并负有向科学院通报自己观察、研究中国的义务。路易十四的大臣戈尔

---

① 参见《法国汉学之一瞥》，转引自《保尔·戴密微汉学论文集》，1982年版，第433-488页。
② 据朱谦之先生说，第一批派往中国的法国传教士为五名，保尔·戴密微说是六名，本书依从戴说。

贝（Jean-Baptiste Colbert，1619—1683）召见法国教士洪若翰（Jeande Fontaney，1643—1710）时明确地说过："我的神父，那些科学不值得你去承受远涉重洋之苦，不值得你去违背自己的意愿，远离您的祖国和朋友。但是，我也希望在你们布讲福音不很忙的时候，能在当地以一个观察员的身份，去考察那些完美的艺术和科学，而这一点，正是我们所缺乏的。"从这个角度来看，首次派往中国的宗教使团，可以说是真正的文化使团和"科学使团"。他们到中国之后，执行了前任如利玛窦所执行的战略，研习中国文化，和中国上层人物打交道，有的还长期在中国朝廷任职，对中国文化有比较深入的了解。他们撰写著作，向法国和整个西方世界介绍中国，成为中西文化交流的桥梁，可以说，法国汉学正是经过他们的中介而兴盛起来的。

法国汉学虽然是经意大利等邻国的启示、诱发、影响而促起的，但一经法国人之手，就把它推到了中心地位，有关中国的著述之广泛、系统为当时的欧洲任何国家所望尘莫及。正如19世纪著名东方学家阿贝尔·雷米萨（Abel Rémusat，1788—1832）所追述的那样："欧洲人殆在16世纪末与17世纪上半叶中，始对于中国风俗史有正确认识，要为当时葡萄牙、西班牙、意大利等国传教士安文思、鲁德照、殷铎泽（Prosper Intorcetta，1625—1696）、卫匡国诸人之功。法国教士始与诸人竞，不久遂以所撰关于中国之著述凌驾诸人之上。"① 号称欧洲三大汉学著作的《域外耶稣会士之有趣而有益的通讯集》《中华帝国志》《北京耶稣会士杂记》相继在巴黎出版，此外，还有李明（Louis Lecomte，1655—1728）的《中国现势新志》②，白晋（Joachim Bouvet，1656—1730）、宋君荣（Antoine Gaubil，1689—1759）、钱德明（Joseph-

---

① 朱谦之：《中国哲学对于欧洲的影响》，福建人民出版社，1983年版，第56页。
② 《中国现势新志》原题为：*Nouveaux memoires sur l'etat present de la Chine*.

Marie Amiot，1718—1793）等人的有关研究中国的著作，也先后在巴黎问世。如上所说，由于法国来华耶稣会士深通中国语言文字，一般又都多年留华，和中国各阶层人士有较多的接触，对中国文化有着较深刻的了解，因此他们的这些著作较之初期的游客和邻国初期来华教士对中国的描绘显得更为真确、翔实，是当时西方人了解中国最初的也是最具权威性的材料，是中法文化首次交流的最重要的成果。它们的出现，对于奠定西方和法国汉学的发展，对于推进中国文化西渐，开创中西文化的交流都具有不可低估的影响。如果说，《马可·波罗游记》在中西文化关系史上第一次"替欧洲人心目中，创造了亚洲"[1]，那么17、18世纪法国耶稣会士的这些著作，则以热情的笔调为法国乃至整个欧洲塑造了一个"理想的中国"。就其对中国文化的总体描绘而言，它们比《马可·波罗游记》更广泛，比门多萨的《大中华帝国史》更带理想色彩。正是这样，它们成了18世纪法国和欧洲的中国文化热的主要材料源头。启蒙运动领袖以此来构筑自己的理性王国，作为批判封建主义的思想武器，哲学家则从中提炼有益的思想滋养，以建立新的思维模式；文学家借此寻求新的题材，创造出新的人物；美学家追寻中国风尚，收藏家崇尚中国艺术……于是，空前规模的中国文化热便在法国和欧洲兴起了，它显然与法国的这些著作的问世与传播分不开。

值得注意的是，这些著作并不仅限于对中国文化作一般性的描述，有些还是对中国经典文化古籍的译述和诠释，致力于中国哲学思想和深层文化的探求。中国文化传统从本体上看并不是思辨文化，而是道德文化、伦理文化。以探求中国奥秘为己任的法国耶稣会士就不能不对以儒家思想为主体的中国传统文化给予更多的关注。他们在呈献给路易十四的献词中称孔子为远东第一圣贤，并且倾心于儒家著述的译述。因此中

---

[1] 见《马可·波罗游记·引言》第11页，转引自朱谦之《中国哲学对于欧洲的影响》，第16页。

国文化古籍如"四书""五经"早就介绍到了法国,并出版了有关专著。[1] 耶稣会士对中国思想的研究,对中国古籍的译述,实际上是中国文学西渐的开始,因为这些译著中有不少文学的材料,如《诗经》、先秦诸子散文等,不过,他们立意并不在对纯文学进行研究,而在对中国文化的总体探究。西方耶稣会士并不重视对文学的介绍。据说,早期最负盛名的耶稣会士之一汤若望(Johann Adam Schall von Bell,1592—1666)就不赞成清顺治和木陈忞和尚读西厢红拂之类的文学著作,当顺治与木陈忞谈八股文时,竟使汤氏"瞠目莫知所答"。[2] 初期耶稣会士对中国纯文学的态度,便足见一斑。这种情况,到了法国耶稣会士便有所改观,特别是法国第二批来华教士从自己的实践中认识到,要深明中国文化的要义,单从"四书""五经"去探究还不够,还必须从中国纯文学中去探寻材料,以求其真谛。

因此,在致力于"四书""五经"的介绍的同时,他们还注意对小说、戏剧等另一些文类的介绍。这样,我们在杜哈德(Jean Baptiste Du Halde,1674—1743)主编的巨型汉学丛书《中国通志》上就见到了昂特尔科尔(Pered′Entrecolles,1662—1741)神父译的《今古奇观》中的三个小故事、马若瑟(Joseph de Prémare,1666—1736)神父的《诗经》选译和《赵氏孤儿》节译文字等。其中,《赵氏孤儿》的首次引进,在18世纪的法国和欧洲产生了很大的反响,伏尔泰据此写成轰动巴黎剧场的《中国孤儿》,英国、意大利及欧洲其他一些国家也先后出现类似的改写本,从而使它成为中西文化交流的最先的使者和中法文学首次交融的历史见证,其意义自然是十分深远的。

---

[1] 如柏应理、殷铎泽1686—1687年出版的《中国哲人孔夫子》和钱德明于1785年出版的《孔子传》。

[2] 据《汤若望与木陈忞》,辅仁杂志卷7,一、二合期。

第二节　汉学和中国文学传播的进一步拓展

　　由于罗马教廷无视中国文化传统而引起的礼仪问题的旷日持久的争论，不仅造成了来华传教士之间的内部分裂，而且造成了教廷与清王朝的直接对立，并最终导致耶稣会士的取缔与禁止。法国派往中国的最后一个知名教士钱德明于 1793 年客死于北京时，正值法国大革命，路易十六被送上断头台的时刻，这似乎为法国耶稣会士的活动作出了一个富有寓意的总结。作为中法文化交流的重要桥梁的耶稣会士突然消隐，对方兴未艾的法国汉学无疑是一种挫伤。从法国资产阶级大革命之后直到中国鸦片战争发生这段时期，法国汉学似乎限于沉寂。然而，18 世纪中国文化热在法国思想界、文化界所塑造的中国形象并没有因此而消失，它在法国人心目中所激起的狂热也未熄灭。而登上了历史舞台的资产阶级，由于对外扩张的需要，在打通东方关系方面较之封建阶级，似乎表现出更多的挑战性和热忱。拿破仑本人就对中国文化产生过异乎寻常的兴趣。[①] 中法文化交流在进行着更实在的"对话"。因此，作为沟通中法关系的最初使者耶稣会士虽然受挫，但法国汉学依然在向前拓展。

　　这个时期法国汉学拓展的一个重要标志在于，作为西方文化学的一个重要分支，汉学已发展成为法国科学院的一门相对独立的学科，中文已被列为法国大学的一门正规课目。与此相关的便是出现了一些真正意义上的汉学家。1814 年 12 月 11 日，在法兰西研究院西韦斯特教授的倡议下，该院教授集会，通过了一项决定，正式把中文列入法国最高研究

[①] 拿破仑对法国修定的一部《中、法、拉丁》字典表示了极大的兴趣，这部字典内共收方块字一万四千个，大部分方块字请法国工匠刻在木上，一本字典俨然一部家具。据说，拿破仑在远征莫斯科的路上，突然心血来潮，产生了到中国旅游一趟之念头。

院的课目，名为"中满语言文学"。通过正规的教育渠道，培养和造就研究中国学的专门人才，无疑是一项对法国和西方汉学都具有重要战略意义的决定，它表明法国汉学的发展将从此步入长远而坚定的途程。法国的这一做法，后来也为其他西方国家所纷纷效法，[①] 因此，有些汉学家称1814年"不仅对法国而且对整个欧洲都是一个具有决定意义的日子"[②]。从这一年起，法兰西研究院正式聘任专职的中文教授，一些著名的汉学家，如阿贝尔·雷米萨、斯坦尼斯拉斯·于连（Stanisas Jullien, 1797—1873）、埃尔韦·圣·德尼（d'Hervey de Saint-Denys, 1822—1892），都曾先后在这里执教过（其中有的人就是在这里被培养造就成为知名的东方学学者的），培养了许多中国学的专门人才。同时，他们运用上世纪耶稣会士从中国带回来的第一手资料，专事译述研究，把法国的汉学研究扎实地推向前进。继法兰西研究院开设中文课之后，巴黎东方语言学院也于1843年列入了中文课目，第一个出任中文教授的是19世纪知名的汉学家安托尼·巴赞（Antoine Bazin, 1799—1863），几位长期任法国驻华使馆翻译的，如亚历山大·克莱兹科沃斯基（Alexandre Kleczhowski, 1871—1966）、阿尔那尔·维西埃尔（Arnold vissiere, 1858—1930）等，也在这里执教过。他们精通中文，又极为注重实践，为培养法国汉学家作出了应有的贡献。

  本时期汉学拓展的另一个表现是，散居中国各地的耶稣会士恢复了活动，随之出现了大量丰富的汉学著作。根据鸦片战争后签订的《中法黄埔条约》的规定，法国耶稣会可以在沿海五个港口设立教堂。于是18世纪留居中国的法国耶稣会士又开始重新集结起来，恢复传教活动。其活动中心有二：一是直隶河间府，一是上海徐家汇。在这两个耶

[①] 继法国于1814年开设中文课之后，英国于1876年，美国于1870年，俄国于1851年相继开设了中文课。

[②] 保尔·戴密微：《法国汉学之一瞥》。

稣活动中心，汉学研究极为活跃。19世纪的大汉学家顾赛芬（Seraphin Couvreur，1835—1919）和莱昂·威热（1856—1933）就在河间府著书立说，留下了丰富宝贵的汉学著作。前者用法文、拉丁文译出了《四书》《诗经》《书经》《礼记》《春秋左传》《仪礼》。后者译著有《中国方块字》《现代中国民间传说》及历史著作四卷、哲学著作一卷、《现代中国》十卷。这些译述和著作是19世纪法国汉学研究最令人注目的实绩，它们的出现拓展了法国对中国研究的层面。

与汉学研究方面的拓展相呼应，法国对中国文学的介绍、研究也在深入开展。首先，它在18世纪中国文化热的影响下，拓展了引进中国戏剧和俗文学的范围，产生了一些比较贴近中国原著的戏剧和小说的译作，出现了一些比较符合中国文学实际的介绍文字。其中取得显著成就的是19世纪著名汉学家斯坦尼斯拉斯·于连和他的学生巴赞。他们结合各自的教学实践，注重戏剧和俗文学的介绍。于连翻译出版了《灰阑记》《西厢记》，短篇小说《白蛇精记》《平山冷燕》；他不满马若瑟的将《赵氏孤儿》肢解的译本，全文重译了这部在西方产生了广泛影响的元曲，使得它以其本来的面目流传于西方。他还重译了他的老师雷米萨译过的《玉娇梨》，并且一一指出雷米萨误译和漏译的地方，使这部才子佳人小说在中外文学交流中产生了较大的影响。巴赞则发扬于连的传统，一生致力于中国文学的介绍，先后翻译出版了《㑇梅香》《合汗衫》《货郎担》《窦娥冤》《琵琶记》，还写出了介绍中国戏曲史的文章。这都是有助于中国文学西渐的切实的拓荒工作。其次，在探求中国文化奥秘的总体方向下，拓开了引进中国古典诗歌的新局面。18世纪除了《中国通志》上刊载的一些零星单篇《诗经》译文介绍外，中国其他的古诗几乎未涉及。19世纪单就《诗经》的研究，就先后出现了沙拉尔穆神父的《诗经》拉丁文译本（1838年），鲍吉耶（Jean-Pierre

中国文化对欧洲的影响

Guillaume Pauthier，1801—1873）的《诗经》法译本（1872年）和顾赛芬的《诗经》法、拉丁文全译本（1896年），从而使法国和西方读者得以窥见中国这部文化古籍的全貌。此外，汉学家们还开拓了一些新的领域，如圣-德尼侯爵的《唐诗》（1862年）、《离骚》（1817年），大诗人戈蒂耶（Théophile Gautier，1811—1873）之女瑞蒂·戈蒂耶的《玉笛》，昂博尔·于阿里的《18世纪中国诗人袁子才生平及创作》（1884年）、《14世纪到19世纪中国诗》（1886年）、《中国现代诗》（1891年）。这些译作和著作是纯文学研究的开始，同时也是探求中国文化奥秘的深化。它们在法国广泛流传，对19世纪法国的大诗人戈蒂耶和马拉美（Stéphane Mallarmé，1842—1898）都产生过不小的影响。

19世纪法国对中国文学的引进范围、研究领域虽然有所拓展，但它基本上还是沿着上世纪的路子前进的。这就是说，对文学的介绍总是置于文化的总体框架之内，把文学视为文化的一个有机组成部分，这倒是与我们今天的文化研究理论相契合。但无论就研究者研究中国文学的动因和出发点，还是就他们的选题范围、审视角度而言，都是以此为标准的。真正开始介绍中国小说的法国第一位汉学家雷米萨说得很明确，他之所以要把《玉娇梨》引进法国，是因为这部作品"成功地描绘出精细的习俗和非常进步的文明形态"，[1] 它可以帮助法国人深入了解中国文化。雷米萨的接班弟子，法国另一位著名的汉学家于连也认为，研究中国文明"仅仅研究中国人在社会关系中的表现是不够的"，还应当"熟悉他们的文学作品"，"正确地了解他们喜爱涉猎的主题，了解他们受什么精神支配，哪方面的想象力特别出众"。他说，就这些方面而言，任何传教士和商人都无法代替中国人自己写的作品。他之所以要向

---

[1] 见有关译本序。

欧洲人介绍小说《平山冷燕》，戏曲《琵琶记》，是因为这些作品"真实而且常常又能妙趣横生地反映中国人的趣味和习俗"，[①] 可以帮助法国人了解中国人的文化心理特征。由此可见，他们把介绍中国文学视为研究中国文化的必不可少的一个重要方面。他们的选题标准、审视重心和审美指向，都是以探求中国文化的奥秘为最终取向。这个特点在18世纪已初见端倪，在19世纪就越发明显，因而实际上已经构成了法国人研究中国文学的一个传统。

第三节　法国汉学的昌盛与中法文学交流的深化

20世纪上半叶是西方国家"东方意识"的强化时代。处于经济顶峰的西方列强，从19世纪下半叶起，就曾不止一次地仰仗自己的实力，叩击过中国这衰朽而神秘的古国大门，表现出向东方攫取物质和精神财富、打通中西关系的从未有过的强烈兴趣和意向。20世纪初叶对中国来说，是获取"世界意识"的时代。身为弱国子民的中国人，从"闭关锁国"的惨痛教训中痛感到：必须抛弃封闭陈腐的狭隘文化观念，"睁眼看世界"。可以说，法国的汉学研究正是在这样的时代背景下进入了鼎盛时期，中法文学交流也随之走向深入。

法国汉学处于鼎盛时期的标志之一是，法国在20世纪初创立了相当完备的教育机构。这些机构直到今天仍是培养造就汉学人才、推进汉学事业蓬勃发展的重要基础。法国人研究汉学似乎从一开始就深刻地认识到，要探求古老中国文明的奥秘，不通晓中国语言文字显然是不可能的。从17世纪来华的耶稣会士到18世纪的经院汉学家直到20世纪的汉学大师，都毫无例外地十分重视汉学的基本训练和自我素质的不断提

[①] 见有关译本序。

高，同时又十分注重人才的培养，十分注重教育设施的建设。继19世纪法兰西高级研究院和东方语言学校开设中文课之后，进入20世纪以来又增设了一些教学机构和科研设施。开设中文课或中国学的有：巴黎大学①、巴黎高级研究学校、国家科研中心、卢浮宫学校、里昂大学、波尔多大学；汉学研究机构则有：附属于巴黎大学的汉学高级研究所、巴黎亚洲学会、法国远东学院（1900年创立，先设在河内，1956年迁至巴黎）、中法研究中心（先设在北京，后归附巴黎大学，改名为北京汉学研究所）、日佛会馆（设在东京，借助日本的汉学资料，从事专题研究）。这些机构和设施的确立，是法国汉学走向自觉、走向成熟的标志。

法国汉学处于鼎盛的标志之二是，20世纪初出现了一些有影响的汉学大师，这也是法国的汉学走向成熟的重要标志。如《史记》的翻译者爱德华·沙畹（Edouard Chavannes，1865—1918），西方汉学研究的机关刊物《通报》的创始人亨利·科尔迪（Henri Cordier，1849—1925），中国上古史专家马伯乐（Henri Maspero，1883—1945），著名社会学家葛兰言（Marcel Granet，1884—1940），西方敦煌学奠基者伯希和（Paul Pelliot，1878—1945）等，特别是爱德华·沙畹更是西方学术界公认的汉学大师。他们既有高深的学养，又大都来过中国，对中国文化有着某种感性认识，他们的著作，如《史记》《中国古代史》《中国文明》《中国思想》，一版再版，成为西方汉学的经典作品，对西方汉学的发展具有重要的影响。其他外籍法国汉学家，如艾蒂安·巴拉兹（Etienne Balazs，1905—1963，匈牙利人）、爱德华·于贝尔（Edouard Hubert，1879—1914，瑞士人）等，② 也都为本时期法国汉学的繁荣作

---

① 巴黎大学于1920年安排著名汉学家马塞尔·葛兰言开设中国语言文化课。
② 艾蒂安·巴拉兹以研究六朝、唐经济而著称于世；爱德华·于贝尔是著名的佛学专家。

出了各自不同的贡献。

　　法国汉学处于鼎盛的标志之三是，研究领域的进一步拓宽和汉学著作的多样化。由于本时期的汉学大家具有多方面的学养和兴趣，又大都到过中国或客居中国多年，这就使他们获得了双重的优势：既有经院汉学家的功底和严谨的科学作风，又有早期传教士对中国文化的感性认识，因而也就有可能拓宽和加深探求的领域。如在中国的历史学、考古学、社会学、敦煌学、天文学、宗教学、思想史、经济学等领域内，他们有较广泛的涉猎和较深入的研究，有些门类如考古学和敦煌学至今仍属首创。这些著作是西方中国学研究的一笔重要财富，就是在今天对我们研究中国文化也有着重要的参考价值。

　　法国汉学的繁盛必然导致对中国文学研究的深入开展，其发展的主要势头并不表现在对中国文学作品的系统的翻译，而在于对中国纯文学作深入的文化研究，进而使中法文学交流得以向纵深推进。我们主要指的是诗歌研究的交流。特别要提到的是葛兰言的《中国古代歌谣与节日》。这部著作选译了68首《国风》，并以此为例研究了诗与劳动、节日、性爱及社会文明的关系，从民俗学、文化学的角度对《诗经》作了深入的透视，并发表了不少前人所未发的见解。这不仅是法国汉学史上研究《诗经》的第一部论著，而且也是用文化视角来观照中国纯文学的第一部有分量的著作。它为《诗经》的探讨作了一个总结，也从文学探究文化奥秘方面作了成功的尝试。

　　本时期法国诗人对中国文化产生了浓厚的兴趣，并且直接参与了中法文化之间的交流和"对话"。他们或以法国文化模式来移植、改写中国古诗，以抒发自己的诗情；或将中国文化之精髓融汇到自己的诗歌创作中去，以表达自己的真实思想。这些尝试均突破了正统汉学家对中国古诗经院式的文化考索，使中法文学交流获得了一种突进的意义。如果说，伏尔泰的《中国孤儿》开创了法国汉学史上中法文化在戏剧方面的交流，那么，本时期法国诗人如克洛岱（Paul Claudel，1868—1955）的散文诗《认识东方》、瑟加兰（Victor Segalen，1878—1919）独特的诗集《碑林集》等作品的问世，则开拓了中法文化在诗歌中的交流，构成了20世纪中法文学交融的又一个潮头。不过，跟他们的前辈伏尔泰所不同的是，克洛岱和瑟加兰都有幸在中国生活过较长的时间，对中国文化有着亲身而非中介的、切实而非间接的感受和了解，他们的作品并不像伏尔泰那样完全是凭借第二手的材料和哲学思考写成的，而是对中国长期以来观察的结果。《认识东方》是诗人逗留中国20年期间对中国风物的观察的产物，而《碑林集》则是作者两次到中国，对陕西、甘肃、四川等地作考古发掘和文物考察的成果。这样，他们笔下的中国就渐渐脱去了伏尔泰式的理想化的模式和浪漫情调，增添了更多感性和现实力量，从而使得中法文化在诗歌中的交流显得较为深沉扎实。然而，20世纪诗人对中国题材的吸取、借用，对中国文化的生发和受纳，无疑是伏尔泰时代中法文化在戏剧中交流的深化和发展，而他们用文学的手段来反照中国文化的做法，又显然与法国汉学界从文化视角观照中国文化的传统一脉相承。

第四节　法国汉学由衰微到复苏的历史演变

在史无前例的二次世界大战的浩劫中，东西方之间的交流和对话显然被破坏了，法国的汉学也因此而遭到直接的严重摧残。首先，是三位有影响的汉学家先后去世。社会学家葛兰言因法西斯德国入侵而忧郁致死，历史学家马伯乐则直接受害于纳粹德国的集中营。这两位优秀的汉学前辈以自己的生命与暴力和邪恶抗争，谱写了法国汉学史上光辉的一页。随之，文献学家伯希和于1945年病故。他们的辞世给处于巅峰状态的法国汉学造成了巨大的真空。其次，中西沟通和人员往来，也因战争的破坏带来障碍，这对资料的获取、汉学研究的进一步拓展造成了很大的困难。法国汉学日渐衰微。在这种困难情况下，需要有一位知识渊博、性格坚强的汉学家出来领导，才能把法国汉学研究继续推向前进。当代西方著名的汉学家戴密微（Paul Demiéville，1894—1979）先生便历史地充当了这个承前启后的角色。这位被法国汉学界誉为"我们的光芒"①的学者，以其丰富的汉学知识和坚强的意志，力挽狂澜，毅然承担起领导法国汉学恢复工作之重任。由于以他为首的汉学家的共同努力，法国战后汉学的恢复和发展虽然没有达到20世纪上半叶那样辉煌的成就，但在某些领域，如对中国信仰和思想的研究，仍保持着优势。在这方面，戴密微先生、卡尔唐马尔克先生以及汪德迈（Léon Vandermeersch，1928—2021）先生均有建树。②

1949年中华人民共和国的成立不能不引起各国汉学家们的关注，然而，当时某些西方国家却坚持对新中国实行所谓孤立主义的鸵鸟政策，从而使得汉学研究又面临新的危机。1964年，具有远见卓识的戴高乐（Charles André Joseph Marie de Gaulle，1890—1970）将军率先承认中华人民共和国，恢复了中断已久的中欧关系，为汉学的发展带来了新的生机。在戴高乐将军的倡议下，官方与民间的往来日趋频繁，各种层次的文化对话不断增加，一度处于沉寂状态的法国汉学研究也从灾难中慢慢地走向复苏，并呈现出从未有过的好势头。战后法国建立了比较齐全的汉学研究机构，迄今为止计有法兰西研究院、高级研究学校（第四组历史哲学、第五组宗教）、社会科学高级研究学校、法兰西学院中国高级研究所、现代中国资料和研究中心、东亚语言所、法国远东

---

① 吴德明：《保尔·戴密微汉学论集序》，1982年版。
② 如汪德迈先生的《王道》就是一部研究中国思想的重头著作。

学院、国家科研中心东亚语言所、敦煌小组、中国历史文学研究小组、现代中国多学科研究小组、国际政治研究院、中国—远东小组、人种学和比较社会学—道教资料中心等。战后法国扩大了中文教学机构，除19世纪已开设中文课的法兰西研究院、东方语院、卢浮宫学校、波尔多大学、里昂大学外，新设的有巴黎五大、七大、八大、十大、巴黎高师、马赛大学等，巴黎的一些中学也正式将中文列入外文教学的课程。这些学校的中文系不仅注重基础汉语的训练，而且也设有中国古代文学、现代文学、中国历史、地理、中国哲学、中国美术和艺术等专业课程，注重专门人才的培养。学生除了包括专门攻读学位的青年学生外，还有对中国文化怀有各种兴趣并从事各种职业的人，如医生、律师、记者、工程师、政府官员等。学习的人数不断增加，仅以东方语言学院为例：19世纪末学习中文的仅20名，1964年已达300人。"文化大革命"后学习中文的学生数量剧增，1982年注册人数竟达1800人。这在全世界任何一所学校的中文系都是无法比拟的。值得注意的是，这些中文教育机构同时也设立了不少重要的研究机构。如东方语言学院的于如柏（Robert Ruhlmann，1921—1984）先生生前领导的中文研究中心、巴黎七大的东亚研究所，巴黎八大鲁阿夫人（Michelle Loi，1926—2002）领导的鲁迅翻译中心等，都是极为活跃的学术机构。

从二次大战结束到1964年中法恢复邦交到中国"文化大革命"期间（1966—1976），法国的汉学研究随着政治风云的变化而几度经历危机，呈现了马鞍形的发展轨迹。令人欣慰的是，无论是1949年中华人民共和国成立之后来自西方的禁锢和封锁，还是1966年"文化大革命"期间来自我们内部的封闭和盲目，均未减退欧洲国家研究中国的热情，相反却激起越来越多的人的探索兴趣。可以说，不少法国汉学家都把了解中国进而研究中国当作一种崇高的使命，而正是这种使命感促使他们致力于对中国的介绍和研究，并以其扎实的研究成果打破了西方一些对中国抱有偏见的人建构出来的"东方"或"中国"的形象。如果说，这种使命感在戴密微健在时尚未被人们明确地意识到，那么当1979年这位当代汉学大师去世时，这已经被越来越多的人认识到，并被当作一件极为重要的大事提出来了。桀溺教授曾这样说过："世界平衡局势已有变更与中国时正觉醒，同时欧洲亦开始自我怀疑，失去自信，甚至影响到19世纪以来之学院传统，汉学方面亦必须放弃以往之欧洲中心成见，必须重新考虑研究对象，更须自谦、真实与同情。不久，美国大学汉学中心将使古老欧洲研究机关渐渐减色，前苏联亦不消极。又应注意一显然事实：不读日文汉学著作，则汉学成果，终不免疏漏，际兹旧学催萎，新学分散，法兰西汉学取何新姿态？"[①] 毫无疑问，"法兰西汉学取何新姿态？"这个问题，需要法国当代汉学家以自己坚实的研究新成果来回答。

从文化的视角对中国古典文学作诸多层面的透视，是汉学界常用的观照方法，并且取得了重要的成就。戴密微及其弟子在中国古典诗歌方面的研究，堪称这方面的卓著成果之一。20世纪50年代末、60年代初，由戴密微主持编译出版的《中国古诗选》开其先，60、70年代，由他的学生或就教于他的法国当代知名古诗专家编译的《宫廷诗人与司马相如》（吴德明）、《古诗十九首》《牧女与蚕娘》（桀溺）、《嵇康的生平和思想》《诗歌与政治：阮籍生平和作品》（侯思孟）、《唐诗语言研究》（弗朗索瓦·程）承其后，把中国古诗的研究推到了一个新的阶段。这些著作或从中华民族文化传统和民族心理的角度，对中国古诗作宏观透视，或从某一特定时期的文化背景出发，对某个作家、某一主

---

① 参见巴黎《敦煌学》第5辑，《戴密微先生逝世三周年纪念专号》第6页，译文出自吴其昱先生之手笔。

题、某一门类钩沉发微，在中国文化这一独特的领域内深入探究，达到了相当的水平。而戴密微逝世后才得以出版的《一个唐代民间诗人·王梵志》更是这位汉学大师本人从文化视角发掘这个尘封了几个世纪之久的中国诗人的重要成果。20 世纪中叶后，法国对中国古典小说的介绍和研究取得了突出的成就。从 1957 年《西游记》法译本问世至今，中国古典小说名篇差不多都已翻译出版。特别是 1978 年《水浒传》全译本的出版和《红楼梦》《金瓶梅》法译本的相继问世，更是把法国介绍研究中国古典文学推到了一个新的持续的高潮，它们和差不多同期翻译问世的中国现代作家作品一起，汇合成 70 年代法国的中国文学研究热。专攻中国小说的著名汉学家雷威安（André Lévy, 1925—2017）教授，继承法国汉学先辈阿贝尔·雷米萨的又译又著的遗风，其译述和著作都是 19 世纪前辈所无以比肩的。

在介绍中国现当代文学方面，法国当代汉学家也做了大量有益的工作，他们把多方位地观照中国现当代文学当成当代法国汉学复苏的一个重要标志。但对中国现当代文学的介绍在很大程度上受制于政治，因而首先是政治上的观照。在中国"十年动乱"期间，法国对鲁迅和某些当代作家（如浩然）的介绍就表现了这种倾向。这种研究方法虽然对鲁迅和其他中国作家在法国的广泛传播不无益处，但距离对鲁迅的准确认识和真正把握仍有着不小的差别，这显然是"四人帮"文艺上的造神说和文化专制主义对法国汉学界有形无形地影响的结果，是法国汉学家在困惑中自觉不自觉地选择的结果。其次，是社会观照，也即把中国文学视为中国社会的"晴雨表"，视为了解中国社会动向的一种社会资料（其实也是一种政治观照的变形）。20 世纪 80 年代初期法国对中国新时期文学的介绍就属这种模式。优先选择介绍的文学作品大多属揭露社会阴暗面的"问题小说"，或是有争议、引起社会轰动的作品。再次，以人的命运为观察视角。对人的命运的关注和对人的价值的关注，本来是西方人文主义者的文化价值取向，以此来观照中国现代作家作品始于 20 世纪 20 年代罗曼·罗兰（Romain Rolland，1866—1944）对鲁迅的《阿 Q 正传》的著名评论，这对当代汉学家介绍新时期以来的中国作家作品也有着较大的影响。可以说，法国汉学家对中国文学的翻译介绍并不是完全跟着中国国内文学界的评论走的，他们在很大程度上依循的是自己的模式，因而从另一个侧面反过来也会对我们的现当代文学研究提供一个有用的参照框架。

第三章
中国文学对法国的影响

中国文学不仅在西方其他国家有着广泛的影响,而且在法国的传播达到了其他西方国家难以比拟的境地。这一切均与法国汉学家的努力是分不开的,同时也与中法两国在文化上息息相通不无关系。本章将分别描述中国古典诗歌、戏剧和小说以及现当代文学在法国的翻译介绍,并从接受与影响的理论视角予以初步的分析。

第一节 中国古典诗歌对法国的影响

中国素来被称作诗歌的王国,因而毫不奇怪,法国汉学家在介绍中国文学时首先应当关注中国的诗歌,尤其是有着光辉灿烂的传统和优秀遗产的中国古典诗歌。如果按时间来划分,18世纪可以说是法国介绍研究中国诗歌的第一阶段,也可以说是介绍、引进中国古诗的开拓时期。它以了解中国总体文化为出发点,以探究中国文学灿烂的源头《诗经》为基本内容。首批东来的法国耶稣会士,为了找到在中国传教的门径,首先便注意到了中国的儒家经典。榜列"五经"之首的《诗经》自然受到格外的重视。据说，第一个把《诗经》译成西方语言的，是法国耶稣会士金尼阁（Nicolas Trigault，1577—1628），但他的译文却未能流传下来。西方学者公认的最早的西译《诗经》，是法国传教士孙璋（Alexandre de la Charme，1695—1767）的拉丁文译本，他的《诗经》翻译始于1733年，但真正刊行面世则是一百年以后的事。18世纪中叶，与孙璋同时对《诗经》进行翻译、研究的法国传教士还有赫苍壁（Jalien-Placide Hervieu，1671—1745）、白晋、宋君荣等。赫苍壁曾编过一部《诗经选译》，白晋也著有《诗经研究》（稿本）。宋君荣不仅译注了《诗经》，还运用其中的资料来研究中国的天文历史。[①] 较早把中国诗歌介绍到法国并且产生较大影响的是马若瑟神父，他选译了《诗经》中的《天作》《皇矣》《抑》等八首诗，刊在杜哈德主编的《中华帝国志》上，这是18世纪对欧洲影响最大的法国三大汉学巨著之一。继1736年的法文版之后，英、德、俄三国的学者分别于1741、1749和1774年将此书翻译出版。歌德1781年11月10日在日记中奇妙地发出了"啊，文王！"的赞叹，这大约是这位德国诗坛巨星从马氏的译诗中获得了对《诗经》的最初印象的反映。18世纪下半叶，巴黎出版了一种多卷本汉学著作《北京耶稣会士杂记》，在这部书的第四卷（1779年）和第八卷（1782年）里分别收进了《诗经》中的《蓼莪》《常棣》《文王》《将仲子》《谷风》等篇的法译。西伯尔神父等人在第一卷（1776年）、第二卷（1777年）和第八卷上撰写有关《诗经》和中国古诗的长篇介绍。该书第四卷和第五卷还刊有介绍陶渊明、李白和杜甫的文字，这可能是法国最早介绍中国古代诗人的文章。通过这些初步的介绍与研究，本时期的法国人对中国诗歌之奥秘有了相当的认识。

---

① 参见张清：《〈诗经〉在西方的介绍与研究》，载《文学研究参考》，1988年第4期。

法国读者对中国诗歌的认识首先表现在，中国语言没有任何与欧洲语言相近似的地方，几乎中国诗歌语言中所有的字都具有动作性和形象性，进而对中国语言的特点作了探讨。其次，他们初步认识到，中国诗歌有着自己独特的规则，也即有自己独特的韵脚和格律。再次，他们也看到了中国诗歌中所运用的隐喻、比兴和象征等独特的表现手法，认为这不仅给中国诗歌增添了魅力，同时也使它们带有了某种神秘性。显然，在我们今天看来，18世纪法国汉学界对中国古典诗词的这些看法已经过时了，但是作为介绍中国文学的开端，其历史意义却是不容抹杀的。正是这样，才使18世纪的大诗人伏尔泰在读到乾隆皇帝在杯子上的一首题诗后，便诗兴大发，写出了一首"中国式"的诗，回赠乾隆皇帝，这已成为中法文学交流史上的一段佳话。

19世纪法国汉学界对中国诗歌研究的重点仍然侧重于《诗经》，首先我们见到的是1830年由巴黎著名汉学家朱尔斯·莫尔（Julius von Mohl，1800—1876）编辑出版的《孔夫子的诗经》，这实际上是18世纪孙璋的《诗经》拉丁文译本的存稿。莫尔为此书撰写了序言，并编辑了两个索引。该书的注释约占全书篇幅的三分之一，但后来的西方学者大都认为孙璋的注释过于简单。1838年由拉沙尔穆神父翻译、由爱德华·比奥（Edouard Biot，1803—1850）作注的《诗经》拉丁文本出版；1872年汉学家鲍吉耶翻译出版了第一个法文全译《诗经》，书名是《〈诗经〉作为正统经典的中国古代诗集》。这是一部直接译自中文的著作，其中还包括了第一次译成欧洲语言的大序。不过此书的注释过于简单，后来影响也不大。此后，又有顾赛芬的法文、拉丁文、中文对照的《诗经》全译本问世，这是法国最流行的本子，一经问世，便一版再版，至今仍有着较大的影响。

18世纪法国汉学界除了译介《诗经》之外，还开辟了新的领域，特别值得一提的是圣·德尼侯爵1862年译的《唐诗》和1870年译的《离骚》。《唐诗》一书，主要根据唐诗集中文原版《唐诗和解》等书选择了李白、杜甫、王维、白居易、李商隐等唐代35位诗人的97首诗，每个重要诗人都有简介，每首诗后都有详细注释。该书1977年在巴黎再版，出版者称赞它为迄今为止一部"重要的、最好的中国诗歌的法文译著"。《离骚》虽然影响不如编译者的前一本书，但在当时贵族沙龙里却颇为盛行。译者在前言中对屈原的生平和创作作了介绍，阐明了《离骚》的特点是"把自己的哀诉和富有传奇的幻想糅合在一起"，"把自己的思想淹没在有些隐晦的词组之中，让读者根据自己的想象，根据作品中显露出的简洁形象，去完成自己的欣赏"。他认为屈原的这种手法一直为中国后代作家所沿用，这显然是一种值得肯定的见解。

19世纪的法国汉学界对宋诗和清诗也有介绍，在这方面，C. 昂博尔·于阿里做了很多有益的工作。他把中国古典诗歌分为三个时期，即古典时期，代表作是《诗经》；复兴时期，即唐代，是中国诗歌的鼎盛时期；从宋到清，称为现代时期。在他看来，对前两个时期的诗歌，汉学家已经作了介绍，这是颇为必要的，但在现代，诗坛上虽然充斥着模仿之风，诗歌呈现着衰落倾向，但确有一些真正的诗人对这种衰落倾向进行了斗争。这样的诗人虽不多，"但他们的果敢精神和在同时代人中所表现出来的那种顽强搏斗的意志，真不愧为是中国的缪斯"。因此，现代诗歌和上两个时期的诗歌一样，有必要让欧洲了解。基于这样的目的，于阿里于1884年发表了《18世纪中国诗人袁子才的生平及创作》一书；1886年发表了《14世纪至19世纪中国诗》选集。这本书选译了苏轼、袁子才等诗人的诗篇；1892年又出版了另一选集《中国现代诗》，选译了袁子才的《春寒》《到家》《新燕篇》《除夕》《元旦》《随园杂兴》《答人问随园》等14首诗。由此可见，他对袁子才的诗作极为赏识。

汉学界对中国古诗的译介和研究,对法国诗坛产生了一定的影响,客观上推动了中法诗歌的直接"对话",在这方面受到影响最大的是戈蒂耶和马拉美。戈蒂耶早在1835年就写过一首充满中国情调的中国诗篇《难怪成趣》①,这首诗曾被谱成曲子传唱,流行一时。他还给女儿瑞蒂·戈蒂耶请了一位中国人教她中文,共同译出了一本名为《玉笛》的中国诗集。② 同时他还模仿中国的"七言"写过不少七音诗,可惜都已失传。此外,他还写出了像"你妩媚的眼神,如湖底的秋月"这样的诗句。马拉美从小就喜欢中国诗,1864年他写了首名诗《倦怠》③,被批评界誉为"笼罩着一种雾,一种中国智慧的芬香"④。法国诗人受到这种影响,正是中法诗歌深入交流的一种积极的结果。

20世纪法国汉学界对中国诗歌的研究,呈现出不断向纵深发展的新态势。这不仅表现在对原有的研究课题,如唐诗和《诗经》,有了新的发掘,而且在一些从未有人涉足的领域,如汉赋、汉乐府、魏晋南北朝诗歌等,都有专人进行了富有成果的探索。中国各个朝代的诗、词得到了进一步广泛的介绍,出现了一批有见地、有分量的论文和专著。无论在研究方法的拓展上,还是在研究深度的开掘上,较之上两个世纪都有了新的突破和发展。

20世纪20年代,法国一些诗人直接参与中国古诗的译述与研究,使法国对中国诗歌的探讨呈现出一种多姿多彩的局面。其中产生较大影响的是克洛岱。这位以散文诗《认识东方》名垂一时的大诗人,对中国古诗的翻译却不见得多么高明。他先后翻译出了40多首中国诗歌,

---

① 参见葛雷:《克洛岱与法国文坛的中国热》,载《法国研究》,1986年第2期。
② 据钱锺书先生研究,戈蒂耶请的中国牧师,即丁敦龄,山西人。参见《谈艺录》,中华书局,1984年版,第372页。
③ 参见葛雷:《克洛岱与法国文坛的中国热》。
④ 查理·莫隆:《马拉美和"道"》,第221页,转引自前引葛雷一文。

相继发表在《巴黎杂志》和《费加罗文学报》上。他的译诗大体分为三种情形：即基本上忠于原文；抓住原著的某个中心环节加以生发和改写；完全脱开原文借题发挥。他对中国女词人李清照的一些不朽诗词的翻译就体现了第三种情形。由此可见，克洛岱对中国文学的注解无意中和中国古典美学的"诗无达诂"之原则以及文学交流中的接受与影响之理论不谋而合，从而使中法诗歌的"对话"竟然产生了意想不到的结果。

从20世纪20年代到50年代，在中华人民共和国诞生前的这个阶段，是法国研究中国古典诗词略显沉寂的时期，这跟法国汉学界处于新老交替、汉学研究处在更新时期的总形势是分不开的。二次大战后，法国三大汉学家葛兰言、马伯乐和伯希和相继弃世，在汉学界负有继往开来使命的戴密微则正潜心于敦煌学研究，一时无暇顾及对中国古诗的探求，而新一代汉学家尚在磨砺试练之中，所以中国古诗的翻译和论著寥寥无几。这个时期，我们所能见到的是一些热心介绍祖国文化的旅法学者的译述，如徐仲年发表在里昂《中法季刊》上的《中国诗50首》，发表在《水星》杂志上的《中国诗人杜甫》，发表在《交流》上的《李白诗》《杜甫诗》，发表在《里昂大学杂志》上的《白居易研究》《子夜歌选》等；梁宗岱在《欧洲》杂志上发表了王维的法译诗，1930年他在巴黎出版了法译《陶潜诗选》，得到了瓦雷里（Paul Valery，1871—1945）和罗曼·罗兰的好评。罗大冈的两本译著：《唐诗百首》（1942年初版，1947年再版）和《首先是人，然后才是诗人》（1948年版），前者翻译了唐诗百首名作，是圣·德尼侯爵的《唐诗》选译的一种补充，后者译介了中国古代诗坛七名大家：屈原、陶潜、李白、杜甫、白居易、李贺和李清照，第一次在法国读者面前再现了我国七位大诗人的形象，其字里行间充满着民族自豪感。这两本书对法国乃至整个西方了解中国文化无疑具有积极的意义。

1962年，巴黎出版了由戴密微主持编译的《中国古诗选》，这是汉学界译介中国诗词由沉寂到发展的标志。该书选译了上至《诗经》下至清诗374首诗或词，分别出自204位诗人之手笔。可以说，这是一部由新老汉学家通力合作的集大成之作，也是汉学界研究中国文学实力的一次大检阅，它在法国研究中国古诗的历史上占有重要的位置。书前载有戴密微撰写的长篇导论，他以丰富的文学知识和深厚的汉学修养论述了中国诗歌的历史演变和艺术特点，是法文读者所见到的中国诗歌的最佳综合介绍。

20世纪下半叶，由于戴密微的倡导，在汉赋、汉诗和魏晋诗歌这些无人问津的学术园地上，便崛起了一批开拓者。他们包括吴德明（Yves Hervouet，1921—）、侯思孟（Donold Holzman，1926—）和桀溺等。这些学有专长的汉学家以自己扎实的学术专著显示了自己的潜力，从而使得法国对中国古诗的研究呈现出一派生气勃勃的景象。吴德明的《汉朝的一个宫廷诗人：司马相如》是论者经营了十二年之久的一部力著，全书分为9章，对司马相如的生平思想作了缜密的考证和辨析，对他的作品及其在文学史上的地位和影响进行了比较深入的探究和论述，同时对"赋"这一文体作了解析和介绍，材料充实，评析精当，实属一部难得的佳作。侯思孟的《嵇康的生平和思想》是法国汉学界研究中国古代诗人的第一本专论。这本书的特点是，作者将作家作品放到其时代境遇中去考察，准确地把握了作品的真实含义，描述出了作为崇尚老庄的诗人嵇康的真实形象。他用的虽然也是中国学术界运用的"知人论世"的传统方法，但他不是在沿袭，而是有所发展，因而使人有一种新鲜之感，显示出这位汉学家的中国古典文学功力。这一特点在他的另一部著作《诗歌与政治：阮籍的生平和作品》里表现得更为突出。

桀溺在汉诗研究领域内作出了令人瞩目的成就，他一共出版三部论著，每部都有自己的特色和精辟的见解。第一部《古诗十九首》成功地综合了前人的研究成果和特点，创造出了一种新的诗体，表现了一种新的精神。作者从古诗的抒情特点、结构艺术和新创的悲观主义三个方面加以论述，同时也贯穿了与《诗经》，特别是与《楚辞》的渊源关系的考析，通过联系和比较，从而探讨出古诗的独特性，确实带有许多新鲜的见解。《中国古典诗歌的起源：关于汉朝抒情诗的研究》是他的第二部重要著作，在这本书中，作者用四章的篇幅论述了中国古典诗歌的产生、发展及其特点，在第五章里选译并评析了《江南可采莲》《平陵东》《乌生八九子》《东光乎》《东门行》等15首汉乐府。他称自己是从"严格意义上的文学角度"，"仔细地考察形式和主题发展的历史"，从而作出判断的。由于研究者扎实的中国文学修养和严谨的治学态度，他的判断和分析也就言之有理有据。《牧女与蚕娘》是桀溺研究汉诗的新收获。它论及的虽是《陌上桑》一首诗，但涉猎甚广，开掘颇深。因此本书的特征较之前两本则在于进一步把考证、评论和比较结合了起来，并有所发展。全书共四章，分别就汉乐府《陌上桑》和法国12世纪行吟诗人马卡布律（Marcabru）的牧羊诗进行追根溯源式的考察，论述了法国牧羊女诗和中国桑园文学的历史演变及其在各自文学中的地位，进行了平行的比较研究，材料丰富，疏证细密，观点新颖，是一部很有深度的著作。

应该承认，这个时期研究者对唐诗的内容和艺术特点都有较为深入的探讨，较之19世纪圣·德尼的时代显然前进了一步。在唐诗的内容方面，法国人把它归纳为四种潮流（或四个主题），也就是：自然的潮流，友谊的潮流，人道主义潮流和中国人的享乐主义潮流。既然描写自然是唐诗的重要主题，那么对永恒不变的自然，人生不过是个短暂的过渡，因而便产生了种种感怀，这就有了诗。对唐诗作如此的概括，在我们看来，未必准确、全面，但它终究是西方人对唐诗的一种带有能动性的理解和概括。就唐诗的艺术而言，他们看到了唐诗以及中国全部古典诗歌运用象征手法创造形象的特点，因而称象征是中国诗歌的生命线。在这方面，程纪贤运用结构主义和符号学的方法对唐代诗人张若虚的一些诗歌作了分析和阐释，他的著作受到法国汉学界的高度评价，并被译成其他文字，在整个西方汉学界也产生了较大的影响，使人"不仅学会阅读中国诗，而且即使不能写，也能更会阅读西方诗"。

  从以上几段文字我们可以看出，三个世纪以来，中国古典诗词在法国的介绍和研究的大致概貌。从我们的回顾中，我们不难看到，法国人为打开中国这个神秘的艺术殿堂、揭开其中的奥秘，走过了多么漫长的道路，付出了多么艰苦的努力。直到今天，这种探求还没有停止。即使在今天，中国新文学愈来愈成为西方瞩目的中心，但中国古典诗歌仍然是法国许多汉学家致力于研究的课题，一些在这个园地里笔耕多年的老学者退休之后仍在精心建构自己的重要著作。在巴黎市长的倡议下，1987年在巴黎举行了别开生面的包括吟诵李白、杜甫的诗歌在内的中国诗歌表演会。这一切都表明法国人对中国古典诗词始终保持着一种深厚执着的热情，对其艺术的奥秘的探究，还会长久地持续下去。法兰西民族是个勇于探索、热爱诗歌的伟大民族，他们对中国古诗——人类文化苑中一株耀眼的奇葩——充满了这样经久不衰的探索精神，这本是十分自然的。

第二节　中国古典戏剧对法国的影响

  中国戏剧是在18世纪"中国热"的召唤下进入法国的，而它的西渐又推动了这种"中国热潮"的进一步高涨，在中西文化交流中充当了中国其他文学样式所未能充当的前锋角色。

最先介绍到法国的中国戏剧是马若瑟神父1731年节译、1735年发表的法文本《赵氏孤儿》。这一剧本传入法国时，正值中国兴味成为法国人趋之若鹜的时代风尚，遥远的令人神往的东方成为文学界竞相采攫的时髦题材。早在伏尔泰之前，法国作家勒萨日（Alain Rene Lesage，1668—1747）就写过两个以中国为题的剧本：一个是《阿勒甘、水猎狗、宝塔和医生》，一个是《中国公主》（1729年）。这些剧本其实并无真正的中国气息，只不过描写了想象中的中国景观而已。而且确实，所有这些中国题材的剧作只是"中国兴味""中国情调"在西方戏剧艺术上的表现，无论是剧作家或演员都对中国戏剧艺术知之甚微。而为西方提供真正的中国素材，[1] 并由此开始中西文化在戏剧方面交流的是马若瑟节译的《赵氏孤儿》。它的问世为醉心东方文明的西方作家提供了新的文化取向，激起了他们的新的灵感和新的审美情趣。伏尔泰就是以此为素材创造出《中国孤儿》这部颂扬中国道德、颂扬儒家文化的剧作，轰动了当时的法国剧坛，并在其他欧洲国家的文化界和文学界产生了较大的反响。马若瑟节译的《赵氏孤儿》传到法国，引起了一些作家和批评家的关注。首先对此剧进行批评分析的是阿尔央斯（Marquis d'Argens，1704—1771）侯爵，他在《中国人信札》（1739年）有关章节[2]里提到这部中国剧作，并把当时的新古典主义原则奉为圭臬，作为衡量中国戏剧艺术的准绳，对《赵氏孤儿》提出了许多批评。这些批评中有不少在今天看来显然是过于苛刻了，因此，用西方的戏剧观来考察《赵氏孤儿》，并以古典主义的范式来衡量其艺术成就，显然是对中

---

[1] 参阅范存忠：《〈赵氏孤儿〉杂剧在启蒙时期的英国》，载钱林森编，《中外文学因缘》，南京大学出版社，1989年版。
[2] 阿尔央斯对《赵氏孤儿》的批评见《中国人信札》第23封，参见范存忠《〈赵氏孤儿〉杂剧在启蒙时期的英国》一文。

国戏剧特色缺乏了解所致，这种做法实际上也表明了西方人对中国戏剧艺术的一种误解。由此可见，在中外戏剧交流初期，这种误解实属难免，就连大名鼎鼎的戏剧家伏尔泰在对《赵氏孤儿》的把握方面也未能超过阿尔央斯，也未避免这种误解。

突破18世纪这种浮于表面的戏剧热，而对中国戏剧艺术进行扎实研究的是19世纪的法国汉学家斯坦尼斯拉斯·于连。他于1832年译出了《灰阑记》，1834年全文重译了《赵氏孤儿》，1872年译出了《西厢记》。他的译文忠实可靠，令其前辈马若瑟和达维难以望其项背。作为一种文化选择，于连对中国戏剧介绍的突出贡献正在于，他对中国的独特文化背景下产生的这一综合艺术的理解和移植。他是把中国戏剧忠实地引进到西方的第一人。他对元杂剧有较透彻的研究，对这种"曲白相生"的中国戏剧艺术领悟颇深。面对翻译中的种种困难，于连并没有望而却步，而是积极进取。为了弄通剧中的诗词，忠实地传达出中国古典戏剧特有的意蕴，他刻苦钻研中国古诗，从《诗经》《楚辞》以及唐代诗选中摘录了9000余条中国诗词中常见的熟语和词组，细心地领会其中的含义和意象，作了多方面扎实的准备，才动手翻译中国戏剧。即使是如此，他们在翻译中仍遇到种种新的困难，但正是靠了他的译述，西方人才窥见了中国戏剧的真实面貌。

19世纪致力于中国戏剧介绍并且作出重要成就的还有安托尼·巴赞。他于1838年出版了一本《中国戏剧选》的译著，其中包括四个中国戏的译文和一个长篇导言。这四个戏是：《梅香》《合汗衫》《货郎担》《窦娥冤》。1841年，他还发表了《琵琶记》的法文译作。在《中国戏剧选》长篇导言中，他首次向法国人详细介绍了中国戏剧的历史演变及其特点，虽然他的论述不免失之偏颇，但总体上却给西方人提供了一个中国古代戏剧发展的大致轮廓。尤其难能可贵的是，他在这篇介绍里，还从文化角度把中国古代戏剧与印度戏剧作了初步的对比，这在西方汉学界也是第一次。可以说，正是由于巴赞等汉学家这样较为系统的介绍，才使得法国学界有可能获得更多的东方戏剧方面的知识，从而深化对中国戏剧特征的认识。例如，法国著名作家莫泊桑（Henri René Albert Guy de Maupassant，1850—1893）对中国戏剧的知识的获得在很大程度上就得益于这样的介绍。[1]

20世纪是法国和西方戏剧力图突破传统的写实格局、寻求新的表现方法，呈现出开放姿态的时代，因此被西方人视为非写实主义典范的中国传统戏剧便受到了格外的重视，激起了人们更多的探索热情。进入20世纪以来，法国学界除了继续翻译介绍中国传统戏剧作品之外（如路易·拉卢瓦（Louis Laloy，1874—1944）翻译的元剧《黄粱梦》，李治华翻译的《忍字记》《破家子弟》等杂剧及潘莫诺对皮影戏的介绍），主要致力于中国戏剧的表现程式和艺术奥秘的探究。他们打破了19世纪法国汉学家封闭的经院式研究方法，对中国戏剧特征作了多方面的切实探讨，而中外戏剧交流的日趋频繁，[2] 又使他们对中国这种以唱、念、做、打的综合表演为中心的戏剧形式有了较为真切的理解。路易·拉卢瓦参照了王国维的《宋元戏曲史》，从文化的角度探讨了中国戏剧的起源和特点，提出，中国戏剧就是"从曲、歌舞戏、小说和丑角滑稽闹剧中借鉴的诸种要素的综合"，戏剧对话部分，实际上"是小说的片段"，但"采用直叙体"，"角色一登场，便向观众通报姓名、家庭、刚刚发生的与他有关的事件，取代的正是说书人的位置。紧接着，观众便听他演说，看他表演。他使用对话语言，时而也吟些诗，就像小说要引起诗情画意一样"，这些吟唱便是戏剧的主要部分；而舞台的动作，

---

[1] 童道明：《宝贵的启示》，载《文艺报》，1987年5月2日。
[2] 如梅兰芳1930年、1933年先后访美，这是中国戏剧真正走向世界的开始。拉卢瓦是20世纪初法国大诗人、戏剧家，客居中国二十年之久，他的剧作具有浓郁的抒情气质，注重音乐、诗与戏剧行动的融合，显然得益于中国戏剧传统的影响。

诸如"敲门、叫人、致意、骑马或下马",都是规定了的;"演出时没有布景,以台词和曲来弥补",道具,"只有当它们本身起到角色的作用时才使用"。这些实际上都是"虚实相生"的舞台特征的表现。对中国戏剧的这些认识较之19世纪又深入了一步。不过,作为一种文化选择,20世纪法国学者对中国戏剧的研究远远不止于对中国戏剧作一般的描述,而是把这些表现特征上升到了美学的高度,去追寻哲学的、文化的源头。最早将中国戏剧表现形式和中国哲学联系起来考察的是法国戏剧家阿尔托(Antonin Artaud,1896—1948)。他十分欣赏老子《道德经》第十一章开头的一句话:"三十辐兴一毂,当其无,有车之用。"用今人的话说就是:三十根辐条集中到一个车轮的中心部分——毂,有了毂中间插轴的空间,才有车的作用。这是中国传统美学观"虚实相生"的形象说明。中国古典戏剧的"涵虚"风格的追求,正源于老子的"无"与"空"的哲学原理,而之中"涵虚性"则恰恰是20世纪西方戏剧借以摆脱自己原有的表现模式、寻求新的出路的依据。阿尔托显然从中受到了启发,于是便在30年代提出了"从无走向形,又从形返回无"[①]的戏剧构想。法国当代戏剧理论家乔治·巴努在其《戏剧的出路》一书中也反复引证老子的《道德经》,认定"将西方戏剧界人士求救的种种哲学思想联合在一起的,是他们对'无'与'空'的共同追求"。强调这位东方哲人的思想,对建立欧洲戏剧新的舞台秩序的重要影响。他说,"从60年代起,人们的注意力越来越经常地放到东方戏剧的练功上,放在通向动作符号的道路上,而不是更多地放在动作符号本身上。这一点是频繁接触东方灵性的结果",而"从美学走向东方思想,从作品走向修练,从动作符号走向它的准备——这就是人们走过的道路"[②]。乔治·巴努在这里所说的"东方灵性""东方思想",主要指老子的哲学思想。由中国戏剧的美学特征的探讨,进而追索到哲学思想的影响,这就是20世纪法国汉学家、戏剧家研究中国戏剧的路径,跟

---

① 童道明:《〈丝绸之路〉与〈道德经〉》,载《文艺报》,1987年4月18日。

② 同上文。

18世纪马若瑟、伏尔泰等人对中国戏剧的引进一样，它同样表现了一种文化的选择，向东方哲学回归的倾向，但不同的却是：前者的哲学启悟及由此而作出的文化选择在很大程度上是建立在对中国戏剧艺术的误解之上的，而后者则是建立在对中国戏剧艺术本身的深刻理解之基础上的，这正是20世纪法国学界对中国戏剧探索的深化和突进的表现。

第三节　中国古典小说对法国的影响

当代著名汉学家雷威安曾提出一个深刻的命题：起源于口头叙述艺术的中国小说，具有"无可否认的城市特性"，它以城市为"摇篮"，"在一切文化现象中最具城市化"。[1] 这个不乏创见的立论意在表明，作为都市文化的一种独特存在，中国白话小说这一样式的勃兴，与城市的产生、市民的文化需求有着密切的关系，而其发展又与整个都市文化的繁荣（包括文人文化的发展）紧紧相联，而且它本身就是都市文明的一种真实而深刻的标志。因此，中国小说的西渐便往往成为西方人了解中国都市文化风貌、探究中国文明发展之程度的一个渠道。

都市文化，其实是市民文化和文人文化的一种综合，它包括都市风尚习俗，市民和文人的道德规范、伦理观念、文化心理等。它是整个民族文化的有机组成部分，也是极具特色的部分，这是单从四书五经的研究所不能深明的。早在18世纪中法文化首次交汇之际，法国学者就已经意识到了这一点，并且开始从"纯文学"中寻找材料，以深化对中国文化的认识和了解。他们在这种探求过程中逐渐形成了一个共同的审美趋向：即十分看重描绘文化风俗的作品，把它们作为瞭望中国文明的窗口，亦是了解中国文化的媒介。而以展现都市文化风貌为其特色的中国俗文学（特别是小说），便很自然地充当了这个"中介"，成为法国汉学家十分重视的研究对象。

法国人介绍中国小说始于18世纪。最初的介绍还只限于故事传奇

---

[1] 雷威安：《17世纪通俗短篇小说》，1981年版，第409页。

之类的作品，真正长篇巨著的翻译和研究则是两个世纪以后的事。根据最新的研究成果，最早把中国小说介绍到法国的可能是昂特尔科尔神父，他从《今古奇观》中选取了《庄子休鼓盆成大道》《吕大郎还金完骨肉》《怀私怨狠仆告主》三个故事，以概述故事情节的形式，编译成法文，发表在杜哈德主编的《中国通志》第3卷（1735年）第292—303页，第304—324页，第324—338页。这也是第一次介绍到欧洲的中国小说。但是，作为中国小说第一部完整的西洋译本，并在欧洲广泛流传的是英国人威尔金森（James Wilkison）译、1761年出版的《好逑传》英译本。1766年里昂出版的没有署名的法译《好逑传》，就是根据威尔金森英译本转译的。由于当时的译者的并非全面的介绍，启蒙主义者孟德斯鸠（Montesquieu，1689—1755）对之作了十分苛刻的批评。尽管他对传奇和才子佳人小说持某种否定的态度，但由于这类作品的篇幅一般不长，很适合法国读者的口味，同时，它们又以描写都市风情、宣扬道德教训居多，颇能使读者从中洞观中国文明的某些方面，因此，还是深得法国人重视的。有些已成为法国作家的创作素材，在中法文学交流中产生了重要的影响。伏尔泰创作《查第格》的时候，就采用了《庄子休鼓盆成大道》的故事作为第二章的依据。伏尔泰对庄子的故事进行了改造，使之与"庄周鼓盆而歌"的故事虽在细节上有所不同，但大致的人物关系仍是相同的。但是，作为这位启蒙运动领袖人物呼唤仁政的哲理小说，《查第格》袭用这个文学素材，并非是看重庄周"人心莫测"的遁世哲理，而是运用中国先哲的这一古训，隐射当时法国社会的人情险恶，抨击时弊，张扬理性。而其中对毫无道德信守的贵族男女的暴露，则显然与抒写都市风情的中国传奇故事的美学取向不谋而合。因此，《查第格》从《今古奇观》撷取了这一创作素材，实际上架起了中法文化在小说交流上的第一座桥梁。它与伏尔泰的《中国孤儿》一起，不仅开启了法国作家从中国小说、戏剧这类俗文学中接受中国文化的先例和范例，而且它本身也是借之于"纯文学"的窗口，瞭望中国文明的有益尝试。这一尝试的成功极大地启发推动了更多的作家、汉学家把注意力集中于对中国俗文学，特别是小说的介绍和研究，并且发展成以文化视角观照中国文学（小说）的传统和共同的艺术趣味，影响了法国几代汉学家。

19世纪法国人对中国小说的介绍表现了较多的自觉性，介绍的内容大体上仍以传奇和才子佳人小说为主。一些著名的汉学家都不约而同地投身这一工作，并把他们的成果带到大学课堂，传授给自己的学生，形成了一代传一代的研究中国小说的良好风气。这种风气是由法国第一位汉学教授阿贝尔·雷米萨开创的。他于1826年译完了阿卡德·霍昂格（Arcad Hoange）未能完成的《玉娇梨》，并在巴黎正式出版。次年，雷米萨又编纂出版了三卷本《中国短篇小说》，作为他执教的法兰西学院的中文教材。他为《玉娇梨》法译本写了长达数万字的序言，对中国小说作了详细的介绍，应该承认，这是我们可以见到的有关中国小说研究的第一篇重要文章。此后，另一些中国小说，如《三国志演义》（1851年奥多尔·巴维节译了三十五回），《二度梅》（1880年泰奥菲尔译）等也陆续得到翻译介绍。由此可见，19世纪法国研究中国小说仍以传奇、才子佳人作品为中心。这种选择并非是随意性的，而是与法国汉学界研究中国的总体方向相一致的。翻译《玉娇梨》的阿贝尔·雷米萨说得很明确，他之所以要把《玉娇梨》介绍到法国，是因为这是一部"真正的风俗小说"，可以帮助人们了解中国文化。他认为，无论在西方还是在东方，小说都可以反映不同民族的风俗，而"真正的风俗小说"，具有"真正的价值"，因此他十分推崇《玉娇梨》。于连也认为，对一个真正的东方学研究者来说，"仅仅研究中国人在社会关系中的表现是不够的"，还必须"熟悉他们的文学作品"，特别是风俗小说。他说，"若要彻底了解我们今后将与之共同生活和互相往来的民族的风俗习惯和性格特征，研究这些作品是十分有益的"。[①] 这足以说明它们在促进中西方沟通方面起着重要作用。实际上，《玉娇梨》《好逑传》这类传奇绝非中国小说的上乘之作，它们之所以在法国和西方被一译再

---

① 斯坦尼斯拉斯·于连：《平山冷燕·序》，1860年版。

译，受到如此青睐，其原因仅仅在于这类小说在中国独特的文化背景下，真实地再现了迥异于西方的社会风情和文明形态，为西方读者提供了从未见过的准确、细致、新奇有趣的风俗画卷，使他们得以从中窥见中国文化的若干层面。正是这样，它们才会引起法国和西方作家的特别的关注，甚至连席勒和歌德这样的文学巨人也对此产生了浓厚的兴趣：前者曾要求将《好逑传》译成德文，后者看过这部小说的法译本之后将它与法国诗人贝朗瑞（Pierre Jean de Béranger，1780—1857）的作品作了有趣的比较，告诫他的同胞要"跳出周围的小圈子"，"环视四周的外国民族情况"，并预言"世界文学的时代已快来临"。[①]

20世纪法国介绍、研究中国小说进入了新的发展阶段。研究者以小说作为观照中国都市文明、探究中国整体文化的不可或缺的方面，表现了更多的自觉和活力，取得了令人瞩目的成就。首先对此作出有益尝试的是20世纪30年代我国的留学生，他们当中不少人曾以探究中国古典小说作为自己的博士论文，这些论文先后在法国公开发表，是法国最早出现的研究中国小说的专论。如1933年出版的吴益泰的《论中国小说的书目与批评》，1935年出版的贺师俊的《论〈儒林外史〉》，郭麟阁的《论〈红楼梦〉》等。这些论著从文化的视角对中国小说的发展及其代表作进行了较为系统的专题研究，它们的问世无疑具有开拓的意义。此外，40年代，中国学者傅惜化、戴望舒和吴晓铃等都用法文写过有关中国小说的文章，发表在巴黎大学汉学研究所的刊物上，为推动法国介绍和研究中国小说起过积极的作用。不过，20世纪上半叶，法国对中国古典小说的介绍总体来说处于低潮。除了1925年出版的由莫朗（Soulié de Morant，1878—1955）重译的《好逑传》之外，几乎再也没有别的重要译著出现。这其中的原因除了经二次大战的劫难、法国汉学界遭到严重破坏等原因外，恐怕还在于译著鸿篇巨制需要较长时间的准备，而战后不少人把注意力集中在近现代中国文化的研究，这就使得对古典小说的介绍与探求显得更为沉寂。首先打破这个冷寂局面的是

[①]《歌德谈话录》，人民文学出版社，1980年版，第113页。

50年代法译《西游记》的出版（路易·阿维诺莱译，1957年门槛出版社出版）。但它并没有产生真正的影响。形成译介中国小说高潮，为这一领域注入新的活力的是70年代法译《水浒传》等名著的问世。为了使西方全面了解东方文化，1959年联合国教科文组织通过了一项决议，选译东方国家的文化名著（包括文学名著）编一套"东方知识丛书"，由巴黎最著名的伽利玛出版社出版。当时负责此项工作的是法兰西学院院士、作家罗歇·卡约（Roger Caillois，1913—1978）和著名的比较文学教授、东方学学者艾田蒲。他们决定把《红楼梦》《金瓶梅》《水浒传》《儒林外史》《唐人传奇》《聊斋》等列入丛书，约请专家翻译。毫无疑问，这是加速介绍中国文化，从而在法国形成一股中国古典小说热的一个重大举动。在以艾田蒲为首的法国汉学家的努力下，中国的这些名著先后被译成法文，付梓面世。从1957年法译《西游记》出版以来，法国翻译出版的中国古典小说就有：吴德明等编译的《聊斋选译》[1]内选26篇小说（1969年伽利玛出版社出版）；雷威安编译的《中国白话小说选》，从凌蒙初的初刻、二刻中选译了12篇短篇（1970年伽利玛出版社出版）；张复蕊译的《儒林外史》（1976年伽利玛出版社出版）；雅克·勒克吕（Jacques Reclus，1894—1984）等译的《卖油郎独占花魁》（1976年巴黎七大东亚出版社出版）；谭霞克（Jacques d'Ars，1941—2010）的《水浒传》全译本（1978年伽利玛七星文库出版）；雅克·勒克吕等译的《九命奇冤》（1979年巴黎发亚尔出版社出版）；李治华和雅歌的《红楼梦》全译本（1981年伽利玛七星文库出版）；《三国志演义》由深通汉学的越南人耐耶姆·彤和法国汉学家里科·路易合译，先在《印度之那研究丛刊》（1960—1963，西贡）发表，后结集六十回，在巴黎弗拉马里翁出版社出版。此外，还有伊莎贝勒·毕戎译的《孽海花》（1983年巴黎T. E. A.出版社出版），盛成

---

[1] 《聊斋志异》在西方流传十分广泛，西方语言译本不下四十种。从1889年到1938年间，有八至十种法文译本出版。近代的除吴德明等的《聊斋选译》外，尚有艾莱纳·莎特朗译的《聊斋选》。

译的《老残游记》（1984年伽利玛出版社出版），雷威安的《金瓶梅词话》全译本（1985年伽利玛七星文库出版），谭霞克的《明代短篇小说选》（1987年伽利玛出版社出版）以及潘莫诺译的《镜花缘》等。近二十年来就有这么多中国古典小说与法国读者见面，其成就确实是惊人的。这些译著在质量上也大大超过以前任何时期。其中有些虽然译文略显滞涩，但总的说来是通顺流畅，忠于原著；有些如《水浒传》法文全译本不但忠于原著，而且做到"造神入化"，取得了较高的成就。每部译著一般都附有译者本人或专家写的作品、作家介绍，有助于法国读者对中国古典小说的理解，有助于汉学界对这一领域的深入探究。

20世纪下半叶，在法国出现的如此大量的小说译著，既是法国汉学界长期以来坚持从纯文学（小说）中探究中国文化的成果，又是深化这种探索的先导。毫无疑问，这些译著所附有的一些介绍，本身就是从文化视角来观照中国小说的产品，而伴随每一部重要译著的问世，在巴黎汉学界总要掀起一股批评热潮，顿时会出现很多评论文章，虽然多数尚属随感性、印象式的评论，但也不乏真知灼见的篇什。这些介绍和评论与专家们精心构制的有关论著合流，把法国对中国小说的研究推到了一个新的阶段。

寓言故事、神怪小说是中国古典小说中一个重要品类，20世纪法国研究者从文化视角加以审视，得出了与他们的先驱阿贝尔·雷米萨完全不同的结论：这些作品的发展并不表示民族的幼稚，而是一个民族深邃的表现。他们认为，寓言故事和神怪小说是中国人的心理和梦幻的反映，因而也是认识这一民族和文化不可忽略的方面。因为，"一个民族作为一种存在，要想认识它，似乎不应当仅仅知道它的所作所为，还必须探索它所幻想的内容"[①]。他们指出，从文化心理来看，"中国人是一个对神圣的事物极其敏感的民族"[②]，因此他们对蒲松龄的小说艺术给予了高度的评价，甚至称他为中国的夏尔·贝洛，而《聊斋》则是"世界上最美的民族寓言"，它的价值正在于，使人从中了解到"一个

[①②] 克洛德·罗阿：《卓越的文学家蒲松龄》，《聊斋选译·序》（艾莱纳译）。

令人大为惊叹的民族的深奥的梦幻"①，而这种梦幻恰恰是人类对理想的一种向往和投影，是人类历史、人类自身的一部分。因此，了解这些梦幻，"也同研究劳动和文化技艺、饮食制度、建筑和社会结构一样，都是对人类自身存在的一种揭示"②。同样，在他们看来，由于蒲松龄笔下展示的这些神奇事物原是人们"哀叹得不到的事物的颠倒的投影"，是人们"对生活中的不足所作的一种想象性的弥补"，因此他的小说"非但没有把我们带进另一个世界，反而把我们置于人世间"③，他留下的这些美丽而怪诞的故事，"无论就空间还是就时间而言，都与我们相距那么遥远，同时又与我们那么贴近"④，它们是人类文化宝库的一份珍贵遗产。有些研究者还进而对一些流传甚广的神怪故事进行深入专门的探究，提出了一些新鲜的见解。如白蛇的故事，在中国几乎妇孺皆知。据雷威安的研究，"白蛇的重要性可与浮士德和唐璜在欧洲的重要性相提并论"⑤。人们不仅在日本可以找到她的"姐妹"，而且在西方也能找到相似的主题。这位研究者在一篇著名的评论中，从主题学的角度，详细考察了白蛇的故事在东方和西方的多次演变，探明了这些故事的共同点在于，表现过于人性化的男子和超人性的女子之间的冲突，女子体现了非社会的或反社会的力量，只要这些力量隐而不露，社会就容忍她。但是，由于东西方的文化背景不同，对这些力量的处理方式也不同：在西方，主要把灾难归咎于男子，"在有基督教传统的西方，人不应不受制裁地背叛爱情，即便是与鬼神的爱情"。而中国的故事，并不想说明基督教教义关于爱情的种种矛盾之处，而是要把爱与佛教的"超脱"对立起来。在日本，把爱子（白娘娘的变形）表现为毁灭性的情欲，"这种趣味与中国人将另一世界人格化，并以此反对人类的反人性的趣味形成了鲜明的对照"⑥。从更为广阔的文化背景出发，则揭示出了"白蛇"主题演变流传中不同的文化内涵。

---

①②③ 克洛德·罗阿：《卓越的文学家蒲松龄》，《聊斋选译·序》（艾莱纳译）。
④ 吴德明：《聊斋选·序》，伽利玛出版社，1969年版。
⑤⑥ 雷威安：《〈白蛇〉在日本和中国》，载《中国小说·故事研究》。

法国汉学家从文化角度对中国白话小说的兴盛、发展和流传进行了系统的考察,颇具理论深度。他们认为,作为最富有城市特性的文化现象,白话小说的兴盛主要适应了17世纪中国长江流域迅速发展起来的大城市和都市社会的需要,适应了不断发展壮大的市民阶层的需要。而白话小说的发展与流传又不仅仅取决于城市经济的发展和都市文化的繁荣,而且也决定于它的通俗化、消遣性和娱乐性。通俗性和消遣娱乐性是拥有广泛市民读者、开辟广阔市场的重要因素。这原因在于,"大众文学的商业性及其服从娱乐准则的关系是十分密切的"[①]。他们进而指出,白话小说之所以得以流传下来,并且成为至今仍未枯竭的文化现象(它在欧洲和日本都曾引起轰动),不能单单归结于它的通俗与消遣,主要在于它有别于古老的传统文学的独特性。按照雷威安的归纳,这种独特性便是简洁性、现代性及多样性,"即视听小说的三重性"。它以独特的题材和写作方法向传统文学提出了挑战,显示了自己的生命力。这些不拘传统的小说家,在自己的作品中着力描写普通百姓和地方事情,描写他们时代的技术、用具、饮食、服装、制度、习俗和心理等。他们笔下的人物,或是真实的血肉之躯,或是表达人的渴望,而非礼教所要求的圣贤典型。因此,他们对当时的社会,提供了坦率而亲切的写真,"使人不经过抽象的讨论,便能明了某一时代各种自觉或不自觉的观念及成见……他们并指出宗教和道德理想大众化、平淡化后的演变,或小说家个人对这些理想的态度;他们也显露社会制度在暧昧难断的种种人类境界中实行时的缺陷。小说因此是连接社会史和人类心灵的交会点"[②]。因此,从传统和民间两种文化的角度来看,研究这种小说可以一贯数得,"一则可了解儒者对大众传播媒介之暧昧立场;再则可知道儒者本身对儒学所持之异见,同时也可发掘一般百姓的态度——一面为

[①] 奥利维埃·比热兰:《信息市场》第32页,转引自雷威安《17世纪通俗短篇小说》,1981年版,第429页。
[②] 法伊维尔肯:《中国小说》,转引自于如柏《中国通俗小说戏剧中的传统英雄人物》,译文见《英美学人论中国古典文学》,香港中文大学出版社,第63-64页。

上流社会文化所吸引，又同时拒斥这种文化"①。从接受美学的角度来看，可以从其被大众接受的程度，"分析社会群体，特别是中等阶层的审美心理"②，具有透视都市文化的较高价值。

从文化角度来看，法国汉学家认为《儒林外史》是一部深刻批判科举制度、剖析士人文化心态的"最细腻的诙谐杰作"。他们指出，具有近千年历史的科举制度已逐渐"发展成为一部非人化的机器，没有能力辨别它本应识别的个人德行，而过分刺激追求功名野心"，浸蚀着一代代士人的灵魂。在中国封建社会，任何一位士者似乎都无法避免仕途经济的文化选择，无法逃脱科举的残害。吴敬梓作为这一"文化圈"中清醒的现实主义者，杰出的艺术家，不能不拿起笔写下了《儒林外史》这样一部揭露科举毒害、批判文人丑行的杰作。他们说，"吴敬梓并非是对这一制度提出批评的第一人，不过，他没有重复别人的批评"，他采用自己独特的方式，即讽刺的艺术来展示人一个个被腐蚀的灵魂，来"揭示人的本性已被社会和政治制度所扭曲"，③ 他的讽刺"交织着爱与恨"，是"最成功的讽刺"，这正是这部小说的价值所在。有些研究者认为，从两种文化的发展来看，《儒林外史》所揭示的支配国家和社会的重文传统和《水浒传》所表现的尚武传统并行不悖，并由此而进行了深入的比较分析。他们指出，虽然《儒林外史》和《水浒传》产生的背景和环境存在着很大差别，虽然对以儒家思想为支柱的封建王朝的揭露，前者较之后者，"可能更带悲观色彩，一种与儒家世界观不能不分割的悲观主义"，但这两部小说都"围绕着国家问题展开描写"，"都表现了脱离社会的人物"。这些人物都有自己的价值观念和文化追求："梁山'好汉'热衷武术，这种狂热与迷恋建立了他们的价值系统，并显然是他们谈话和活动的内容。而《外史》中文人的兴趣只限于文学道德的价值和活动，这在他们纵酒作乐时没完没了地重复

---

① 于如柏：《中国通俗小说戏剧中的传统英雄人物》，《英美学人论中国古典文学》，第6页。
② 雷威安：《儒林外史·序》，伽利玛出版社，1976年版。
③ 同上。

谈论,跟《水浒》不分上下……绿林丛和文人圈,即使不完全相同,也颇相似,他们都显示了合群性,甚至好客性,很显然这首先是中国人的作风。"①他们对朝廷的关系都面临着进退维谷的选择:梁山英雄并非都同意在适当的时候结束流寇生活去效忠宋王朝。《儒林外史》的文人也是这样,面临着究竟是独善其身还是参政入世的矛盾的选择。这两部小说在布局层次上也颇为相似:都是屉格式的结构,都用个人的命运来自由地串联故事,都采用庆祝团圆的方式来标示全书的高潮:《水浒传》是到了第七十一回,梁山英雄庄严聚会;《儒林外史》则是第三十回泰伯祠大修礼。作品中的每个场面的出现都构成了颂扬各自的中心价值的节拍,如《儒林外史》中的"诗会",《水浒传》中的大战。这毫无疑问是中国古代重文传统和尚武精神的两股文化潮流的表现。由此可见,从西方文化的独特视角来考察,完全可以得出富于洞见的新观点,反过来,这些观点又可以供我们参考和借鉴。

法国汉学家从文化视角观照《水浒传》《红楼梦》《金瓶梅》等中国古典名著,对它们作出了全新的评价。他们认为,《水浒传》既不是西方意义上的"英雄史诗"——因为"英雄史诗往往反映了尚武阶层与宗教阶层之间的默契",而《水浒传》则远远不是"为佛教或道教效劳",梁山好汉打家劫舍是为平民百姓服务的——也与西班牙式的流浪汉小说相异——因为主人公的荣誉观、宗教观、文化观迥然不同。它是根植于中国深厚的历史土壤、产生于中国文化模式之中的艺术"瑰宝"。②从文化的角度来看,法国人认为,"《红楼梦》是人的小说,它所正视的不是自然和人类的状况,而是人类自身的文化"③。作品中所表现的宝玉、黛玉和宝钗三者之间的爱情悲剧和婚姻悲剧,实际上是"人类自身文化"相分裂的产物。从文化视角加以审视,他们说,《金瓶梅》绝不是"淫书",而是一部描写社会风情、表现都市风貌的"奇

---

① 皮埃尔-艾蒂安·维尔:《从〈水浒传〉到〈儒林外史〉》,载巴黎《批评》杂志,第411-412页。
② 艾田蒲:《水浒传·序》,伽利玛七星文库,1979年版。
③ 贝尔纳·拉朗德:《关于一部迟译的伟大的中国小说》,载《批评》杂志,1982年。

书"。并由此联系到中国传奇故事和白话小说中的"色情描写",认为"白话故事中色情描写的绝大部分——它们具有不同的形式,有的是以爱情上的奇遇为线索,有的是以描写放荡生活为主——它们只不过是在某种程度上反映了整个阶级社会中被压抑的个性。色情风是朝腐朽方向发展的社会所采取的宽容政策的必然结果"①。按照西方一些评论家的观点,这是对儒教禁欲主义统治的反抗。

由此可见,采用折中视角来观照中国小说,不仅能从已经有定评的作品发现某些尚未发现的新的文化内涵,从而提高和丰富这些作品的自身价值,而且能对某些由于审美错觉而被长期误解了的作品,排除历史的尘垢,发掘出其被湮没的固有的文化价值,从而对它们作出应有的科学评价,这就势必为研究纯文学拓开新的路径,为洞察中国文化开阔新的视野。在这方面,法国学者对中国古典小说的研究与接受,对我们中国学者所从事的东西方比较文学研究和文化研究都无疑有着重要的启迪意义。

第四节　中国现当代文学对法国的影响

如果说,伏尔泰在18世纪把纪君祥的《赵氏孤儿》搬上法国舞台,并且首先拉开了中国古典文学在法国和西方广泛传播的序幕,那么到了20世纪上半叶,由罗曼·罗兰推荐、敬隐渔翻译的鲁迅的《阿Q正传》在《欧罗巴》月刊(1926年5月和6月号)上的发表,则开了法国汉学界研究中国现代文学的先河。罗兰当年写给《欧罗巴》月刊编辑巴查尔什特的推荐信中说得很明确,"我预先告诉您,敬隐渔如果受到鼓励,会供给出版社一部中国当代小说集或故事集的材料。我相信,巴黎的任何刊物和出版社都没有接触过当代中国文学"②。显然,

---

① 雷威安:《17世纪通俗短篇小说》,1981年版,第432-433页。
② 罗曼·罗兰1926年1月12日给巴查尔什特的信,转引自罗大冈著《论罗曼·罗兰》,人民文学出版社,1984年版,第418页。

罗曼·罗兰在此竭力鼓励法国文学界了解中国现代文学，因而经罗兰推荐发表在1926年的《欧罗巴》上的法译《阿Q正传》便成了最早介绍到法国的第一篇中国现代文学作品，它可以说是我国新文学在法国传播的先导。

中国现代文学在法国的传播首先选中鲁迅的作品，绝不是偶然的和随意的，它自然有其内在和外在的原因。在法国文学界，罗兰一生仰慕东方文明，致力于探求东方贤智。他在写给一位专事中国音乐和古典文学研究的汉学家路易·赖鲁雅的信中，这样饶有兴味地问道："你在今天中国的废墟中，是否找到了一些你所热爱的古代中国的才华？"[1] 由此可见，寻找"中国才华"是罗兰研究中国文化首先考虑的课题和出发点。当年，出于对古代中国文明的仰慕，伏尔泰把《赵氏孤儿》搬上了法国舞台，而此时，出于对现代中国天才的激赏，罗兰又把《阿Q正传》介绍到了《欧罗巴》上发表。于是，这两篇作品在源远流长的中法文化交流史上各领风骚，起着任何别的中国文学作品都无法替代的作用。

通过《阿Q正传》的法译本，罗曼·罗兰找到了鲁迅这样一个他所热爱的当代"中国天才"，而在黑暗中苦斗的鲁迅则以自己不朽的艺术，"添上了一位海外知音"。[2] 事实证明，罗兰非常理解鲁迅的艺术，他称赞《阿Q正传》是"一部充满讽刺的现实主义艺术"，是"高超的艺术底作品，其证据是在读第二次比第一次更觉得好"，[3] 称鲁迅所创造的阿Q形象"将长久地留在人们的记忆里"，进而对鲁迅的现实主义艺术给予了高度的评价。而鲁迅对罗兰的为人和艺术也十分推崇，他称罗兰为"大作家"，为了庆祝这位法国大作家六十寿辰，鲁迅还特地翻译了日本作家中泽临川和生田长江合写的《罗曼·罗兰的真勇主义》，发表在《莽原·罗曼·罗兰专号》上。这样，东西方这两位文化巨人

---

[1] 见罗曼·罗兰写给路易·赖鲁雅的信，转引自罗大冈著《论罗曼·罗兰》，第414页。
[2][3] 敬隐渔1926年1月24日给鲁迅的信，转引自戈宝权著《〈阿Q正传〉在国外》，人民文学出版社，1981年版，第32页。

素未谋面却能息息相通的史实,无疑揭开了近代中法两国文学交流史册上最光辉的一页,我们甚至可以毫不夸张地说,中国现代文学在法国传播的历史正是由这两位文化巨人共同开启的。

最初的研究主要围绕着对以鲁迅为中心的中国现代优秀作家作品的翻译介绍,但在法国汉学界还未把视线投向中国现代文学这块园地时,他们的劳作无疑具有拓荒意义,其中成绩突出、影响最大的当推敬隐渔。他在《阿Q正传》译文前写了一篇鲁迅生平简介,这是法国介绍中国现代作家公开发表的最早文字。在文中,他称鲁迅是当代中国"最有名的作家之一","是一位杰出的讽刺作家",说鲁迅的"观察是细致的,巧妙的,他的描写确切地表达出我们的地方色彩"。[①] 毫无疑问,他的这部译著对鲁迅作品在国外的传播,对法国研究中国现代作家都有着重大意义。正如罗兰所预言的,《阿Q正传》的译作发表后,敬隐渔受到了很大的"鼓励",随之便编译出了一部中国当代小说集,这就是1929年巴黎里埃德尔书局出版的《中国当代短篇小说家作品选》。这部译著是法国出版的中国现代文学最早的译本,内中除已发表的《阿Q正传》外,还新译了鲁迅的《孔乙己》和《故乡》两篇作品,同时还收入了茅盾、郁达夫、冰心、落华生、陈炜谟和敬隐渔本人等中国作家的六篇作品。

敬隐渔在法国的同窗徐仲年、汪德耀等,在20世纪30年代为译介中国新文学也做了不少有益的工作。徐仲年曾跟敬隐渔一起拜会过罗曼·罗兰,亲聆过这位法国文豪的教诲,因此他的译述也是遵循罗兰发掘现代中国贤智的路子,以鲁迅为中心而展开的。他在1931年巴黎《新法兰西杂志》上第二期《中国文学专栏》介绍了鲁迅的《呐喊》,1933年出版了译著《中国诗文选》,其中收有《孔乙己》的译文,1933年在法文《上海日报》开辟《今日中国文学》专栏,他在专栏上译介了鲁迅的《肥皂》和活跃在当时中国文坛的女作家丁玲的作品,如《水》等。汪德耀曾译出女作家谢冰莹的《从军日记》,经罗兰推荐,于1930

[①] 参见戈宝权:《〈阿Q正传〉在国外》,人民文学出版社,1981年版,第31页。

年在巴黎出版。30年代从事中国现代文学译介的还有戴望舒，据说，他曾经和法国汉学家艾田蒲合作把茅盾的《春蚕》译成了法文，也译过丁玲、张天翼、施蛰存等人的作品，但我们迄今尚未见到这方面正式发表的材料。①

随着我国新文学的成长和发展，法国对中国文学的研究也在不断地向前发展。如果说，20世纪二三十年代法国研究中国现代文学的主要力量还是靠少数几个留学法国的中国人，那么到了40年代，这种格局就被打破了，研究队伍也发生了变化，研究对象也在不断扩大。这个时期的研究者除了少数旅法华人学者（如李治华）外，主要是法国人，较上个时期，无疑是前进了一大步。范伯旺、布里埃和明兴礼（Jean Monster leet，1912—2001）等都是活跃在40年代专事中国现代文学研究的学者。其中明兴礼还以《中国现代文学：作家时代的见证人》为题的论文，于1942年获得巴黎大学博士学位。与20年代的开拓者不同的是，这些汉学家主攻的重点不在译述而在评论，其研究对象不仅是鲁迅，也扩大到其他著名的中国作家，如茅盾、巴金、老舍、曹禺等这些"才华卓越""英姿勃发"的中国现代文坛贤智。这些汉学家大多是旅居中国的法国传教士，长期在中国执教，与中国文化层有很深的关系，并且熟知中国文坛的情况。有了这些有利的条件，他们便突破了初期研究者的肤浅的介绍，发表了不少作家专论，像布里埃的《人民作家鲁迅》（法文版《震旦大学通报》第7卷第1期，上海，1946年）、《时代的画家茅盾》（《震旦大学通报》第3卷第4期）和论巴金的文章，范伯旺的《中国现代文学史上的鲁迅及其作品》（斯科特书局，1946年版）等，都是出自法国人之手，用他们自己的观点研究中国现代文学的最初成果，有些则是研究中国作家的最早的文字（如研究茅盾、巴金和曹禺的文章）。更为可贵的是，这些研究并不满足于对个别作家作一般性论述，而力求对中国新文学和重要作家作综合考察和总体研究。于是第一批有分量的学术论著便应运而生了。如范伯旺1946年著的

---

① 参见米歇尔·卢珂：《法国派的中国人》中戴望舒一节，1980年版。

《新文学运动史》、明兴礼著的《巴金的生活和创作》等，前者对中国新文学运动史作了总体论述，从桐城派对现代文学的影响一直论述到新文学革命、文学社团、左联、民族主义文学、中国新戏剧的产生等，一共15章。后者对巴金的生活道路和创作特色进行了深入的分析，是本时期法国汉学界研究中国文学最重要的成果。而《巴金的生活和创作》则是研究这位中国新文学巨匠的第一部有分量的论著，在海内外产生了广泛的影响。这部论著有两个鲜明的特点，一是把巴金的创作放到中国文学发展中加以考察，从而论述了巴金在中国新文学史中所具有的独特性。明兴礼认为，《家》的作者巴金是独树一帜的，他"用自己内心的经验，描写着整个家庭与西洋文化接触时的普遍状态"，展现他那个时代中国社会的各种各样的"家"。论者指出，巴金所展示的"家"，在心理描写、情节设置和悲剧力量方面，不仅远远胜过同辈作家林语堂的《瞬息京华》，而且比赛珍珠的《大地》写得"更深刻、更入神"，即使与不朽的名著《红楼梦》相比也有其独特之处。他说，《激流》与《红楼梦》同属"自传体小说"，但分别表达的是"个人对理想的追求和本能地对幸福的追求"，两位作者都是"把当时环境做小说背景"，但巴金是以"新的观点去描写的"，而这是曹雪芹所梦想不到的。巴金"不以中国为背景，而以整个世界为背景。他的写作的影响也是从远处来的，他已经越过了帝国的边境，受到了在《红楼梦》时代被视为野蛮民族，在《激流》里被视为光明和幸福泉源的西方国家的影响。这就使得《激流》具有与《红楼梦》不同的时代色彩和历史意义"。而作为"中国现代的一部杰出作品"，《家》"在中国的文学和思想史中占有一个很重要的地位"，尽管"中国将来定会有更大的文艺家出现，但是《家》的作者巴金，还是会继续活在人间"。论者以广阔的时代和中国文学发展为背景，进行纵横交错的分析比较，论证巴金创作的独特地位，这就突破了单篇作品封闭式的论述，具有史论结合的开放式研究特点，较之零散的随感式批评无疑是一个新的突进。二是将巴金放到中法文学比较中去研究，因而在研究方法上也有新的拓展。论者还把巴金的作品与法国作家罗兰和马尔罗（André Malraux，1901—1976）等加以比较，进而认为，从巴金的《雾》《雨》《电》中的一些英雄群豪身上，可以看到马尔罗的小说《人类的命运》和《征服者》中的影子，而巴金那清新的文笔足可跟现代法国一流小说家相媲美，虽然"没有茅盾那种雕琢的功夫"，在人物肖像描写方面，也"比不上老舍的强有力的逼真的描绘"，"文笔有时太庄严而激动，缺乏幽默和想象力，字句虽不像鲁迅那样有力、逼真和隐晦，然而文词却非常流畅"，有自己独特的艺术风采。尽管这种研究方法尚处于发轫阶段，常有浮光掠影、浅尝辄止的缺陷，但这种视野开阔的尝试却是难能可贵的，它无疑为后来的法国汉学家对中国现代文学进行研究奠定了基础。

20世纪50年代和60年代，法国对中国现代文学的译介和研究显得相对沉寂。造成这种局面的原因是多方面的，除了由于这个时期中法两国的政治、外交关系发生了重大变动，因而文化关系也发生了变动之外，还由于中国新文学本身的因素和当时法国汉学界的消沉状况所造成的。中国新文学虽经上述20年代至30年代开拓者的引进，40年代海外汉学家的发掘，但毕竟还没有抓住广大法国读者，其影响依然甚小。而我国新文学中像鲁迅那样能写出短篇精品、适于国外译介的大家终究很少，因而使得国外汉学家为难。明兴礼就曾有感于此而这样说："一位外国译者，想把中国的现代作品介绍给外国，屡次感到很大的困难，因为他觉得巴金、茅盾、老舍（鲁迅除外）的东西太长了，对外国人不一定感到很大的兴趣，这莫非纯粹是因为外国人性急的过错吗？"[①] 果然，到了40年代末，法国汉学家让·布马拉曾把在美国流传的英译本《骆驼祥子》介绍到了法国，但这部在美国畅销一时的中国长篇小说却没有在法国产生预期的效果，出版商不得不终止拟议中出版中国新文学译丛的计划。50年代初，我国旅法翻译家李治华应明兴礼之邀而译成的巴金的《家》，也因此而不能问世。可以说，法国的汉学界由于上述种种原因经历了一段相对沉寂的时期。这不能不对法国的汉学和中国现

[①] 明兴礼：《巴金的生活和著作》，文风出版社，1950年版，第179页。

代文学译介和研究产生负面的作用。

　　但是，从另一方面说来，这段沉寂却为日后汉学界更好地译介中国新文学进行了扎实的准备和艰苦的探索，沉寂之中往往孕育着新的发展。首先透出这种信息的是曾经刊登法国介绍中国新文学发轫之作的《欧罗巴》文学月刊，这家在欧洲享有盛名的文学刊物发扬了罗曼·罗兰的传统，于1953年推出中国新文学专号，"向沐浴在曙光之中的中国表示敬意"①。这期专号介绍了鲁迅的《药》、艾青的诗等现代作家的作品。一些著名的作家、汉学家如艾丽斯·阿尔韦莱（Alice Ahrweiler）、克罗德·罗阿（Claude Roy）等人都写了专论，初试锋芒。同年，巴黎多马出版社还出版了明兴礼的《中国当代文学的顶峰》一书，对中国新文学主要作家作了系统的论述。全书除了导言和结语外，共分四章，第一章是小说，包括巴金、茅盾、老舍和沈从文四位作家；第二章是故事和杂文，也包括四位作家：鲁迅、周作人、冰心和苏雪林；第三章论述戏剧，主要论及了曹禺和郭沫若；第四章探讨中国诗歌，介绍了徐志摩、闻一多、卞之琳、冯至和艾青五位作家。在论述这些作家时，大都突出了他们主要的创作个性，如分析曹禺时，强调他的命运悲剧的特色；论述郭沫若时则突出了他的剧中诗，谈冰心时着眼于她对美与爱的歌唱，分析周作人则肯定了他是人的捍卫者以及在人道主义等方面的独到见解。这是明兴礼长期致力于中国现代文学研究的重要成果。1958年李治华翻译了艾青的《向太阳》，1959年翻译出版了鲁迅的《故事新编》。此后，随着中法两国关系的日趋发展，特别是1964年建立了外交关系之后，两国间的文化交流日益频繁起来。这种形势对汉学界进一步提高自己，补充自己，从而发展自己，提供了极为有利的条件。汉学界的一些知名学者，如保尔·戴密微等，利用这个良机，一方面更新自己的知识，努力熟悉新中国、新文学和新领域，一方面身体力行，花大力气培养新生力量。法国一些研究中国现代文学的专家，如米歇尔·鲁阿、弗朗索瓦·于连（Frangois Jullien，1951—）、保尔·巴迪（Paul

---

① 查尔斯·多勃辛斯基：《中国：冲击与变革》，载《欧罗巴》，1985年4月号。

Bady)、亚伦·贝罗贝、尚塔尔-陈·安德罗、白夏（Jean-Philippe Béja, 1949—）以及许多新秀，都是本时期经过刻苦学习和较长时间的磨砺先后成才的。他们相继成长，无疑为法国汉学界增添了新的血液，同时也为日后法国研究中国新文学，促进汉学的新发展增添了活力。作为法国汉学界重要力量的我国旅法学者，本时期或潜心于中国古典文学的研究与翻译（如李治华），或致力于法国文学的探索和介绍（如程纪贤），他们都在以惊人的毅力磨砺自己的才学，为日后更卓有成效地介绍中国现代文学作了坚实的准备。而这一切无疑也为下一阶段法国研究中国新文学的兴盛奠定了基础。

20世纪70和80年代，法国对中国现代文学的译介与研究进入了一个新时期，呈现出繁盛的局面。无论是译介范围的拓展，还是研究对象的开掘，都有了令人惊喜的发展，显示了以往任何时期所没有过的好势头。本时期出现的这种繁荣发展的新势头，仍然是以鲁迅的作品广泛传播为先导的。这又一次表明，法国研究中国现代文学的历史，就是汉学界沿着罗兰的方向，对以鲁迅为首的现代中国文坛"天才"与"贤智"进行长期探求的历史。较之对其他中国作家的介绍，这个时期法国的鲁迅研究，依然是最为活跃的方面。它以过去无法比拟的规模和深度，并且带有更加自觉的特点向前发展，标志着鲁迅研究步入了新的历程。

首先，在译介方面，打破了先前单一的作品介绍之模式，呈现出多渠道、多层次的态势，或译介作品，或举办鲁迅展览会、纪念会，或把鲁迅的作品搬上舞台，或将鲁迅的作品引进大学课堂。总之，研究者们运用多种途径，以各种形式介绍鲁迅，使其作品得到空前广泛的传播。由于法国汉学界的努力，可以毫不夸张地说，20世纪70年代上半期已在法国形成了一股与我国当时的"鲁迅热"遥相呼应的介绍鲁迅的高潮。单就译述而言，从1970年起，法国几乎每一年都有鲁迅的译作问世。举其要者如：1970年《从文学革命到革命文学》（内收有鲁迅的三篇杂文）；1972年《如此这般》杂志发表了《为了忘却的纪念》《对左翼作家联盟的意见》的译文；1973年《这样的战士·鲁迅诗歌、杂文选》出版；1975年《阿Q正传》重译本问世，同时据此改编的话剧《阿Q》在巴黎公演，《野草》全译本出版；1976年《鲁迅杂文选》两卷集、《朝花夕拾》法译本流传；1977年《论战与讽刺·杂文选译》出版；1978年《华盖集》法译本首版；1979年《故事新编》（重版）等。这些译文已不限于鲁迅的小说，扩大到包括他的诗歌、杂文在内的全部创作，其翻译数量之多，质量之高，在法国汉学史上实属空前。

其次，在研究方面也有一些新的突破，主要表现在对鲁迅的全面介绍和具体作品的分析。前者如鲁阿夫人写的《论战与讽刺·前言》，后者如弗朗索瓦·于连写的《作家鲁迅·1925年展望，形象的象征主义与暴露的象征主义》。在《论战与讽刺·前言》中，作者以《诞生在半封建社会的中国》《如何解放妇女》《为了左翼作家的团结》《反对人道主义》《战斗的知识分子的活生生的榜样》《文学与革命》《文学与宣传》和《向马克思主义转变》等21小节的篇幅，全面论证了鲁迅作为中国文化巨人的无可争议的地位。这一切均对法国读者进一步全面认识鲁迅的战斗实践和艺术实践有着积极的意义，而且它的出现也表明了法国的鲁迅研究已由以往的零星、随感式的介绍向系统研究的转换。《作家鲁迅·1925年的展望，形象的象征主义与暴露的象征主义》一文，对鲁迅的《野草》和《华盖集》进行了细致的考析，提出了一些新的见解，是法国汉学界研究鲁迅的少见的佳作。文章认为，1925年虽然是鲁迅创作异彩纷呈的年代，但透过其创作的多样性，"仍然贯穿着一个基本的共同点，这就是象征主义"。应该承认，这篇文章是作者有感于人们对鲁迅作品采用政治上的实用主义研究偏向而发的，它凝聚了作者对鲁迅研究中若干问题的思考，是"从严格意义上的文学观点出发"，"毫不犹豫地回到作品本身中去"进行考察和分析的一种可贵尝试。因此，它的出现，从某种意义上说，实际上起到了鲁迅研究领域中"拨乱反正"的作用，颇为值得我们重视。

再次，本时期汉学界已形成了一支训练有素的年轻的鲁迅研究队伍，这支队伍无论在数量上还是在素质上都有很大的变化。他们一般都经过前一时期或本时期较严格的中文训练，对鲁迅这位东方思想巨人怀有崇高的敬意和感情，介绍鲁迅具有明确的目的，这就使得本时期鲁迅研究带有一种自觉的特点。由于他们的共同努力，法国的鲁迅研究得以持续地、稳步地向前发展。

鲁迅研究的新潮头，迎来了茅盾、巴金、老舍、丁玲等作家的译介活动的全面高涨，实际上形成了20世纪法国的研究中国现代文化热。这个"热"是以巴金的作品《寒夜》第一部法译本的问世为引发点的。《寒夜》由法国女翻译家玛丽·约瑟·拉丽特（Marie José Lalitte）夫人精心翻译，于1978年在巴黎正式出版，这部作品一出版就轰动了法国的汉学界和新闻界，法国各大报纸电台纷纷撰文评介，称它是一部"杰作""经典作品"，是人们期待已久的"最美的作品"。[①] 巴黎各大小书店都陈列着《寒夜》的法译本，人们以异乎寻常的热情争相购买阅读。据法国汉学界人士面告，中国现代文学能真正打入广大读者群的作品，法译《寒夜》是第一本。在《寒夜》的影响下，早已由我旅法翻译家李治华译就的《家》也于1979年在巴黎正式出版。于是，法国译介巴金的作品一发而不可收，连续翻译出版了巴金的其他长篇小说，如1979年由于如柏和白月桂合译的《憩园》、1980年由多米尼克·科里奥和德·埃马纽埃尔·佩塞那尔等合译的短篇小说集《罗伯斯庇尔和其他小说》、由佩乃劳珀·布尔热瓦等人合译的短篇小说集《复仇》等等。1983年《春》译本出版，1985年又出版了《长生塔》等译本。巴金成为除鲁迅外法国译介作品最多的一位中国现代作家。通过一些译介，人们看到了巴金作品的魅力和价值，认为："巴金之于中国文学，正如托尔斯泰、高尔基、陀斯妥耶夫斯基之于俄国文学，巴尔扎克、左拉、福楼拜之于法国文学，亨利·詹姆斯之于英国文学……"[②] 给予巴金以极高的评价。巴金的作品跟鲁迅的作品一样，也开始进入法国大学

[①] 法国《朝圣者》，1978年4月16日。
[②] 法国《巴黎晨报》，1978年4月28日。

讲坛，成为各大学中文系必修课之一；巴金的名字也为法国的东方学者经常提及，成为广大读者颇为熟悉的中国现代作家之一。

在"巴金热"的感召下，法国汉学界的有识之士也把注意力投向了茅盾，开始对他的作品作系统的介绍，1972年巴黎首次出版了《子夜》的重译本，于如柏和白月桂于1979年也译完了《动摇》。为此译者专程来到北京访问了茅盾，茅盾还为这部译著写了序。1980年法国翻译出版了茅盾的短篇小说《春蚕》，同年黄育顺又把《路》译成了法文。1981年法国读者第一次读到了"迷人的小说"《虹》，而茅盾生前"作为一份奇妙的礼物奉献给法国人民"的《锻炼》，也由鲁阿夫人和沈大力合译成法文，于1987年正式出版。茅盾的作品介绍到法国后，虽然没有产生像巴金那样广泛的群众性影响，但他的独特的艺术却赢得了汉学界、文学界的激赏。他们说："茅盾无疑是一位非常伟大的作家，也许是中国当代最伟大的作家。他的作品中横溢的创作才华，精湛的文风，抒情的气息，只有鲁迅才能媲美。"[1] 赞叹他是描写时代的巨匠，称颂他创建了《子夜》这样的"鸿篇巨著大厦"，其"文笔之纯熟达到了令人目眩神移的程度"，"既有登临纵目、驾驭全局的气势，表现出一个阶层的没落，又善于察事物于毫末，将转瞬即逝的分秒捕捉到手"。[2] 从这些评论我们完全可以见出茅盾这位现代文学巨匠在西方文学研究界的地位。

老舍也是本时期法国读者熟悉的中国现代作家。在四十年前，他的《骆驼祥子》曾由英文转译成法文，但那时汉学界对老舍这部无与伦比的译作似乎没有给予足够的注意。随着老舍作品的译介和研究的发展，他愈来愈引起法国汉学家的重视。本时期法国的老舍研究，以1973年《骆驼祥子》的重译和出版为发端，1980年《茶馆》在巴黎公演为发展，1982年老舍短篇小说集《北京市民》的法译本为高潮。十年间，

---

[1] 阿兰·佩罗伯（即亚伦·贝罗贝）：《茅盾——希望与幻灭的描绘者》，载《世界报》，1981年4月24日。
[2] 苏珊娜·贝尔纳：《走访茅盾》，见李岫编《茅盾研究在国外》，湖南人民出版社，1986年版。

对老舍的作品从翻译到评论都有了可观的发展。除上述作品外，介绍到法国的还有：保尔·巴迪译介的《老牛破车》、黄淑懿等人译的《全家福》、热内维埃夫·芳素思-蓬塞（Geneviéve François-Poncet）1982年译的《猫城记》。老舍一部未完成的长篇小说《正在红旗下》已由老舍研究专家保尔·巴迪和旅法华人翻译家李治华合作译成，于1986年出版。同年出版的还有这两位翻译家翻译的老舍的另一部小说《离婚》。在所有这些译著中，取得较大成就并产生较大影响的是《北京市民》。这部译著收录了老舍1933—1939年间写的《断魂枪》《老字号》《我这一辈子》《月牙儿》《柳家大院》等九篇短篇小说，译文较好地体现了老舍作品的风貌，因而在法国广大公众中产生了强烈的反响。一位法国读者说："书中的人物以及风俗人情尽管是异邦的，从语言角度说，这本书竟像一本法文的原文小说集。"[1] 1983年，保尔·巴迪以《小说家老舍》为题，通过了国家博士论文，成为法国和西欧研究老舍的第一位博士。他的论述构架显然是老舍式的、历史主义的研究视角，但其中却不乏新见。如在论述到《离婚》时，他认为："作为小说的核心，如果说选择离婚，那么它决不是为了小说情节的统一，而主要是因为它涉及当前一个非常现实的问题……很显然，由于旧的婚姻制度使人们经常勉强地结婚，因此很多人选择对象的标准就是家庭妇女做家务劳动。这样，这已成为道德问题。老舍在《离婚》中巧妙地利用了这个矛盾。"[2] 这就为《离婚》揭示了一个至今还没有为国内外老舍研究者们发现的时代和社会背景，颇为值得我们重视。

丁玲是我国新文学史上个性独特而命运坎坷的作家，正因为如此，她也引起了法国汉学界的注意。20世纪50年代末，当丁玲由于众所周知的原因从中国文坛消隐并且几乎被国人忘却时，在法国却仍有一些专

---

[1] 李平：《法译老舍中短篇小说选〈北京市民〉读后记》，载《欧华学报》，1983年5月第1期。

[2] 宋永毅：《世界性的"老舍热"与各民族审美方式的异同》（收入中国比较文学学会第二届年会暨国际学术讨论会材料汇集，未见发表）。保尔·巴迪在《离婚》法文本序中对这一观点作了新的阐述，也可参考。

第三章　中国文学对法国的影响

修汉学的青年学者认真地研读了她的作品，可见她并没有被汉学家们"忘记"。70年代，当丁玲沉冤昭雪，复出文坛时，法国汉学家们感到异常的兴奋。1980年巴黎出版了题为《大姐》（即《杜晚香》）的丁玲短篇小说选法译本，其中包括八个短篇小说，同时又组织专人翻译她的《太阳照在桑干河上》。同年6月，巴黎举行了中国抗战文学国际座谈会，会议期间，法、美、德等国的汉学家就丁玲的创作特点和风格进行了探讨。1983年5月丁玲本人也应邀访问了法国，像英雄一样受到热烈的欢迎。毫无疑问这其中既有文学内的意义，也有文学外的意义。然而，对于法国的文学研究者来说，丁玲独异的风格毕竟是他们所要探讨的中心。他们对丁玲的创作进行了认真的思考，作出了十分精当的论述。有的论者认为，丁玲的作品"有着强烈的主观性和个人需要的特征（特别是妇女的需要）。这些因素与社会是格格不入的"[1]。因此，表现妇女与社会的"格格不入"是丁玲作品的重点。也有的人认为，丁玲是个女权主义者，她的作品是女性的自我意识的表现，是女性主义的集中反映。[2] 这些论述确实从某一侧面触及了丁玲的写作风格和政治倾向，对我国的文学研究从一个新的理论视角来重新认识丁玲肯定不无启发。

本时期译介到法国的中国现代作家的作品，还有《郭沫若诗集》（鲁阿夫人译，1976年出版），《艾青诗集》（卡代里内·维尼尔译，1979年出版），《冰心诗集》（安娜·程译，1979年出版）和曹禺的《雷雨》等。《雷雨》被法国人称为"沟通中西文化交流的桥梁"，这不仅因为曹禺本人早年专攻西方文学，而且其后又在自己的作品中融入了西方文学的影响，因而为西方的有着比较研究意识的汉学家提供了可供他们进行比较分析的文本，曹禺在很大程度上也因此获得法国荣誉勋位团勋章。法国外长雷蒙在授勋仪式上高度评价了曹禺的艺术成就和影响。1980年法国翻译出版了一本题为《奴隶的心》的中国现代作家短

---

[1]　顾彬：《论丁玲延安时期的小说〈夜〉》，载《抗战时期的中国文学论文集》，1982年版。
[2]　同上书，《〈三八节有感〉和丁玲的女性主义的文学表现》一文。

篇集，内收鲁迅的《白光》，巴金的《奴隶的心》，茅盾的《大鼻子的故事》以及夏衍、沙汀、赵树理、孙犁、王汶石、周立波、刘白羽等"对中国现代文学作出宝贵贡献的知名作家"的作品，出版者高度赞扬了他们的非凡才气，"表现出了今天已经获得解放、掌握了自己命运的千百万奴隶心底的痛苦和希望"。中国现代作家的作品，不断地被译成法文在法国出版，1981年温晋仪女士译的李劼人的《死水微澜》，1984年李治华译的姚雪垠的《长夜》，1985年玛丽·奥尔兹曼译的谢冰莹的散文集《女兵》，1986年杜特莱（Noël Dutrait, 1951—）译的中国作家报告文学选《这里，生命也在呼吸……》，1987年西尔韦和王路合译的钱锺书的《围城》等，都是法国人沿着20世纪20年代罗曼·罗兰所开辟的寻找"中国贤智"的路径进行探求的重要成果。

第五节　中国新时期文学在法国

在"文化大革命""十年动乱"中，中法文学之间的交流自然中断了。当"四人帮"垮台后中国文学迎来了又一个春天时，法国的汉学家也和西方其他国家的学者一样，以异常喜悦的心情迎接中国当代文学的全面复兴。他们对新时期中国文学的关注，在很大程度上基于对"四人帮"的假文学的摒弃与否定，并且在这种彻底的否定中最终确立了他们研究中国当代文学的取向和视角，即由超文学的选择到纯文学的选择，由政治层面的观照到艺术层次的探讨。在严肃的法国汉学家看来，"文化大革命"时期的中国文学，只不过是"枯燥乏味缺乏象征、缺乏深意、没有艺术效果的文学"[1]，显然，这种观点是带有偏见的，也正是这种观点促使他们从政治的角度和社会学角度来看待中国当代文学作品，视中国文学为"纯粹的文献资料"，认为"它揭示了一个外国观察家所不能直接理解和领会的东西，它可以表明这个大国的思想气

---

[1] 弗朗索瓦·于连：《跨入门槛》，载巴黎《欧罗巴》杂志，1985年4月号，第13—17页。

温，作为一种证据、标记、迹象或征兆"①，是瞭望中国的窗口，而新时期破土而出的发轫之作，有其直面社会现实、直抒胸臆的特点，这更使他们对中国文学的这一政治的、社会学的取向得到了强化。也许在很大程度上出于这一动因或接受心理，法国一些研究者开始大都把视角的焦点集中在一些迅速反映社会现实、轰动当时中国文坛的作品，或集中在一些有争议或受批判的作品。1980年陈若曦的《尹县长》被率先译成法文在法国出版。1981年，巴黎同时出版了两部中国当代小说集，收集的也多是这样一些有争议和受批判的作品。由白夏和扎法诺利合译的《蒙面中国》收入的是《人妖之间》《调动》《飞天》三篇小说，由埃尔韦·道尼斯译的《父亲的归来》收集的更是因暴露社会"黑暗面而名噪一时"的作品，诸如《社会档案》《检察官的信念》《夜幕下》《她》《周德发的婚事》等小说，这些作品多数早已被我国读者忘记，但法国人却看重它们，首先把它们介绍到法国，恐怕是因为这些作品"揭示了一个外国观察家所不能直接理解和领会的东西"。显然，这种介绍与其说是纯文学的选择，倒不如说是一种超文学的选择，或者多半是从"纯文学资料"考虑的结果。由此可见，这种接受的层次依然是政治性、资料性的，正像我国台湾一位颇有见识的批评家所尖锐地指出的："目前，越是在大陆遭受政治批评的作家，越容易受到西方的重视。也就是说，西方对当代中国文学的接纳角度，仍旧是新闻性、社会性、政治性的，还有，观光性的。"②这对我们正确认识西方汉学界某些人对中国文学固有的偏见恐怕不无启发。

应该承认，将上述这些作品介绍给法国读者，并非没有意义，但仅仅罗列这类作品，并不能使他们正确地、全面地认识中国当代文学的新貌。决意突破这种局面的是《欧罗巴》文学杂志的编辑们。他们有感于法国对"开始思索、反省和创造的中国"，对处于"复苏"和"变革"时期的中国当代文学了解甚少，于是便联合了一批年轻的汉学家，

---

① 郝敏：《诺埃尔·杜特莱谈法国研究中国文学的情况》，载《文学研究参考》，1988年第5期。
② 龙应台：《人在欧洲》，台北时报出版公司，1988年版。

于1985年推出了一期"中国：一个新的文学"专号。从此，法国对新时期中国文学的研究进入到一个新的层面，转换到一个新的角度。这期专号译介了中国当代著名的小说家和诗人的作品，如王蒙的《歌神》，宗璞的《我是谁》，谌容的《玫瑰色的晚餐》，艾青、雁翼、晏明、周良沛、雷抒雁、舒婷、顾城、北岛、江河、车前子、骆耕野、晓凡、朱家堤等诗人的诗和诗论。同时刊登了《短篇小说、报告文学：叙事作品风靡一时》《中国的报告文学》《新时期的诗歌》《中国当代话剧（1976—1984）的风貌》等论文，对我国新时期文学的各种体裁、各种流派均作了广泛的评述。除了上述以外，论及的主要作家作品有：李玲修的《啊，友情》，张洁的《在雨下》《爱，是不能忘记的》，刘心武的《我爱每一片绿叶》《爱情的位置》，母国政的《在荒凉的大堤上》，宗璞的《蜗居》，卢新华的《伤痕》，刘绍棠的《蒲柳人家》，理由的《痴情》《中年颂》《希望在人间》，徐迟的《哥德巴赫猜想》，黄宗英的《大雁情》以及宗福先、沙叶新、高行健、白桦的戏剧，王蒙、蒋子龙、茹志鹃的小说，刘宾雁、陈祖芬的报告文学集，可谓1976—1984年间新时期中国文学的大扫描。论者称选评的对象是"众人皆知的作家"，而避开"那些争议愈益增多的作家"，选评原则是："把评价嵌入更富有文学特色的背景之中，同时毫不回避文学作品与社会或政治现实之间的联系"[①]，持论较为客观公允。然而，这样从纯文学角度对新时期中国文学作系统介绍的在法国还是第一次，它有助于法国读者对中国新时期文学的正确了解，同时也有助于汉学界对这一新的文学现象作进一步深入的研究。

随之，越来越多的中国作品陆续被译成法文，其中包括张贤亮的《绿化树》（1987年）、《男人的一半是女人》（1985年收入《中国之声》，1987年单行本），张洁的《沉重的翅膀》（1986年），张辛欣的《在同一地平线上》（1986年），《疯狂的君子兰》（1988

[①] 尚达尔·陈-安德罗：《从短篇小说到报告文学：叙事作品风靡一时》，载《欧罗巴》，1985年4月，第18页。

年），古华的《芙蓉镇》（1987年），戴厚英的《人啊，人！》（法译名为《黑暗中的火花》），陆文夫的《美食家》（1988年），阿城的"三王"（1988年，即《孩子王》《棋王》《树王》）以及叶永烈的科幻小说等。与此同时，北京出版的《中国文学》杂志于1981年创设了"当代中国信使"——《熊猫丛书》与法国汉学界遥相呼应，推出了不少中国当代作家的作品法译本，其中重要的有王蒙的《蝴蝶》（1982年），蒋子龙的《赤橙黄绿青蓝紫》（1983年），《当代十作家小说选》（1984年），张贤亮的《绿化树》（1986年），刘绍棠的《乡土小说》（1986年），张辛欣和桑晔的《北京人》（1987年），陆文夫的《井》（1988年）等，这些译著先后流入法国，对法国人介绍和研究中国当代文学无疑具有促进作用。这里值得一提的还有几部直接用法文撰写并在巴黎出版的中国当代作品：中国女钢琴家周清丽的自传体小说《花轿泪》（1984年），中国作家沈大力和法国作家苏珊娜·贝尔纳合写的《延安的孩子们》（1985年），旅法中国作家亚丁的《高粱红了》（1986年）和罗大冈的诗集《破盆中的玫瑰》（1987年）。这四部作品都以描写人的真实情感见长，在法国受到了广泛的欢迎，产生了巨大的反响。《花轿泪》在巴黎一下就销售150万册，还被译成英、德、西班牙等11国语言，在西方广为传布。《高粱红了》真实地写出了中国知青在"文化大革命"中的坎坷遭遇，在法国一举成名，作者因之而被吸收为西欧知识分子高级团体"欧洲骑士团"的成员，获得了一个作家难以得到的殊荣。而以描写当年延安儿童英勇长征的故事，展现"中国灵魂的内涵"的《延安的孩子们》，更是被法国人誉为一部"具有人道、历史和文化价值的伟大作品"，受到了异乎寻常的欢迎。《破盆中的玫瑰》也得到了法国文学界、汉学界的普遍好评。这些作品的广泛流传加速了中法文学交流的进程。此外，中国作家的访法活动，也推进了法国对中国新时期文学的介绍和研究，扩大了中国文学在西方的影响。如1979年巴金、徐迟、孔罗荪访法，1983年丁玲等访法，1986年张洁访法等都直接激发了法国人对中国现当代文学的兴趣，推动了他们对这一领域的研究，而1988年5月中国作家陆文夫、张贤亮、白桦、刘心武、阿城、北岛、高行健、韩少功、芒克、张抗抗、张辛欣等赴法访问，更是中法文学交流史上规模空前、影响深远的一次"国际旅行"。由此可见，中国作家在法国逗留期间和东道国文学界、汉学界读者群进行了广泛的接触，有助于法国人对中国当代作家的了解，为他们从纯文学角度评介研究新时期中国文学无疑增添了新的热力，可望他们对这一领域的探索取得新的成就。此外，在中法文学交流中，中国的"朦胧诗"以及一些有着明显的女性主义倾向的作家作品也被相继翻译介绍到法国，并在法国读者中产生了较大的影响。我们相信，随着中国文学的愈益走向世界，随着法国汉学界的更加自觉的努力，将会有更多优秀的中国当代文学作品被介绍到法国。

第四章
中国文化在德国的传播

提起德国，人们马上会想到它的哲学、它的音乐、它的文学、它的科学技术；同时，人们也一定能如数家珍般地说出一大串响亮的名字：莱布尼茨、康德、黑格尔、马克思、恩格斯、海德格尔、巴赫、贝多芬、歌德、席勒、海涅、格林兄弟、西门子、爱因斯坦……提起德国，人们也会马上想到思辨与理性、才智与创造、严谨与纪律，当然还会想到20世纪的两次世界大战，想到狂热与反思、分裂与统一、衰败与崛起。德意志，那是一块有着独特自然条件的神奇土地，那是一个由美丽的莱茵河哺育起来的伟大民族。

第一节　中德文化交流的历史回顾

中国和德意志国家之间的相互接触与文化交流，可以追溯到13世纪。1218年至1258年间，一代天骄成吉思汗及其后世蒙古大汗的铁骑曾三度西侵，攻伐劫掠，锐不可当。军事征伐的结果，出现了一个幅员辽阔、横跨欧亚大陆的蒙古大帝国，客观上起到了沟通中西交通、促进中西文化交流的作用。14世纪初，即在意大利旅行家马可·波罗漫游了包括中国在内的东方诸国且出版了他著名的《马可·波罗游记》之后不久，德国的一个名叫阿尔诺德（Bruder Arnold）的天主教神父来到元大都（即今北京）布道，成了到目前为止有史可考的第一个踏上中国国土的德国人。

实际上，直到一百多年后的1477年，《马可·波罗游记》才第一次被译为中古高地德语在德国出版。《游记》打破了欧洲便是世界的神话，把一个遥远东方的、有血有肉的"中国"呈现在德国人面前。又过了一百多年，到16世纪末叶，欧洲各国又出版了一本以西班牙耶稣会士胡安·冈萨雷斯·德·门多萨的具体报告为基础写成的有关中国的著作。书中较为翔实地介绍了中国的社会、风习和文化。早期来华的传教士们大多知识渊博且精通汉语，在向中国传播西方文化的同时，当然也要通过各种途径向欧洲介绍当时的中国。他们翻译并用汉语写出了大量著作，内容涉及社会科学和自然科学等诸多领域。由于主观的和客观的一些原因，传教士们对当时中国的介绍明显地带有某些理想主义色彩：君主英明、智慧，国家昌盛、繁荣，社会安定、祥和，人民理智、幸福……正是这种理想化的介绍，使欧洲知识分子对中国格外地关注起来，从而产生了接触中国、了解中国的强烈愿望。

14世纪至17世纪，中德之间直接的文化交流可以说很少很少。有学者认为：中国文化影响到德国起始于14世纪，其媒介主要是中国科技四大发明之一的造纸术。

在中国历史上，西汉中、后期，宫廷中已使用一种丝质的"纸"，社会上也已有了用植物纤维制造出来的纸张。东汉时期，宦官蔡伦（约62—121）改进了造纸方法，将树皮、麻头、破布、渔网等植物纤维捣成浆液，制造出了新型的纸张，并于元兴元年即105年进献朝廷。从此，这样的造纸方法便在全国推广，所造出的纸被称为"蔡侯纸"。经过二百多年的发展和改进，到了晋代，造纸术已经有了极大的进步，造纸材料极易得到，成本低廉，纸张平滑适用，很快就完全代替了竹简和绢帛，成了最理想的书写材料。4世纪，我国新疆已普遍用纸做公文；5世纪，吐鲁番有了造纸厂。纸又经新疆西传至波斯等国。唐代中期，造纸术已传至中亚，后经阿拉伯诸国传到北非和欧洲。

据史书记载，13世纪后半叶，意大利人已经掌握了造纸术，在蒙第法诺创办了第一家造纸厂。从此以后，意大利造纸业迅速发展，14世纪时已经成为欧洲各国纸张使用的主要供应国。14世纪末叶，随着雕版印刷的传入，欧洲诸国，特别是德国对纸张的需求量急剧增大。1391年，在德国东南部的商业文化名城纽伦堡，伴随着雕版印刷的兴起，首先建起了一家造纸厂。到了15世纪，德国的造纸业已经相当发达，造纸之法于是便以德国为中心向欧洲东西传递。15世纪末，波兰有了造纸厂，奥地利的维也纳也开始自己造纸。

雕版印刷是13世纪伴随着蒙古势力的扩张，以波斯为中介传入欧洲的。在欧洲的许多国家，雕版印刷开始时主要是用来印制纸牌；纸牌游戏的风行，又促进了造纸和印刷业的发展。除纸牌外，人们也用雕版印制宗教图像，到后来才开始用来印制图书。意大利、德国、荷兰先后成为欧洲雕版印刷最早的基地。15世纪中叶，德国还首先使用活字印刷术印制了第一部拉丁文版《圣经》。印刷术的传入与发展，使得当时文化极为落后的欧洲逐渐改变了只有僧侣才能读书写字的状况，从而使文化从教堂走向了民间。在新兴的资产阶级那里，印刷术成了科学复兴的手段，成了创造精神发展必要前提的强大推动力，因此被马克思称为预兆资产阶级社会到来的伟大发明之一。

明末清初，出现了中西文化交流史上的第一个高潮。意大利人利玛窦成了"西学东渐"的开启者，其情形正如方豪在他的《中西交通史》一书中所说："利玛窦实为明季沟通中西文化之第一人。自利氏入华，迄于乾嘉厉行禁教之时为止，中西文化之交流蔚为巨观。西洋近代天文、历法、数学、物理、医学、哲学、地理、水利诸学，建筑、音乐、绘画等艺术，无不在此时期传入；而欧洲人开始移译中国经籍，研究中国儒学及一般文化之体系与演进，以及政治、生活、文学、教会各方面受中国之影响，亦无不出现于此时。"[1]

---

[1] 方豪：《中西交通史》，中华文化出版事业社，1954年版，第四册，第3页。

中国文化对欧洲的影响

提到了利玛窦，就不能不提德国人汤若望。汤若望原名约翰·亚当·沙尔·冯·贝尔，1592年出生于德国莱茵河畔的科隆城。有学者认为，对于欧洲来说，中国精神世界的真正发现者当推利玛窦，但第一个能够接近中国皇帝且以中国朝廷大员的特殊身份传播西学的，却是德国耶稣会士汤若望。汤若望出身于一个信奉天主教的贵族之家，早年在家乡读小学、中学。中学毕业后，汤若望离开科隆前往意大利，入罗马城的日耳曼学院就读。学习期间，他正式加入了耶稣会，坚定了自己的终身信仰。

公元1618年，汤若望离开欧洲，随法国天主教神父金尼阁乘船东来。同行的还有意大利、比利时、葡萄牙等国的耶稣会士20余人。1619年，汤若望等抵达澳门，在那里，他们学习汉语并做其他传教准备工作。1623年，汤若望北上到达北京。进京后，他曾向朝廷呈递书目，陈列仪器，并准确预报了1623年10月8日和1624年9月发生的两次月食，因此得到了崇祯皇帝和包括徐光启（1562—1633）在内的一些开明士大夫的赏识。1627年，汤若望受教会之派前往西安传教。1630年，经徐光启推荐，他奉诏回到北京，接替刚刚故去的瑞士传教士邓玉函（Jean Terrenz，1576—1630）修改历法。1644年，清兵入关，明清易代，汤若望获准留在北京；不久，清廷即发布谕旨，任命他为钦天监监正："钦天监信印，着汤若望掌管。凡该监官员俱为若望所属。嗣后一切占候事宜，悉听掌印官举行，不许紊乱。"[1] 汤若望总管皇家天文机构，由此开创了西洋人在中国执掌观象台之初始。他把前朝搁置的《崇祯历书》加以修改压缩，并自己出资编辑刻印为《西洋新法历书》（一百卷）进呈朝廷。这是汤若望在清代完成的一项重要工作。

顺治皇帝亲政前，便对汤若望怀有一种特别的亲情，早把他视为长辈，称他为"玛法"（满语，意为尊敬的长辈）。1651年顺治皇帝亲政，对汤若望恩宠有加，连续授予他三个头衔：通议大夫、太仆寺卿和太常寺卿，官拜三品。1653年，又授予他"通玄教师"称号，加俸一倍。

---

[1] 转引自李兰琴：《汤若望传》，东方出版社，1995年版，第50页。

汤若望的本来愿望，是想在中国弘扬天主教，不承想却因其在西学上的精深造诣和对事业的一片忠诚受到了明崇祯、清顺治和康熙三位帝王的赏识与宠信。他曾为崇祯皇帝监造火炮，还曾为朝廷设计过天文、光学、力学仪器；他移译编著的神学、数学、天文学著作达20余种。1666年，汤若望逝世并安葬于北京。

集哲学家、逻辑学家、数学家、历史学家、法学家、语言学家于一身的德国人莱布尼茨（Gottfried Wilhelm Freiherr von Leibniz，1646—1716），是欧洲文艺复兴时期文化孕育出来的天才人物。特定的社会历史条件，特定的文化背景，加上个人特殊的天才与勤奋，使莱布尼茨成了一位当时先进思想与理论的集大成者。在近代自然科学史、欧洲哲学史以及中西文化交流史上，他占有着特殊的地位。莱布尼茨虽然没有到过中国，却通过来华的欧洲传教士了解了中国并积累了有关中国历史、哲学、宗教、文化、科学、习俗等各方面的丰富资料和渊博知识。1697年，莱布尼茨用拉丁文编辑出版了《中国近事》第一版，两年后又出了第二版。这部作品对中西文化交流（当然也包括中德文化交流）具有划时代意义。可以说，莱布尼茨是中德文化交流的真正开拓者和奠基人。

在拉丁文本《中国近事》出版300年之后的1979年，设在德国科隆市的德中协会也以《中国近事》为书名，用德文出版了原拉丁文本中的部分内容。德中协会主席赫尔曼·赖因博特（Hermann Reinbothe）亲自为该书撰写了序言；德中协会以编者名义撰写的《莱布尼茨与中国》一文，作为开篇也收在了这本书中。赖因博特在《序言》中这样写道：

> 对于莱布尼茨来说，出版《中国近事》的目的在于，在西方和中国之间建立真正伟大的文化交流。他认为，在中西文化交流中，西方不仅应该是施教者与给予者，而且也应当是受教者和接受者。他甚至产生了所有伟大的世界文化科学家在一

个共同的世界科学研究院中合作的幻想。

　　莱布尼茨无疑是一个自觉的福音新教基督徒。他对中国的情况完全是客观地从书本中、从同天主教传教士们的交谈与通信中得到的。……在这方面,莱布尼茨没有西方人通常有的特征——骄傲自大。他当时有一段有名的大胆论断:"我们不仅要派遣传教士去中国,而且中国也应该为正确地处理和实践人与人之间的相互关系派遣传教士到西方来。"这段话出自《中国近事》第19页。

　　当时只有很不充足的资料可供莱布尼茨使用。但他相信,通过他卓越的联想力和直觉能补偿这个不足。他当时的这些报告至今并未失去其现实意义。相反,莱布尼茨在他的《中国近事》以及他的书信中——有关中国的信件就有200多封至今尚未发表——处理了那么多问题,还提出了任务,从事研究中国的科学家们要完成这个任务还需要很长时间。[1]

在《中国近事》出版后的一二百年间,沃尔夫、康德、利希滕贝格尔、赫尔德、黑格尔、谢林、马克思、恩格斯等许多德国哲学家和思想家都曾从不同的视角,以不同的价值取向评论过中国和中国文化;德国文学史上,在不同时代的不同作家身上,同样也有中国影响的不同表现。

从18世纪中叶起,中国的文学艺术开始对德国产生影响。1747年,法国人杜哈德所编《中华帝国全志》(1735年)的德译本问世,从而使德国人有机会读到收在其中的中国元曲《赵氏孤儿》、古代白话小说《今古奇观》中的几回和《诗经》中的十余首诗篇。1766年,德国人穆尔(Christoph Gotflieb von Murr, 1733—1811)又把中国长篇小说《好逑传》从英文译成了德文。

首先提出"世界文学"理念的德国文学巨匠歌德对中国的文学、

---

[1] 安文铸等编译:《莱布尼茨和中国》,福建人民出版社,1993年版,第86—87页。

艺术、历史和哲学怀有极大兴趣。他认真研读过《好逑传》《花笺记》《玉娇梨》和《百美新咏》等被译成了德文的中国文学作品（当然也包括古典诗歌），还据此写成了颇有中国情调的组诗《中德四季晨昏杂咏》。诗中，有绿草如茵，有百卉芬芳，有月夜清幽，更有美酒春光；诗人似乎用这些常常出现在中国古典诗歌中的意象表达了自己对古老东方的向往。

除了歌德，席勒、海涅、冯塔纳、德布林、黑塞、布莱希特等许多著名文学家也都创作过与中国相关的作品，或者说，他们的创作都与中国和中国文化有着一定的渊源。

近代，对传播中华文化作出了不可磨灭贡献的，是那些以研究中国文化为自己终生事业的汉学家们。德国的汉学研究，较之法国，起步要晚一些。但从19世纪中叶起，一代代的汉学家矢志不渝，执着坚忍，终使德国的汉学，由开创到发展，由萧索到繁荣，结出了独具特色的累累硕果。

当然，那些抱着改造中国的宏伟志向留学西方的中国学子们，在学习西方科学技术和新思想的同时，也为中华文化在西方的传播做了切实而有益的工作。在近代留学德国的学子名单中，我们同样可以发现一大串我们耳熟能详的名字：蔡元培、辜鸿铭、陈寅恪、萧友梅、王光祈、宗白华、季羡林、乔冠华、冯至、王淦昌……也正是这些中华民族的文化精英，以自己的勤奋、刻苦、抱负及其一生的伟业，为德意志或者说在德意志的土地上，留下了中国文化的深深印记，而他们的形象本身就是中华文化的体现与凝聚。

第二节　留学生——在德意志土地上留下中国文化印记

在古代中国，历代都不曾有过派人出国留学之举。特别是在鸦片战争之前的300年左右的时间里，封建统治者闭目塞听，夜郎自大，顽固地采取闭关锁国政策,从而使中国与飞速发展的西方资本主义世界拉开并拉大了距离,造成了中国社会经济、科学、文化和教育事业的长期停滞与落后。这种现象,直到鸦片战争发生才有了改观。出国留学,无疑是一种社会的进步现象。

1847年1月,广东学子、香港马礼逊学校学生容闳(1828—1912)和他的同学黄宽(1829—1878)、黄胜(1825—1902),怀抱着求学求知的强烈意愿,跟随着他们的老师布朗(Rev. Samuel Robbins Brown, 1810—1880)教士踏上了美利坚合众国的国土,开始了他们作为中国近代"第一个"留学生的海外求学生活。依靠自己的艰苦工读,容闳于1854年毕业于著名的耶鲁大学文科,并于不久后回国。留学期间他便立下志愿,要"以西方之学术,灌输于中国,使中国日趋于文明富强之境"①。20年后,容闳提出救国方案,其中最重要的一条就是主张向欧美派遣留学生。他的主张得到了洋务派首领——两江总督曾国藩、直隶总督李鸿章以及江苏巡抚丁日昌的支持。1871年9月3日,曾国藩、李鸿章上书同治皇帝,奏请选派聪颖幼童赴美深造,以"使西人擅长之技,中国皆能谙悉,然后可以渐图自强"。曾、李的奏折,很快获得了批准,于是1872年8月11日,第一批广方言馆毕业生梁敦彦、詹天佑等30名幼童在容闳、陈兰彬率领下起航赴美。至1875年,已先后有四批计120名幼童被送到美国学习。

这一时期,清政府也向英、法、德等欧洲国家派出了留学生。1876年,一个士官小组被派往德国学习军事。此后,便陆续有中国公使和其他官方代表团受命前往德国,其主要任务是购买枪炮、舰船和机器。驻德的公使和官员,多是北京京师同文堂的毕业生。公务之外,他们也学习新的知识——军工技术和理工西学。

1905年,慈禧太后颁诏废除科举,自此"天朝大国"才对西方的自然科学、人文科学真正敞开了大门。这一年,清政府派载泽、戴鸿慈、端方、尚其亨、李盛铎五大臣分赴东西洋各国考察宪政;这一年,

---

① 容闳:《西学东渐记》,商务印书馆,1995年版,第27页。

近代启蒙思想家严复所译《穆勒名学》和赫胥黎的《天演论》出版；这一年，美国基督教会把在上海创办的圣约翰书院改名为圣约翰大学并先后设置神、文、理、医、工等学院。出国考察的五大臣之一的戴鸿慈在其所著《出使九国日记》中，对德国的君主立宪制大加赞赏，同时记下了他参观"柏林大学堂"图书馆（那里有藏书120万部）和军事博物馆时的深刻印象。此后，便陆续有一些志向高远的中国知识分子留学德国，攻读哲学、法律、教育以及物理、化学、军事等诸多学科，以期凭借德意志"圣火"的指引，寻到强国之门径，救国之良方。

1999年，德国当代汉学家哈尼施（Thomas Harnisch，1952—2003）博士所著《在德国的中国留学生——1860年至1945年间中国人留学德国的历史与影响》一书在汉堡出版，以翔实的资料和科学的态度对这一历史现象及进程进行了总结与探讨。在该书的封底，印着这样的介绍性文字：

> 在第二次世界大战前，只有一小部分中国留学生来到了德国。在1860至1945年这一时段，有不到2000名中国人在德国的大学和高等学校注册。但这段留学经历却对这些德国留学生中的大部分的学术成就及其后来的职业道路起到了令人惊异的作用。尤其是，他们各自的生平事迹都可以为其留学德国的意义作证。……①

蔡 元 培

蔡元培（1868—1940），字鹤卿，号子民，浙江绍兴人。1906年夏，身为翰林院编修的蔡元培听到清廷拟派翰林院编检出国留学的消

---

① Thomas Harnisch: Chinesische Studenten in Deutschland——Geschite und Wirkung ihrer Studienaufenthalte in den Jahren von 1860 bis 1945. Copyright Institut für Asienkunde, Hamburg 1999. 见该书封底。由德文译出。

息，便赴北京等候。但编检中志愿游学者甚少，致使清廷搁置不办。于是，蔡元培决定以半工半读自费留德。这一年的冬天，他呈文移咨学部，请求发给出国咨文。在呈文中，蔡元培陈述了自己留学德国的理由，毫不掩饰地申明了自己的志向："窃职素有志教育之学，以我国现行教育之制，多仿日本。而日本教育界盛行者，为德国海尔伯脱派。且幼稚园创于德人弗罗比尔。而强迫教育之制，亦以德国行之最先。现今德国就学儿童之数，每人口千人中，占百六十一人。欧美各国，无能媲者。爰有游学德国之志。……职现拟自措资费，前往德国，专修文科之学，并研究教育原理，及彼国现行教育之状况。至少以五年为期。冀归国以后，或能效壤流之助于教育界。敬请恩准……"①

1907年5月，在友人的帮助下，蔡元培启程赴德。在柏林学习了一年德语之后，第二年秋天便入莱比锡大学，一面攻读，一面著译。在三年的时间里，蔡元培选修了心理学、哲学史、文明史、美术史、文学史等多种课程。在《自写年谱》中，他这样写道："讲堂上即常听美学、美术史、文学史的课，于环境上又常受音乐、美术的熏习，不知不觉的渐集中心力于美学方面。尤因冯德（Wilhelm Wundt，1832—1920）讲哲学史时，提出康德关于美学的见解，最注意于美的超越性与普遍性。就康德原书，详细研读，益见美学关系的重要。"在研习美学的同时，蔡元培还系统地考察了西欧各国的传统艺术，并着手撰写美学论文。他后来对美学和哲学的研究与提倡，显然都与在德所受的教育密切相关。

四年后，也就是1911年的年底，蔡元培回到上海。不久便出任中华民国南京临时政府第一任教育总长，并发表《对于教育方针之意见》。在这篇带有宣言性质的文章中，他纵论古今，全面阐释了共和时代教育的性质，郑重申明了自己的教育主张。他把教育分为"隶属于政治"和"超轶乎政治"的两大类，谓军国民主义、实利主义、德育主义为隶属于政治之教育；世界观、美育主义为超轶政治之教育，而五

---

① 蔡元培：《蔡元培全集》第一卷，中华书局，1984年版，第393-394页。

者相辅相成，不可偏废：

> 譬之人身，军国民主义者，筋骨也，用以自卫；实利主义者，胃肠也，用以营养；公民道德者，呼吸机循环机也，周贯全体；美育者，神经系也，所以传导；世界观者，心理作用也，附丽于神经系而无迹象之可求。此即五者不可偏废之理也。①

如此鲜明的教育主张，在那样的一个时代，算得上是惊世骇俗之语了。

1917年，蔡元培应聘出任北京大学校长。受命之时，许多友人劝他最好不就此职，说北大太腐败，进去了，若不能整顿，反而会坏了自己的名声；但也有少数友人给他以鼓励，说既然知道那里腐败，就更应进去整顿，即使失败，也算是尽了一份心力。蔡元培接受了挑战。在到校后的第一次演说中，他便明言："大学学生，当以研究学术为天职，不当以大学为升官发财之阶梯。"② 在他看来，改变学生的观念，是第一要紧的事情。除了大力提倡学术研究之外，蔡元培还主张不同学术派别并存，不同学术思想自由讨论。他实行教授治校，宣传劳工神圣，积极支持并参加了标志着中国新民主主义革命开端的五四新文化运动。在新文化运动中，蔡元培又提出了"以美育代宗教"的著名口号，强调"美育是一种重要的世界观教育"，并且具体地提出了美育的实施方法，规划出了一幅全民美育的蓝图。作为我国近现代著名的思想家和教育家，作为一位颇有影响的美学家和美育实践家，蔡元培为我们民族文化和教育事业的发展，作出了不可磨灭的贡献。

---

① 蔡元培：《蔡元培美学文选》，北京大学出版社，1983年版，第5页。
② 蔡元培：《我在北京大学的经历》，成都出版社，1996年版，第4页。

中国文化对欧洲的影响

辜 鸿 铭

早蔡元培30年，即1877年，辜鸿铭（1857—1928）就已在获得了英国爱丁堡大学文学硕士学位之后，进入德国莱比锡大学攻读土木工程了。到蔡元培游学德国的20世纪初，辜鸿铭的名声已如日中天，俨然东方文化的代言人——其所译儒家经典《论语》和《中庸》的英译本早已在西方出版，此外还发表有多篇介绍中国文化的文章，写有不少见解独特的政论。1917年，蔡元培出任北京大学校长之后，即聘辜鸿铭为北大教授，主讲英文诗歌；1923年，蔡元培因不满教育总长彭允彝克扣教育经费，无理撤换法专、农专校长的倒行逆施，愤然提出辞职，67岁的辜鸿铭又与蔡元培同进退，也离开了北大。

辜鸿铭是个怪杰，自称"生在南洋，学在西洋，婚在东洋，仕在北洋"。1857年，辜鸿铭出生在马来半岛北侧的槟榔屿。辜家祖籍福建厦门，父亲辜紫云是中国人，母亲却是一位葡萄牙女子。早在1867年，十岁的辜鸿铭就随义父布朗——槟榔屿上的一个英国橡胶园主——前往英国，开始了他在异域的求学生涯。辜鸿铭天赋极高，聪颖过人，义父的教育计划，是首先让他从背诵弥尔顿、莎士比亚、歌德的名著入手学习语言和文学，然后送他去德国学习科学知识，再后到法国学习法语和世故人情。热爱中国的布朗先生对辜鸿铭寄予了殷切期望："学通西方文化，拯救你的祖国；融汇中西精神，拯救多灾多难的人类"。

在辜鸿铭已经把歌德巨著《浮士德》读得烂熟了之后，布朗问他："对《浮士德》有什么感受？"辜鸿铭答："我的思想由简单转入复杂，由浮浅转入渊深了。"布朗于是告诉他："科学知识也是由简单入复杂，由浮浅入渊深的！"[1] 1877年，20岁的辜鸿铭怀着兴奋与激动到了莱比锡，在学习土木工程的同时，也深入考察德国的社会情况，精研德国的文学和哲学典籍。四十多年后，当林语堂到达莱比锡大学时，辜鸿铭的著作已是德国哥廷根等大学哲学系学生的必读书了。

---

[1] 严光辉：《辜鸿铭传》，海南出版社，1996年版，第25页。

确实，辜鸿铭没有辜负义父布朗的期望，他不但学通了西方文化，还成了中国文化的传播者。他一生最大的成绩就是向西人介绍了中国典籍，使西人对中国文化有了了解甚而刮目相看。20世纪初，凡来华访问、游历的外国政治家、作家、记者，都以一睹辜鸿铭的风采为荣。

陈　寅　恪

在蔡元培赴德两年之后的1909年（宣统元年），毕业于复旦公学的江西学子陈寅恪（1890—1969）也在亲友的资助下，经由上海负笈德意志，考入柏林大学就读。两年后又转学于瑞士苏黎士大学。1912年春，因资用接济不上，陈寅恪只好从瑞士归国。一年后，陈寅恪又赴法国，攻读于巴黎大学。1914年秋应江西省教育司之召回国，检阅留德学生考卷。其时正值第一次世界大战爆发。陈寅恪再度出国求学已是1919年，先赴美国，入哈佛大学，师从兰曼习梵文、希腊文等。1921年9月，他离开美国重返德意志，进柏林大学研究院，从吕德尔敦教授攻读梵文、巴利文和其他东方古文字达四年之久。

陈寅恪的表弟，他在美国哈佛大学和德国柏林大学求学时的同学俞大维，曾在《怀念陈寅恪先生》一文中，对他在域外的治学情况作过较为真切的记述：

> 寅恪先生由他念书起，到他第一次由德、法留学回国止，在这段时间内，他除研究一般欧洲文字以外，关于国学方面，他常说："读书须先识字。"是他幼年对于《说文》与高邮王氏父子训诂之学，曾用过一番苦工。……他研究的重点是历史。目的是在历史中求历史的教训。他常说："在史中求史识。"因为中国历史兴亡的原因，中国与边疆民族的关系，历代典章制度的嬗变，社会风俗，国计民生，与一般经济变动的互为因果，及中国的文化能存在这么久远，原因何在？这些都是他研究的题目。

中国文化对欧洲的影响

>……寅恪又常说，他研究中西的一般关系，尤其是文化的交流，佛学的传播及中亚史地，他深受西洋学者的影响。例如法国的 Pelliot（伯希和），德国的 F. W. K. Müller，俄国的 W. Barthold 及其他国学者。然他究因国学基础深厚，国史精熟，又知择善而从，故其了解，每为国内外学人所推重。[①]

毛子水先生在柏林时，亦与陈寅恪有过交往，他在《记陈寅恪先生》一文中记述了他心目中的陈寅恪：

>……当时在柏林朋友聚会谈论的快乐，可以说是我一生中一件最值得回忆的事情。我虽然有习惯的懒性，不能自勤奋，但颇有从善服义的诚心，所以平日得益于这班直谅、多闻的朋友不少。（赵元任夫妇游柏林时，寅恪也还在柏林。寅恪、元任、大维、孟真，都是我生平在学问上最心服的朋友；在国外能晤一室，自是至乐！）

>……而我许多关于西方语学 Philology 的见解，则有从寅恪得来的。我在这里举一小例：在柏林时，有一天，我到他住处看他，他正伏案读 Kaluza 的古英语文法。我以当时在德国已有较好的书，因问他为什么费工夫读这样一部老书。他说，正因为他老的缘故。我过后一想，这并不是戏言。无论哪一种学问，都有几部老的好书，在许多地方后来的人有说得更好的，但有许多地方，老书因为出自大家手笔，虽然过了好多年，想法和说法，都有可以发人深思处。[②]

从1923年起，陈寅恪在柏林的生活曾经十分艰难。他的女儿在一篇追记文字中写道："父亲在德留学期间，官费停寄，经济来源断绝，

[①] 刘以焕：《国学大师陈寅恪》，重庆出版社，1996年版，第99-100页。
[②] 刘以焕：《国学大师陈寅恪》，重庆出版社，1996年版，第102页。

父亲仍坚持学习。每天一早买少量最便宜的面包，即去图书馆度过一天，常常整日没正式进餐。日子一长，营养太差，加以学习繁重，终于大病，回国休养。……"[①]

1925年12月18日，陈寅恪从德国归来，受聘为清华大学国学研究院教授。此后，他又曾先后执教于西南联合大学和岭南大学，新中国成立后任中山大学教授，并曾任中央文史馆副馆长。陈寅恪一生，对魏晋南北朝史、隋唐史、蒙古史，对梵文、突厥文、西夏文等古文字以及佛教经典，均有精湛研究，著有《隋唐制度渊源略论稿》《唐代政治史述论稿》《元白诗笺证稿》《柳如是别传》等专著，成为国内外学者一致推崇的国学大师。

萧　友　梅

德意志是音乐之邦，巴赫、贝多芬、舒曼、勃拉姆斯、瓦格纳等大师的名字和音乐激励、感召着世界上的每一个人。第一次世界大战前夕留学德国的中国学子中，就有一位后来成了著名音乐教育家和作曲家的广东香山（今中山）人，他叫萧友梅（1884—1940）。

萧友梅，字雪朋，号思鹤。早年，他曾留学日本，毕业于东京帝国大学教育系。1911年，萧友梅参加了保和殿留学生殿试，获文科举人文凭。1912年底，他便赴德国留学，入莱比锡大学哲学系，同时就读于莱比锡国立音乐学院，攻修音乐理论和作曲。四年后，萧友梅以论文《关于十七世纪前中国乐队的历史研究》（又名《中国古代乐器考》）获博士学位。其时欧战正酣，萧友梅不能返国，继而注册于柏林大学和私立施特辛音乐学院研读音乐史、音乐美学、教育学以及作曲、配器、指挥等专业。第一次世界大战结束之后，1920年，萧友梅回到祖国，不久即应蔡元培之聘出任北京大学附设的音乐传习所教务主任、讲师，并在北京女子高等师范学校和北京女子大学创办音乐科，自任主任。其

[①] 刘以焕：《国学大师陈寅恪》，重庆出版社，1996年版，第103页。

中国文化对欧洲的影响

间,萧友梅曾在音乐研究所组织了第一个管弦乐队并任指挥,演出40余场。1927年,北京各艺术院校被军阀勒令停办,萧友梅便在蔡元培支持下到上海创办了中国第一所国立音乐院(1929年更名为国立音乐专科学校),先任教授、教务主任,后任院长、校长,直至1940年逝世。

萧友梅一生勤奋创作,所作器乐曲编号达40集,遗憾的是这些作品大多已散失。今存的只有《弦乐四重奏》《哀悼进行曲》(为黄兴和蔡锷二烈士作)《新霓裳羽衣舞》(管弦乐)等几集。除器乐曲外,他还创作有《问》《卿云歌》(曾用为国歌)《华夏歌》《民本歌》《五四纪念爱国歌》《总理奉安哀辞》《国土》《国耻》《国难》《春江花月夜》等百余首歌曲。其中《问》是最有影响的一首。歌词为词人易韦斋所作,向人们提出了一系列意味深长的人生问题,像是一个历经沧桑的长者发出的富有哲理的感慨。萧友梅的曲子,为单一形象的乐段结构,旋律潇洒蕴藉,在四个匀称的乐句之后,是两个三度下行的叹息似的音调,显得从容不迫、含蓄隽永。接着,连续的三连音和上行跳进,把歌曲推向高潮,随后即以感慨似的旋律进入完全终止,提出"你知道今日的江山,有多少凄惶的泪"的问题,点明"问"的主题乃是对当时军阀混战、山河破碎的祖国的深沉忧虑。歌曲最后又出现沉吟似的尾声,余韵无穷,耐人寻味。

萧友梅是五四新文化运动的积极拥护者,所作《五四纪念爱国歌》(赵国钧词)是目前见到的最早一首歌颂五四爱国运动的创作歌曲。萧友梅曾将它编成由管弦乐队伴奏的合唱曲,于1924年五四运动五周年纪念日这一天,亲自指挥,在北京青年会的国民音乐大会上演唱,收到了振奋人心的效果。这是一首音调昂扬明快、节奏铿锵有力的进行曲,结构单纯,手法简朴,首尾呼应,音乐形象鲜明集中,表现了"五四"时期朝气蓬勃的时代精神。

留学日本和德国的经历,开阔了萧友梅的视野,作为音乐教育家,他常说音乐没有国籍,音乐可以联络人类各民族的感情;他主张音乐工作者要兼学中西，取人之长，补己之短，以促进中国新音乐的发展与进步。萧友梅是中国现代音乐史上新音乐教育事业的奠基人，为提倡新音乐，为造就中国新音乐的第一代人才，他呕心沥血，孜孜探求，贡献了自己的毕生精力。

王光祈与宗白华

第一次世界大战结束之后，在中国的学子中间，又兴起了一股留德热。这其中的佼佼者是现代音乐学家王光祈和美学家宗白华。

王光祈（1892—1936）是四川温江人，字润玙，一字若愚。早年在北京中国公学攻读法律。1918年曾与李大钊、邓中夏、曾琦发起组织少年中国学会。[①] 1920年，王光祈赴德国留学，在法兰克福研究经济，同时兼任《申报》《时事新报》驻德特约通讯员。1922年起改学音乐。1927年，他转入柏林大学攻读音乐学；1932年起任波恩大学讲师。1934年以论文《论中国古典歌剧》获波恩大学博士学位。在德求学期间，王光祈常常埋首于柏林图书馆中，写作并翻译了大量有关政治、经济、文化等方面的文章，并完成了17种音乐理论著作。其论著主要有《中国音乐史》《东西乐制之研究》《东方民族之音乐》《翻译琴谱之研究》《西洋音乐史纲要》《西洋音乐与戏剧》《西洋音乐与诗歌》《西洋制谱学提要》（即作曲法）与《西洋音乐进化论》等。此外，王光祈还曾用德文、英文撰写有许多文章，向欧洲人介绍中国的音乐。在阐述历代乐律理论，整理中国古代音乐史料和介绍西洋音乐知识等方面，他都有一定的创见和贡献。1936年初，因辛劳过度，王光祈患脑出血逝世于柏林图书馆中，时年仅45岁。

宗白华（1897—1986）系江苏常熟人，幼年在南京模范小学读书。

[①] 宗白华这样回忆王光祈："王光祈青年老成，头脑清楚，规划一切井井有条，满腔爱国热情溢于言表，极得我的信任和钦佩。他是少年中国学会的主要发起人之一，我认为他写的《少年中国精神》是他的心血凝成的文字，代表他的理想，也代表了'少年中国'初期成立时一些同人的思想。"（引自宗白华《少年中国学会回忆点滴》，见于《宗白华全集》第三卷，安徽教育出版社，1994年版，第579页。）

16岁时因害病休学，到青岛疗养，后来便由亲戚介绍，入德国人创办的青岛大学中学部修德文。五四运动期间在上海参加少年中国学会，并应《时事新报》副刊《学灯》之邀，主编《学灯》达一年半之久。有关少年中国学会，宗白华后来曾有专文作了回忆："在五四运动的前夕，我在上海同济大学学习德文后，因法租界封闭了同济，同济迁吴淞，我无意学医，自己在家阅读德国古典文学，歌德、席勒、赫尔德林等诗人的名著，同时也读了一些哲学书，如康德、叔本华、尼采的著作。当时青年的求知欲和关心国家前途的热情是普遍的。第一次欧战的结束和俄国革命的成功对于中国青年的刺激是难以想象的。青年们相见，不论识与不识，都感到有共同的要求，共同的热望，胸怀坦白相示，一见如故。少年中国学会的朋友们就是这样聚拢起来，组织起来的。浪漫精神和纯洁的爱国热忱，对光明的憧憬，新中国的创造，是弥漫在许多青年心中的基调。"① 1920年5月，宗白华经由巴黎转德国留学，就读于法兰克福大学哲学系。同年7月，在寄给少年中国学会会员的一封信中，宗白华通过一张表格表达了自己的人生志愿：

终身欲研究之学术——哲学、心理学、生物学；
终身欲从事之事业——教育；
事业着手之时日及地点——民国13年（1924年）上海、南京或北京；
将来终身维持生活之方法——教育。②

与宗白华一起写信并填写了类似表格的，还有周太玄、王光祈、魏时珍等。后来的事实证明，宗白华是完全按照自己青年时代立下的志愿去实践的，而且作出了巨大成就。

---
① 宗白华：《少年中国学会回忆点滴》，见《宗白华全集》第三卷，安徽教育出版社，1994年版，第579页。
② 宗白华：《宗白华全集》第四卷，安徽教育出版社，1994年版，第692页。

1921年春天，宗白华转学柏林大学，攻读美学和历史哲学，受业于德国著名美学家、艺术学家德索伊茨（Bolschman Dessoiz）和奥地利哲学家里尔（Alois Riehl，1844—1924）。其间，还曾选听过爱因斯坦的相对论课程。同年9月，少年中国学会会刊《少年中国》第3卷第2期，发表由魏嗣銮、宗白华等11人发起成立的留德学生中德文化研究会简章，内中阐述了他们的主张，即建筑各国各民族互相了解与同情的第三种文化，使东西文化"结婚"。

宗白华景仰歌德，1922年7月27日《时事新报·学灯》曾发表他的一首题为《题歌德像》的小诗，似在解读歌德，又好似在与他心目中的"偶像"倾心交谈：

（一）

你的一双大眼，
笼罩了全世界。
但是也隐隐的透出了
你婴孩的心。

（二）

诗中的境
仿佛似镜中的花，
镜花被戴了玻璃的清影，
诗镜涵映了诗人的灵心。

（三）

高楼外
月照海上的层云，
仿佛是一盏孤灯临着地球的浓梦。
啊，自然底大梦呀！我羽衣飘飘，

愿乘着你浮入无尽空间的海。①

十年后，宗白华又写成《歌德之人生启示》一文，在天津《大公报》文学副刊上发表，文中说：歌德"同时是诗人、科学家、政治家、思想家，他也是近代泛神论信仰的一个伟大的代表。他表现了西方文明自强不息的精神，又同时具有东方乐天知命宁静致远的智慧。……我们可以说歌德是世界一扇明窗，我们由他窥见了人生生命永恒幽邃奇丽广大的天空！"②

对德意志民族，对德意志精神，宗白华的判断是在与中国的比较中作出的。在1922年11月26日写给友人的信中，他坦言："平心讲起来，德国复兴的困难阻碍（威尔塞条件是条铁锁，你看马克这样跌，可知了）比中国还难得万分。他们比中国唯一的强点，就是相信德国必定复振。青年中尤其生气勃勃。大学听讲的学生，比战前加增了一倍；而学生生活的困苦是我们中国学生界所不能想象的。我对于德国民族的粗鲁，社会的冷酷（欧洲社会间的冷酷，至少不在中国之下），党派的争执，极不同情。（德国民间的常见是我们中国天幸还没有的）但是，他们那种冷静的意志，积极的工作，创造的魄力，确使我们惊叹羡慕；也因为我们中国民族正缺乏这种优性，正需要这种东西。"③ 显然，这种对德意志精神的理解与判断，以及由此流露出的对自己祖国前途与命运的关注，正给了青年宗白华以激励，以鞭策。

留德五年，打下了宗白华一生事业的基础。1925年春天，宗白华在游历了欧洲之后回到祖国，经小说家曾朴的介绍，被聘到南京国立东南大学哲学系任教。从这时起，他开始写作《美学》提纲。1928年，国立东南大学更名为国立中央大学，宗白华被聘为哲学系教授，后任该系主任。新中国成立后不久，宗白华即应聘北京大学哲学系，任美学史

---

① 宗白华：《宗白华全集》，第一卷，安徽教育出版社，1994年版，第357页。
② 宗白华：《宗白华全集》，第二卷，安徽教育出版社，1994年版，第1页。
③ 宗白华：《致舜生寿昌书》，见《宗白华全集》第一卷，安徽教育出版社，1994年版，第436页。

教授直至 1986 年逝世。

美学家宗白华是学者，也是诗人，他毕生致力于"艺境"的探求与体验，为后世留下了一份极其珍贵的美学遗产。如前所述，给了宗白华以重要影响的是德国文化巨人歌德。早在青年时代，宗白华即决心去研究歌德的宇宙观和人生观，因此，走进德意志，他选择的第一留学地点便是歌德的出生地法兰克福。在那里，他瞻仰了歌德旧居，参观了歌德博物馆和图书馆。他说过：人生是什么？人生的真相如何？人生的意义何在？人生的目的是什么？"这些最重大的最中心的问题，在歌德的人生中都能获得启示。……歌德的世界，超越乎寻常阔大。他的生活是他最美丽最巍峨的艺术品。"（引自林同华文《哲人永恒，"散步"常新》）随着时间的推移，宗白华的美学也引起了德国汉学界的关注。在 1996 年夏于黄山召开的"国际宗白华学术研讨会"上，就有德国学者宣读了他们的论文。

季羡林与乔冠华

季羡林（1911—2009）在其《留德十年》一书第一节的开头就这样写道："五六十年以前，一股浓烈的留学热弥漫全国，其声势之大决不下于今天。留学牵动着成千上万青年学子的心。我曾亲眼看到，一位同学听到别人出国而自己则无份时，一时浑身发抖，眼直口呆，满面流汗，他内心震动之剧烈可想而知。"[1] 就是在这股留学热中，1935 年 3 月 15 日，清华大学与德国学术交流中心（DAAD）签订了一项相互交换研究生的合同：路费制装费自己出，食宿费相互付给——中国每月 30 块大洋，德国每月 120 马克。依据这项合同，清华大学很快就挑选出了第一批赴德留学生，这其中就有季羡林和乔冠华。

季羡林 1911 年出生在山东省清平县（今并入临清）官庄一个农民家庭，青少年时代在济南读小学、中学，1934 年毕业于清华大学西洋

---

[1] 季羡林：《留德十年》，东方出版社，1992 年版，第 6 页。

中国文化对欧洲的影响

文学系。到德后，季羡林就读于哥廷根大学，开始学习梵文、巴利文、古代印度俗语。哥廷根大学有悠久的研究梵文和比较语言学的传统，其图书馆"规模极大，藏书极富，名声极高，梵文藏书甲德国"①。经过一段时间的徘徊踟蹰，季羡林坚定了攻读梵文的决心。在1935年12月16日的日记中，他写道：

> 我又想到我终于非读 Sanskrit（梵文）不行。中国文化受印度文化的影响太大了。我要对中印文化关系彻底研究一下，或能有所发明。在德国能把想学的几种文字学好，也就不虚此行了，尤其是 Sanskrit，回国后再想学，不但没有那样的机会，也没有那样的人。②

从1936年春季学期起，在名扬全球的哥廷根大学高斯—韦伯楼（当年大数学家高斯（Johann Carl Friedrich Gauss，1777—1855）和大物理学家韦伯（Wilhelm Eduard Weber，1804—1891）试验他们发明的电报，就在这座楼里），季羡林开始师从瓦尔德施米特（E. Waldschmidt，1897—1985）教授学习梵文。瓦尔德施米特是柏林大学梵文大师海因里希·吕德斯（Heinrich Lüders，1869—1943）的学生，是研究我国新疆出土的梵文佛典残卷的专家，在世界梵文学界已颇有名声。虽然选学梵文的只有季羡林一个学生而且是外国人，瓦尔德施米特仍然认真严肃地授课。季羡林全力以赴地攻读，虽然原定只能留学两年，但他还是做好了参加博士考试的准备。季羡林这样回忆道：

> 根据德国的规定，考博士必须读三个系：一个主系，两个副系。我的主系是梵文、巴利文等所谓印度学（Indologie），这是大局已定。关键是在两个副系上，然而这件事又是颇伤脑

---

① 季羡林：《留德十年》，东方出版社，1992年版，第49页。
② 季羡林：《留德十年》，东方出版社，1992年版，第48页。

筋的。当年我在国内患"留学热"而留学一事还渺茫如蓬莱三山的时候,我已经立下大誓:决不写有关中国的博士论文。鲁迅先生说过,有的中国留学生在国外用老子与庄子谋得了博士头衔,令洋大人大吃一惊;然而回国后讲的却是康德、黑格尔。我鄙薄这种博士,决不步他们的后尘。①

最后,季羡林选定英国语言学和斯拉夫语言学作为副系,同时加学了南斯拉夫文。

经过几年苦读,季羡林终于在1941年以论文《〈大事〉偈颂中的限定动词的变位》获哲学博士学位。时值第二次世界大战,归国不得,季羡林只好留在哥廷根继续深造,师从西克（E. Sieg, 1866—1951）教授学习我国新疆古代的焉耆—龟兹语（即吐火罗文Tocharian）,研究印度古文献《吠陀》。据季羡林回忆,当时,是西克教授主动提出要教他吐火罗文的。"吐火罗文残卷只有中国新疆才有。原来世界上没有人懂这种语言,是西克和西克灵在比较语言学家舒尔策（W. Schulze, 1863—1935）帮助下,才读通了它的。他们三人合著的吐火罗语语法,蜚声全球士林,是这门学问的经典著作。"那么,西克教授这样做的用意何在?"我猜想,除了个人感情因素之外,他是以学术为天下之公器,想把自己的绝学传授给我这个异域的青年,让印度学和吐火罗学在中国生根开花。"②

在环境极端恶劣的情况下,季羡林惟日孜孜,苦读不辍,其《中世印度语言中语尾-am向-o和-u的转化》《使用不定过去式作为确定佛典的年代与来源的标准》等论文,引起了世界梵文学界的瞩目。第二次世界大战结束之后,1946年5月,季羡林才得辗转回到祖国,不久即受聘于北京大学,任东方语言文学系教授,后任该系主任和北京大学副校长。季羡林治学严谨,学贯中西,是我国国宝级的语言学家、民

---

① 季羡林:《留德十年》,东方出版社,1992年版,第54-55页。
② 季羡林:《留德十年》,东方出版社,1992年版,第96-98页。

中国文化对欧洲的影响

族学家、翻译家、史学家、教育家、文学家，是印度史、佛教史的权威。几十年来，在教学之余，季羡林始终笔耕不辍，已出版学术专著主要有：《印度古代语言论集》《原始佛教的语言问题》《中印文化关系史论丛》《季羡林论印度文化》《佛教与中印文化交流》，以及有关吐火罗语的语义学论文《〈福力太子因缘经〉吐火罗语本的诸平行译本》等；译著有《沙恭达罗》（印度古典七幕诗剧）、《优哩婆湿》（印度最古老的神话之一，亦为五幕剧）、《罗摩衍那》（二百多万字的印度大史诗）、《五卷书》（印度古代梵文童话、寓言故事集）等。有《季羡林文集》（24卷）行世。

《留德十年》一书，是季羡林自传的一部分。书中真实、生动地记述了他1935年至1945年这十年间留学德国的经历与见闻。在该书的最后一节中，他写到了自己1980年重返哥廷根时的心情：

> ……我一时有点茫然、惘然。但又立刻意识到，这一座只有十来万人的异域小城，在我的心灵深处，早已成为我的第二故乡了。我曾在这里度过整整十年，是风华正茂的十年。我的足迹印遍了全城的每一寸土地。我曾在这里快乐过，苦恼过，追求过，幻灭过，动摇过，坚持过。这一座小城实际上决定了我一生要走的道路。这一切都不可避免地要在我的心灵上打上永不磨灭的烙印。我在下意识中把它看做第二故乡，不是非常自然的吗？[①]

这充满深情的话语，应是季羡林留德十年的一个总结。

与季羡林同赴德国留学的乔冠华（1913—1983），曾担任中华人民共和国的外交部长。他是江苏盐城人，幼年丧母，先在家乡读小学，后曾就读于盐城的一所由美国教会办的中学。1929年夏天，乔冠华从南京中南中学毕业后，考取了北京清华大学，先读于国文系，第二年便转

[①] 季羡林：《留德十年》，东方出版社，1992年版，第215页。

读冯友兰任系主任的哲学系。其间，他上过逻辑学家金岳霖先生的课，乔冠华回忆说，先生的教诲曾给过他很大的震动，使他终身难忘。在清华，除专业课外，他还学习了日文、德文，而且有机会接触马克思、黑格尔的德文原著，开阔了视野。

到德国后，乔冠华和他的同学们先在柏林补习了两三个月的德文，然后便转到图宾根大学就读。在《乔冠华临终前身世自述》中，他这样说道：

> 1935年的德国，纳粹党已经上台两年，政治空气非常嚣躁。小资产阶级狂热到处可见。考虑到这些情况，到柏林大学进修不妥当。我就选择到德国南部的一个小城市，这个小城市叫图宾根，这所学校叫图宾根大学。黑格尔在这儿读过书，是一所在哲学界有名的大学。
>
> 在图宾根，我除了继续研究马克思主义，还增加了一门新课程，就是研究军事学家克劳塞维茨。这所大学的图书馆所有的关于马克思、列宁主义的书籍，都是一本不缺的。[1]

与乔冠华一起在图宾根进修的，有一位十九路军的有名将士，名叫赵玉军，是当年"一·二八"淞沪战役中的师长。乔冠华回忆说，这位赵先生，是到德国研究考察科学的，是他唯一的、可以谈得来的伙伴。赵先生思想倾向进步，主张抗战，好学，对人诚恳，打仗很勇敢。

卢沟桥事变，抗日战争全面爆发，乔冠华在图宾根匆匆地写就了一篇毕业论文之后，便放手到柏林去搞抗战工作——当时，柏林已形成了一个中国留学生的抗日团体。其中最活跃的人物有秦邦川、朱江沪、李文华、陆宗华、翁康兰、孙玉先、蒋学文等。大家经常开会，或和国民党大使馆发生冲突。当时，德国留学生协会还创办了一份油印的刊物，刊名叫《抗战时报》，每天一期，报道国内的抗战消息，很受中国留学

---

[1] 章含之等：《我与乔冠华》，中国青年出版社，1994年版，第311页。

生和华侨的欢迎，且起了一定的动员抗战的作用。1938年初，乔冠华经由巴黎回国。

不久，乔冠华应邀赴香港，参与筹办《时事晚报》。该报于1939年春季正式出版，乔冠华撰写的第一篇国际评论《马德里的陷落》发表后，引起了读者的热烈反响。由此直至同年9月《时事晚报》停刊，乔冠华写出了一系列国际评论（多以社论形式见报），显示了他的冷静、机敏与才华。作家徐迟（1914—1996）在一篇题为《第二次世界大战与才华横溢的乔冠华》的文章中，记述了当时的一些情形和他读这些文章时的强烈感受：

> 1939年3月初，香港出版了一家新报纸，名叫《时事晚报》，是四开报，一大张，四个版面。……它的第一天的社论，就使我大吃一惊。我感到它文笔之优美，论点之鲜明，不仅是一般的精彩，而竟是非常非常精彩。这样我就每天读这家报纸。……主要是读它的社论。每天一篇，显然出诸同一作者的手笔；每篇都十分警辟，动人心弦，简直是非读不可的文章。到了时候如还没有读，就茶饭无心。这竟是我的一个新的变化的起始点。
>
> ……
>
> 《时事晚报》的那些社论，是从全世界的范围，来评论整个的国际形势的翻腾起伏的；尽管千头万绪，眼睛都能看花了的，但那些社论却能说得清清楚楚，而后在这基础上，回过头来，评论亚洲问题和中日冲突的关键内容。读者总可以感觉到自己，似已置身于一个制高点上，正在环顾全球，前前后后，历历在目。大事小事，轻重缓急，一下子就最清楚不过了。这是他当时给予我的强烈印象。他给了我永远也忘记不了的，那样的一种我无法描述的乐观情绪和精神力量。
>
> ……

第四章　中国文化在德国的传播

在他将一幅欧洲地图，摊开在读者面前的时候，为了说明真相，他提供了许多许多的真实的细节。请看这一篇里的：

德国迫害犹太人的暴行，"使伦敦失望"；德国要求增加的潜水艇队，已超过英德海军协定的限度，"是对英国的一个警号"；德国国家银行沙赫特之辞职，意味着"伦敦的资本和柏林的刺刀，合作的路径中断"、"共同发展东南欧的好梦消逝"，据派赴柏林的专使报告，德国政府不同意英国在东南欧从事经济活动；而随着西班牙问题的急转直下，德国东进政策之转向，"德国在西方的活动日益明显"，"近来已有德意两国在地中海联防的消息"。

在这些真实细节摆出以后，社论说："图穷而匕首见。在事实面前，英政府才又重新考虑英苏关系，目前的发展只是一个开端，而其中还免不了无数的波澜。"①

徐迟不久就慕名结识了撰写这些社论的乔冠华——当时叫乔木："他出口成章，是我从来没有听到过的，警句一出惊四座，叫我喜不自胜，不禁佩服之至。"

接着，乔冠华应金仲华之邀，参与编辑《世界知识》杂志。从1939年冬到太平洋战争爆发，乔冠华又为《世界知识》撰写了大量评论，因而成了香港尽人皆知的时事评论家和国际问题专家。以后的几年，乔冠华先后活动于贵阳、重庆、上海、香港，负责编辑过《新华日报》国际述评专栏。除了国际评论，乔冠华也写文艺、文化评论，出版过《向着欢呼光明的地方》《给美国算命》等小册子。

新中国成立后，乔冠华成了外交家，从担任外交部部长助理一直到外交部长期间，曾多次协助周恩来总理处理重大的国际事务。1971年，乔冠华率团参加联合国会议，首次代表新中国坐在了恢复后的联合国席

---

① 徐迟：《第二次世界大战与才华横溢的乔冠华》，见于《我与乔冠华》，中国青年出版社，1994年版，第178-182页。

位上。著名摄影家杜修贤在一篇怀念文章中写道："在新中国第一代领袖时期，外交史上，有三个人的形象在我的镜头里特别富有个性，一个是周恩来，儒雅风度的外交家；一个是陈毅，大将风度的外交家；再一个就是乔冠华，才子风度的外交家。他们配合默契，各显丰采，为新中国打开了通向世界的外交大门。他们各有千秋各有特点，周恩来严谨庄重而敏锐；陈毅潇洒大度而幽默；乔冠华思路敏捷且文才横溢。说到外交家，人民自然而然就要提起他们。"[①]

王淦昌与冯至

20世纪30年代留学德国的学子中，还有两个人是必须提到的：一个是后来的核物理学家王淦昌，另一个是后来的日耳曼语言文学家冯至。实际上，王淦昌和冯至赴德留学，要比季羡林和乔冠华早五年：王淦昌于1930年4月赴德，冯至到达德国的时间，则是1930年的秋天。

王淦昌（1907—1998），江苏常熟人。1925年，上海发生了震惊中外的"五卅惨案"。帝国主义的血腥镇压，把上海各阶层人民进一步卷入了反帝斗争的滚滚洪流。18岁的王淦昌在积极参加这场反帝爱国运动的同时，立志要用科学救国。这一年，一直是留美预备学校的清华设立了大学部，王淦昌考入清华，成了它的第一期大学生。第二年分科，他进入物理系就读。他的毕业论文与北京有关，题目是《北平上空大气层的放射性》。

从清华毕业后，王淦昌怀抱着科学救国的宏伟志向赴德留学，先就读于哥廷根大学，受业于著名物理学家弗兰克（James Franck，1882—1964，与赫兹同为1925年诺贝尔物理学奖获得者）和玻恩（Max Born，1882—1970，1954年诺贝尔物理学奖获得者），不久即转学于柏林大学，在与居里夫人齐名的奥地利-瑞典女核物理学家莉泽·梅特纳（Lise Meitner，1878—1968，1966年与化学家奥托·哈恩及费里茨·斯

[①] 杜修贤：《沉浮人生中的乔冠华》，见于《我与乔冠华》，中国青年出版社，1994年版，第271-272页。

特拉斯曼共获费米奖,因为他们的共同研究,导致铀裂变的发现)的指导下从事研究工作,并于1934年获得博士学位。

回国后,王淦昌先后执教于山东大学物理系和浙江大学物理系。20世纪50年代后期(1956年至1960年),王淦昌曾被派到苏联从事原子核研究,任杜布纳联合核子研究所研究员。60年代初期,王淦昌受命化名王京,进入核武器研究院工作,从此,国际核研究领域非常知名的王淦昌在学术界"消失"了17年。受命时,他只说了一句话:"我愿以身许国。"在戈壁滩上的试验基地,王淦昌与同事们一起,完成了原子弹、氢弹研制以及地下核试验等重大任务,为中国核武器的研制作出了重要贡献,1999年被中共中央、国务院、中央军委追授"两弹一星"功勋奖章。作为成就卓著的大科学家、中科院院士,王淦昌学术思想活跃,学术作风民主,工作踏实严谨,为青年一代科学家作出了榜样。

在王淦昌80寿辰时,他昔日的学生、后来的诺贝尔奖获得者李政道博士曾专门撰文表示祝贺,并对他的贡献给予了高度评价:"在中国物理学的发展上,以及对几代物理学家的培养上,他所起的巨大作用,已经是历史事实。"

诗人冯至(1905—1993),原名冯承植,河北涿州人。12岁时到北京读中学,1921年考入北京大学学习德文,毕业后留校任助教。1930年秋天,冯至抵达德国巴登-符腾堡州的旅游名城海德堡开始了他长达五年的留学生活。海德堡是一座非常美丽的城市,海德堡大学则是德国最古老的大学之一(创建于1386年)。除攻读日耳曼语言文学外,冯至也学习哲学和艺术史。五年后,他以论德国诗人诺瓦利斯(Novalis,1772—1801)的论文获博士学位。

归国后,冯至曾先后任教于国立同济大学和国立西南联合大学。1946年,冯至调任北京大学外文系教授,1964年起任中国社会科学院外国文学研究所所长。作为日耳曼语言文学家,冯至翻译出版有海涅的《哈尔茨山旅行记》《海涅诗选》《德国,一个冬天的童话》,还出版过专著《论歌德》,主编过《德国文学简史》。为表彰他在研究和传播日耳曼语言文学方面作出的巨大成就与贡献,德国的有关机构曾先后授予他歌德奖章和格林兄弟奖章;1987年,冯至还荣获了德国国际交流中心颁发给他的艺术奖。

里尔克(Rainer Maria Rilke,1875—1926)《给一个青年诗人的十封信》1938年由商务印书馆出版,翻译工作是冯至在德国留学时完成的。在该书的《译者序》中,冯至写出了他初读这几封信时的感受:"……当我于1931年的春天,第一次读到这一小册书信时,觉得字字都好似从自己心里流出来,又流回到自己的心里,感到一种满足,一种兴奋,禁不住读完一封,便翻译一封,为的是寄给不能读德文的远方的朋友。"里尔克被人称为"诗人的诗人",他与乔伊斯(James Joyce,1882—1941)、普鲁斯特(Marcel Proust,1871—1922)、艾略特(Thomas Stearns Eliot,1888—1965)和卡夫卡等同为现代文学的奠基人和巨匠。冯至在德国时,已着手翻译他的代表作《杜伊诺哀歌》和《献给俄尔甫斯的十四行诗》。显然,里尔克给予冯至的影响是很大的。

另一位给了冯至以巨大影响的德国诗人是荷尔德林(Johann Christian Friedrich Hölderlin,1770—1843)。1979年,冯至应邀访德,故地重游,感慨良多。归来后,他写了一篇散文,题目叫作《涅卡河畔》,没有过多地写所见所闻引发的个人感受,通篇写的,却都是被人称为"精神病诗人"的荷尔德林,可见荷尔德林在冯至心目中占据着怎样的位置。冯至这样写道:

> 荷尔德林的诗不容易读。他很大一部分诗采用古希腊诗体,不押韵,打破词序的常规,经常出现跨行、跨节的诗句,读起来比较吃力。我往往对于一首诗并没有全面理解,只是从中抽出精辟的警句或独创的比喻,反复吟味。实际上与其说是他的诗,倒不如说是他不幸的身世更感动我。中国和外国的文学史都有过个别早熟而又早丧的诗人,像中国的李贺、英国的济慈、德国的诺瓦利斯,他们好像预感到他们将不久于人世,

要在短暂的年月内完成他们作为诗人的任务，呕心沥血，写出瑰丽精美的诗篇，留给后世。①

冯至是诗人，他一生出版过多部诗集，计有《昨日之歌》（1927年）、《北游及其他》（1929年）、《十四行集》（1942年）、《西郊集》（1958年）以及《十年诗抄》（1959年）等；此外，他还曾为唐代大诗人杜甫立传（《杜甫传》出版于1952年），出版过论文集《诗与遗产》（1963年）。季羡林在《哭冯至先生》一文中写道："我认识冯至先生的过程，现在回想起来，仿佛已经成了历史。他长我6岁，我们不可能是同学，因此在国内没有见过面。当我到德国去的时候，他已经离开那里，因此在国外也没有能见面。但是，我在大学念书的时候，就读过他的抒情诗，对那一些形神俱臻绝妙的诗句，我无限向往，无比喜爱。鲁迅先生赞誉他为中国最优秀的抒情诗人，我始终认为这是至理名言。"②

正因为冯至自己就是诗人，所以他翻译的德国诗人的作品也就独具风采，别有韵味。单以大诗人海涅（Heinrich Heine, 1797—1856）的那首《罗累莱》为例，就足可见出冯至的不凡诗才。海涅的诗是依据民间传说写成的：在流经小城圣戈亚斯豪森的莱茵河右岸，耸立着一块陡峭岩石。河流至此形成一个急转弯，因此水流也加快，据说这里也是莱茵河水最深之处。岩石高处的一座宫殿内，曾住着一个名叫罗累莱的女妖，每当太阳西下时，她便走出宫殿，坐在高高的岩石上，目光忧郁地凝望着莱茵河。她喜欢一边用金梳子梳理长长的金发，一边唱歌，她绝妙的歌声久久地在莱茵河上空飘荡。许多船夫划船经过这里，都会被罗累莱的歌声所迷惑，结果葬身河底。海涅的这首诗，晓畅而平实，美丽而忧伤，在德国可以说是家喻户晓。冯至的翻译，自然、质朴、清新、晓畅，不事雕琢，不仅译出了海涅原诗的韵味，而且也译出了原诗的风格，反复读诵，不能不令人击节叹赏：

---

① 冯至：《莱茵河的怀念》，华夏出版社，1997年版，第106-107页。
② 季羡林：《怀旧集》，北京大学出版社，1996年版，第124页。

中国文化对欧洲的影响

罗累莱

不知道什么缘故，
我是这样的悲哀；
一个古老的童话，
我总是不能忘怀。

天色晚，空气清冷，
莱茵河静静地流；
落日的余晖
照耀着山头。

那最美丽的少女
坐在上边，神采焕发，
金黄的首饰闪烁，
她梳理金黄的头发。

她用金黄的梳子梳，
还唱着一支歌曲；
那歌曲的声调，
有迷人的魔力。

小船里的船夫
感到狂想的痛苦；
他不看水里的暗礁，
却只是仰望高处。

第四章　中国文化在德国的传播

> 我知道，最后波浪
> 吞没了船夫和小船；
> 罗累莱用她的歌唱
> 造下了这场灾难。[①]

同样，诗人冯至的诗作也受到了德国汉学界的关注。1987年，时任德国波恩大学中文系主任的顾彬教授翻译出版了冯至作于1941年的27首十四行诗。在题目为《给我狭窄的心一个广阔的宇宙》的前言中，顾彬写道："诗人冯至的荣耀，将文学研究家、日耳曼语文学家冯至以及翻译家冯至的光彩映衬得有些暗淡。冯至本人，也更珍视自己诗人的称号。他的创作，与其在其他领域取得的成就相比——比如对歌德和唐代诗人杜甫的研究以及对海涅等人的大量翻译——显得不够丰盛，然而后人提起冯至这个名字的时候，首先想到的将是一位用中文写十四行体的大师。"[②]

狄特·沃·贝纳克先生在为此书所作的《序言》中，这样评价冯至："冯至教授是亚洲文化领域的第一位获奖（即国际交流中心颁发的艺术奖）者。通过他对歌德的研究，对海涅、里尔克、尼采的翻译，德国的经典作家在中国被人们所熟悉；也正是通过他的努力，德国的文化史在中国得到了认识。冯至教授成就斐然，功在不没。中国人民与德国人民之间经数代人建立起的文化桥梁，由于他的文学耕耘得以加固；他在文化政治琴弦上弹奏出的美妙音响，鼓舞人心地补充着也丰富着当今中国人与德国人之间那种占压倒优势的经济关系。……我们对曾在柏林和海德堡生活过的中国人冯至表示敬意，我们把他看成今日的伙伴和未

[①] 引自《海涅抒情诗选》，译林出版社，1995年版，第83页。
[②] 冯至《十四行集》德译本，法兰克福苏尔卡姆普出版社，1987年版。这里采用的是张宽先生的译文。

中国文化对欧洲的影响

来的先驱。"①

以上介绍的，只是当年留德中国人中极少的几位佼佼者。在哈尼施博士的书后，列有一个 500 多名留德中国人名单，从中，我们还可以读到许多我们熟悉的名字，如包尔汉、贝时璋、陈铨、陈省身、成仿吾、丁日昌、邓演达、董问樵、傅斯年、谷正钢、郭嵩焘、贺麟、何思源、何泽慧、李国豪、李四光、廖馥君、林语堂、陆小曼、马建忠、马君武、田德望、王炳南、杨业治、姚可崑、张謇、章文晋、张之洞、周培源、朱德等等。

第三节　汉学和中国文学研究在德国

德国的汉学研究，可追溯到明末清初的传教士时代。前面提到的耶稣会士汤若望，当是中德文化交流与德国汉学研究的先驱。

在家乡读完中学之后，1608 年，汤若望前往意大利，入罗马城的日耳曼学院就学，并于三年后正式加入耶稣会。毕业时，他学业优秀、信仰坚定、体格健壮、朝气蓬勃。利玛窦在中国传教所取得的成绩，使许多罗马的年轻神职人员羡慕、神往。1616 年底，汤若望到中国传教的申请获得了批准。

汤若望抵达中国之时，正是明王朝日渐衰落之时。汤若望之名，取自《孟子》"文王视民如伤，望道而未之见"之句。据李兰琴著《汤若望传》记载：从抵达中国到明朝灭亡的二十几年中，汤若望所做的不外乎四个方面："第一，在中国安顿下来，深入研习中国语言，逐步接近士大夫阶层，以为日后做种种准备。第二，开始传教。第三，在崇祯抵御外患的措施中，他应聘参与了火炮的制造事宜。第四，他的天学知识与才能，得到初步的认识与发挥，因而被调入京城任天算职务。"

在传播西学的过程中，汤若望的功绩主要有：参与了《崇祯历书》

---

① 冯至《十四行集》德译本，法兰克福苏尔卡姆普出版社，1987 年版。这里采用的是张宽先生的译文。

及《西洋新法历书》的撰写、翻译工作；撰写了《远镜说》一书，促成了中国望远镜的成功制造；作为北京古观象台的首任外国台长，他为古观象台的建设倾注了心血；翻译了文艺复兴时期欧洲著名科学家格奥尔格·鲍尔（George Bauer，1494—1555）的《坤舆格致》（原署名为《冶金全书》）一书；在徐光启主持下参与了测量星象并绘制大幅星图的工作；参与了中国与荷兰初交中的外交活动并在其中起了重要作用。

利玛窦神父在写往罗马的信中曾嘱告："中国人和外国人少有往来，对于外国人常怀疑心，时常害怕，尤其是中国皇帝。唯一的明智途径，是慢慢取得中国人的信服，排除他们的疑心，然后再劝他们进教。"[1]汤若望将这嘱告牢记于心并身体力行，因此赢得了朝廷的信任和士大夫阶层的赏识。经顺治皇帝恩准，汤若望亲自设计的北京天主堂于1650年春正式开工。天主堂落成之后，顺治曾多次光顾，并与汤若望促膝交谈。1657年，顺治皇帝御赐《天主堂碑记》一篇，内中概述了汤若望来华后的经历，回顾了中国天历简史，同时也表彰了汤若望在治历上的突出成就：

但若望入中国，已数十年，而能守教奉神，肇新祠宇，敬慎蠲洁，始终不渝，孜孜之诚，良有可尚。人臣怀此心以事君，未有不敬其事者也。朕甚嘉之，因赐额名曰通微佳境，而为之记。[2]

汤若望在华几十载，对中国文化定有通透的理解。作为一个原本是来华传教的外国人，他在事业上表现出来的执着与坚忍，在中国获得的尊重与荣耀，都是历史上绝无仅有的。汤若望好像没有留下研究中国文化的文章和专著，但他的业绩与精神却将与中国文化共辉煌。1664年，他的《回忆录》手稿被人携抵罗马。

---

[1] 罗光：《利玛窦传》，台湾学生书局，1979年版，第95-96页。
[2] 李兰琴：《汤若望传》，东方出版社，1995年版，第145页。

据记载，1738年来华的德国传教士魏继晋（Florian Bahr，1706—1771）跟奥地利传教士恩理格一样，都曾是乾隆皇帝的座上客。魏氏曾在北京编著过一部《德华词典》（这部词典直到1937年才由德国学者富克斯整理出版），收字词2200多个。这在当时无疑是个创举。

17世纪，由于勃兰登堡选帝侯对东方语言和文化怀有特殊兴趣，便想方设法搜罗中国图书，于是一大批中文图书被运到柏林，成为选帝侯王家图书馆的收藏，柏林也因此成了当时欧洲最大的中文图书中心。这些图书弥足珍贵，为东方学家研究中国文化提供了绝好条件。有幸经常使用这些图书的柏林教士米勒（Andreas Müller，1630—1694）曾将这些中文图书编成目录，以供更多的学者使用。此外，米勒还曾编辑过一本《契丹国历史地理论集》和一本《中国历史》，为德国的汉学研究做了具有开创性意义的工作。

莱布尼茨是那个时代德国最著名的一位醉心于中国文化的代表性人物。他认真阅读并研究在华传教士们发回欧洲的报告，并把其中的一部分编辑成《中国近事》出版。同时，他还与在华传教士频繁通信，询问并探讨他感兴趣的一切问题。比如他曾与法国耶稣会士白晋在通信中探讨过儒家经典《易经》，发现《易经》中的阴阳变化与其发明的"二进制"数学原理相契合。有学者指出，他的名著《单子论》有《易经》思想的影响。

一、老一代汉学家的筚路蓝缕

在经过了18世纪的相对沉寂时期之后，到了19世纪，德国的汉学研究才又逐渐活跃起来。其间，可以称得上汉学先驱的主要有诺曼（Karl Friedrich Neumann，1793—1870）、库尔茨（Heinrich Kurz，1805—1873）、普拉特（Johann Heinrich Plath，1802—1874）等人物。诺曼曾到过中国，并从中国购得6000部古籍。在《德国东方学会杂志》上，他曾发表过题目为《汉学家和他们的著作》的长文，介绍西方传教士在中国的活动情况及其在中西文化交流中所起的作用。与诺曼一样，库尔茨也是先在巴黎学习中文，后来在慕尼黑教授中文，著有历史论文

《秦始皇帝》。普拉特出生于汉堡，成年后在哥廷根大学读神学，后来成为该校东方学教授，除了主讲埃及学外，也讲授中国历史与文化课。他研究中国古代文明和儒家经典的论文，曾结集为《孔子及其弟子的生平与学说》出版，对后世的汉学研究影响颇深。

在从"业余爱好者汉学"向学术性汉学的转变过程中，起了重要作用的人物是威廉·硕特（一译"绍特"，Wilhelm Schott，1807—1889）和加贝伦茨（Georg von der Gabelentz，1840—1893）。硕特以用拉丁文写成的论文《论中国语言的特点》获得博士学位，后被聘为柏林大学教授。他翻译出版有《御书房满汉书广录》，著有《中国文学述稿》，被认为是"德国学术性汉学的奠基人"。加贝伦茨本是一位普通语言学家，他完全是靠自学掌握了中文的。1876年，加贝伦茨以翻译和研究中文和满文本的《太阳图说》而获得博士学位，后曾任莱比锡大学和柏林大学教授。其主要著作是《中国文言语法》，对古汉语语法作了初步的分析与归纳。该书于1881年出版，70多年后的1953年又在莱比锡重印，由此可见它的学术价值。

硕特和加贝伦茨之后，有一位始终致力于把汉学建设成一个独立学科——哲学历史之科学——的汉学家，名叫顾路柏（一译"格鲁伯"，Wilhelm Grube，1855—1908）。他是加贝伦茨的学生，曾任柏林民俗博物馆东亚部部长和柏林大学教授，其主要著作有《北京民俗学》（1901年）、《中国文学史》（1902年）和《中国人的宗教礼俗》等。另一位汉学家希尔特（Friedrich Hirth，1845—1927）是从东方学与普通语言学之外去研究汉学的，其代表作是《中国与东罗马》（1885年）一书，此外，还发表过《关于中国纸的发明》《中国文学之基础》等论文上百篇。

顾路柏的《中国文学史》1902年出版于莱比锡。全书分十章，分别是：导言、孔子和古典文学、孔子前的文学巨著、老子和道家、屈原和楚辞、汉代文学、汉唐之间的文学、唐代文学、宋代文学、宋元戏剧和明清小说。这部著作被认为是德国第一部由专家撰写的中国文学史，脉络清晰，特色鲜明。书中，作者常把中国文学家的作品与西方文学家的相互比照，以加深西人读者的认知。顾氏对中国大诗人李白的评价是："他的诗都是人生得意须尽欢之类的酒歌，但是我们不难发现，他的片刻的欢娱无非是悲观和失望的另一种形式。在他的酒歌中我们不时可以听到低沉悲凉的调子。"①

进入20世纪，在德国大学设立汉学系的呼声日高。到第二次世界大战之前，已开设了汉学专业的就有柏林大学、汉堡大学、莱比锡大学、哥廷根大学和波恩大学。德国汉学从教学与研究两方面来说，与欧洲其他国家相比已毫不逊色。

20世纪初叶德国最负盛名的汉学家当推卫礼贤。卫礼贤原名理夏德·威廉（Richard Wilhelm，1873—1930），因为酷爱中国文化，便自取中文名卫礼贤，并取字希圣。他原是德国同善会的一名传教士，在德国占领青岛后到中国传教。在华期间，他曾创办礼贤书院，潜心研究中国儒家学说。从1903年起，卫礼贤开始发表有关中国和中国文化的论文，并着手翻译中国古代哲学经典。

卫礼贤以尊孔而闻名，辛亥革命后曾在青岛组织尊孔文社，主张复古。第一次世界大战之后，卫礼贤曾在德国驻华使馆任学术顾问，离职后受聘北京大学德国文学教授。其间，他结识了许多著名学者，并曾筹划创办一个"东方学社"，其宗旨就是沟通东方和西方之间的理解。1924年，卫礼贤应法兰克福大学聘请回国。来中国时，他是一位神学家和传教士，离开中国时，他已是一名孔子的忠实信徒。

在法兰克福，卫礼贤竭尽心力筹创"中国学社"。他认为，在欧洲文明之外，还有与之同样重要的美洲文明、东亚文明。对于德国来说，在文化上加强东西方交流十分必要。1925年11月14日，中国学社正式成立，一百多人参加了成立大会，会后还举办了一个"中国版画木刻展"。

早在中国生活期间，卫礼贤就已将《论语》《列子》《庄子》《孟

---

① 李学勤主编：《国际汉学著作提要》，江西教育出版社，1996年版，第2页。

子》等著名经典译成德文并在德国出版。回到德国后，他又翻译出版了《易经》《礼经》《吕氏春秋》等名著。他所译的《易经》在德语国家影响至深。瑞士著名心理学家荣格曾盛赞卫礼贤的《易经》译本："在西方，它是无与伦比的版本。"卫礼贤曾在老师指导下潜心研读《易经》，认为中国思想学说的基础就在于《易经》，并把《易经》称为"世界上最重要的一部作品"。

卫礼贤为翻译中国古籍和研究中国文化呕心沥血，不遗余力，在逝世前一年，他还以顽强毅力完成了《中国文化史》一书的写作，为西人认识中国和中国文化提供了一把钥匙。

除了卫礼贤这样的传教士汉学家，还有另一种外交译员出身的汉学家。由于他们酷爱并苦心研究中国文化，在事业上也同样取得了巨大成就。福兰阁和福克就是德国汉学界这一类人物的代表。

福兰阁（一译"弗兰克"，Otto Franke，1863—1946）早年曾就读于哥廷根大学和柏林大学，学过梵文、法律和中文。后来被派到中国当外交译员，先后在北京、天津、上海等地的德国外交机构服务十余年。归国后，他出版了时事报道和评论集《东亚新貌》，并发表有多篇研究宋代《耕织图》和儒家经典的论文，著有皇皇五卷本的《中国通史》。福兰阁曾任汉堡"德国学者联盟"主席，柏林普鲁士科学院院士，作为专职的汉学教授，他曾为汉堡大学和柏林大学汉学研究所的建立和发展，作出过不可磨灭的贡献。

福兰阁的《中国通史》第一卷出版于1930年，被认为是一部划时代的作品。因为在此前，有人认为中国没有历史，甚至认为中国是一个永远停滞的国家，是属于世界历史发展潮流之外的国家。福兰阁指出：中国文化"起源于黄河流域，北达黑龙江，东至朝鲜、日本，南抵印度，西到中亚细亚，和伊朗文化、古希腊文化接榫。无数的民族受到这个文化的影响，并反过来对这一文化的发展、变化和繁荣作出了贡献"[①]。

---

① 李学勤主编：《国际汉学著作提要》，江西教育出版社，1996年版，第85页。

《中国通史》全书五卷，第一卷——从传说中的黄帝到汉朝终结，第二卷——从三国至唐，第三卷——索引、目录以及对第一、二卷的补充与纠正，第四卷——从五代到明王朝建立前，第五卷——对第四卷的注解和补充（此卷因作者离世，由他人代为整理出版）。福兰阁认为，中国的国家形成和发展比社会、文化和风俗更为重要。在他那里，中国的国家观念是一种以儒家思想为代表的大一统国家（或称"天下国家"），与之对立的是以希腊个体主义为代表的民族国家。

福克（一译"佛尔克"，Alfred Forke，1867—1944）早年曾先后求学于日内瓦大学和柏林大学，攻读法律。其间，他接受过中文培训且具备了担任外交译员的资格。1890年福克获法学博士学位，不久即被派到北京公使馆任职。在北京期间，他有机会阅读到大量的中文古籍，并于1898年在《柏林大学东方语言研究所学报》上发表长文《从北京到长安和洛阳》。1903年福克离职回国，任柏林大学东方语言研究所教授。20年后又被聘为汉堡大学教授，直到1935年退休。

福克的主要学术成就在于对中国哲学史的研究，曾译过《论衡》和《墨子》，出版有《政治家和哲学家晏子与〈晏子春秋〉》《中国人的世界观》《中国文化的思想世界》和《中国哲学史》等专著。其三卷本的巨著《中国哲学史》，材料丰富，译文考究，注释详尽，代表了当时德国的汉学研究水平，一直为后人所推崇。

福克将中国哲学史划分为三个时期，即古代哲学史（秦以前）、中古哲学史（汉至宋）和近代哲学史（宋至民国）。他认为周朝是中国哲学的第一个繁荣期，而汉代以后的哲学思想则一度贫乏，贫乏的状况至唐代达到了极点。其表现是：思想的创造力让位于被动的接受；权威和经典高于个人的独自创新。对宋学，福克的评价甚高，认为宋代不仅是中国哲学发展的第二个繁荣期，而且是中国哲学的巅峰。他还认为朱熹和陆九渊是中国最伟大的哲学家。他甚至把宋代哲学和德国古典唯心主义哲学（康德、费希特、谢林、黑格尔、叔本华）相提并论。

在论述近代哲学时，福克给予了康有为很高的评价，对其具有革命色彩的社会理论大加赞赏，指出其对社会理论的研究是中国哲学史上破天荒的事。福克详尽地引用了康有为《大同书》的内容，介绍了康有为的带有"社会主义色彩"的思想，称赞康氏是清末最重要的思想家。他认为，康有为激进的理论虽然是一种乌托邦，但是是"正确的"和"稳妥的"，是"和平而非暴力的"，和俄国的共产主义完全不同。福克很欣赏康氏思想的创新性，认为它一半来源于康氏的欧洲之行，一半是受儒家经典的启发。在福克眼里，康有为是一名改造儒学借孔子立言的"革命者"。

20世纪上半叶，在德语国家，还有两位汉学家颇为有名，一个是奥地利人，名查赫；另一个是德国人，叫库恩。两位汉学家把自己的一生都献给了中国文学翻译事业，为中国文学在德语国家的传播作出了开创性贡献。

埃尔温·里特尔·冯·查赫（Erwin Ritter von Zach，1872—1942）出身于一个奥地利军人家庭，但查赫自己却没有走父亲的道路参军从戎。他在大学学的是医学、自然科学和数学，同时也习中文。毕业后受雇于英国人到中国海关任职，1901年后成为奥地利驻中国天津、中国香港和新加坡等处领事馆的外交官。1909年获维也纳大学博士学位。他的汉学研究成果都是在任外交官期间和退休后完成的。

查赫迷恋中国古典诗歌，尤其喜欢李白、杜甫、韩愈，曾把李、杜、韩的许多诗歌译成了德文。除了翻译诗歌原文，他还解释典故，考释出处，被认为是西方用中国朴学（即清代的考据学）方法研究唐代诗歌的第一人。除李、杜、韩的诗歌，查赫还译有司马相如、张华、陶渊明、白居易、李商隐、苏东坡等大诗人的作品，并曾把《昭明文选》中的大部分作品译成了德文，为《昭明文选》的西文翻译奠定了基础。

弗朗茨·库恩（Franz Kuhn，1884—1961）是一位多产的中国文学翻译大师，他所译的主要是中国古典小说，其中有《红楼梦》《三国演义》《水浒传》《金瓶梅》《儿女英雄传》等，另外，他还曾把中国现代文学巨匠茅盾的代表作《子夜》译成了德文。库恩的译作，有50余种又被转译成欧洲及欧洲以外的18种语言,可见其影响之大、之深。

库恩出生于德国黑森州的弗兰肯贝格。1903年入莱比锡大学学习法律,第二年转学柏林大学,除继续攻读法律外,也选修汉语。1904年至1905年的日俄战争把他的兴趣引向了远东,他希望到中国从事翻译和外交工作。在1909年取得法学博士学位之后,他便来到中国,在哈尔滨做外交译员。工作中他感到,他的中文水平太低了,对中国的历史与文化,对儒、释、道几乎是一无所知。这对他的刺激太大了,于是他决心攻克语言这一关。三年后的1912年,库恩毅然辞去公职回到德国入柏林大学攻读汉学。他的教授选定他做助手并有意让他撰写论文以获取教授资格,可一次偶然的机会却改变了他的学业道路:他读到冯梦龙小说《卖油郎独占花魁》的一个法译本并被它深深吸引。他把中文原文找来与法文本进行了比较,然后就动手把小说译成德文。

开始时库恩感到相当困难:"每两个汉字中就有一个是生字,我不得不查那些厚厚的词典。我记得十分清楚,碰到这种情况,我常常提不起精神来。就像有一座山压在我的胸口上。但随着岁月的流逝,压力渐渐减轻了,直到有一天完全消失。我的头脑里存进了四五万汉字中的大约几千字。是的,要想很好地理解汉语的意义,就必须翻过这座由汉字堆成的黍粟山(童话中,翻过黍粟山便可来到一个懒人国,在那里人们想要什么就可以得到什么)。"

翻译《卖油郎》没有得到教授的赏识与赞许,反而被教授赶出了汉学系。库恩从此走上了一条"自由翻译家"的艰辛道路。于是一本本的中国古典文学名著被译成了德文:《好逑传》《二度梅》《隔帘花影》《红楼梦》……然而库恩的译作却常常不为专家们所接受,他自己也宣称他的翻译不是给汉学家看的。库恩有许多地方与中国近代文学翻译家林纾很相像。他钟爱自己选定的文学翻译事业,在译罢《红楼梦》之后,他曾这样写道:"对于征服中国叙事文学巅峰这样一个巨大任务,人们必须带着十分的郑重和认真以及近乎神圣的热情。我常把要翻译的东西在吃饭时放在餐碟旁边,睡觉时则放在枕头旁边。"由此可知他译书时的心境以及为此付出的心血。

  为了表彰库恩在中国文学翻译方面作出的贡献，1952 年德国联邦总统曾授予他一枚大十字勋章；1955 年，波恩外交部文化处给他提供了五个月的世界旅行经费。带着他的打字机，库恩从意大利的热那亚乘船出发，经埃及、孟买、新加坡一直到达中国香港，在那里逗留了四个星期。香港的中国人热情地欢迎他，同时也感谢他，感谢他为使中国文学进入世界文学之列付出了代价与辛劳。

  20 世纪 20 至 30 年代，有越来越多的德国学者来华从事研究工作。1933 年，鉴于德国法兰克福有卫礼贤创办的"中国学社"，中国学人郑寿麟捐出私人全部藏书在北京创立了"中德学会"。中德学会是一个纯学术团体，既介绍德国文化，又研究中国文化。创建时的德方会长是卫礼贤之子卫德明（Hellmut Wilhelm，1905—1990），他当时正在北京编纂《德华词典》。该学会用德文出版《汉学杂志》，只在 1933 年至 1934 年间出版了三期，发表了知名与不知名的汉学家们的不少论文。

  30 年代，德国学者还在北京创办了另一份学术杂志《华裔学志》，它是汉学家鲍润生（Franz Xaver Biallas，1873—1936）在主持辅仁大学校务期间创办的，得到辅大校长陈垣先生的支持。这份杂志在北京一共出了 13 期，用英、法、德文发表了大量颇有见地的学术论文，内容广泛，方法新颖，视角独特。后来，该刊曾迁到日本、美国，1972 年后才回到德国本土出刊。看一看《华裔学志》前十期的目录，就可见当时德国汉学研究之一斑。仅以创刊号为例，内中的文章就有：

  《17 至 18 世纪天主教在中国的传播以及它在中国文化史演变中的地位》

  《中国及其近邻国家科学地图绘制工作的各个发展阶段（16 世纪至 18 世纪末期）》

  《屈原〈九歌〉的最后部分》（译文）

  《〈切韵〉和它的鲜卑作者》

《商代青铜器的制造和装饰的起源》
《石质建筑亭式宝塔的结构特征》
《关于1626年清太祖阿巴亥（Abahai）皇后之死》
《关于清朝地图绘制的资料》
《净土宗的"盂兰盆经"》
《〈开印〉：内蒙古鄂尔多斯（Ordos）的典礼和演说》
《北京英武殿的木刻印刷术》
《亚洲最古老的文化圈》
《藏族历法的60年甲子周期》
《关于（宋代）阿云的诉讼》
《杜甫诗的翻译》（第五卷）和（第一卷）
《关于天主教在远东的历史的札记》
《中、梵文比较示例》
《一本中、梵字典中的问题》
《给编者的一封信》
《为中国古代哲学家扬雄的辩护》

到20世纪末，《华裔学志》已出版40余期，其研究成果真可谓洋洋大观。

二、新一代汉学家的继往开来

以第二次世界大战划线，我们姑且将德国战后的汉学称为新一代汉学。随着时代的发展，这一代的汉学家承担起了继往开来的使命。

希特勒政权的统治和第二次世界大战同样给德国学术界带来了深重的灾难。一大批知名学者被迫流亡国外，国内图书馆的设备和图书惨遭焚毁，各个大学汉学研究所的中文图书当然也未能幸免。第二次世界大战结束之后，德国汉学必须重建。至1950年夏季学期，已有柏林洪堡大学、莱比锡大学、慕尼黑大学等十几所大学开设了中文课程，攻读汉学并取得博士学位的人数也在逐渐增多。

明清史和近代史专家傅吾康（Wolfgang Franke，1912—2007），1935年以《康有为及其变法派》一文取得汉堡大学博士学位并于两年后来华进修。1948年冯至先生主持北京大学西语系德语专业工作时，曾聘傅吾康为教授。1950年傅吾康应聘回国，任汉堡大学中国语言文化研究所教授兼所长。傅吾康在汉堡大学执教27年，培养了许许多多的学生。他的主要著作有《中国近百年革命史（1851—1949）》《中国与西方》《明代史籍汇考》等。

另一位汉学家艾克斯（Eduard Erkes，1891—1958）是战后德意志民主共和国汉学界的领袖人物。艾克斯1913年就以研究屈原《橘颂》的论文获莱比锡大学博士学位，四年后又以论文《论〈淮南子〉的宇宙观》取得在大学任教授的资格。1947年莱比锡大学恢复东亚系，艾克斯受聘任教授兼系主任。艾克斯曾为《诗经》《楚辞》的研究倾注了热情和心血。从1950年起，受当时社会的影响，艾克斯开始对中国历史进行研究，写出了《远古至现代中国社会的发展》《从中国历史的童年到外国资本的入侵》等专著。

20世纪50年代初获博士学位、后来成了颇有影响的汉学家的，主要有葛林、德博和鲍吾刚。葛林是傅吾康的学生，德博和鲍吾刚则是海尼士（Erich Hänisch，1880—1966，蒙古史专家）的弟子。

葛林（Tilemann Grimm，1922—2002）1953年以论文《明代的倭寇》获博士学位，并受聘留汉堡大学中国语言文学系任教。以后，他到明斯特大学创办汉学系，70年代又转任图宾根大学汉学系教授并曾任该校副校长。他是明史专家，出版过专著《明代的教育与政治》，翻译出版有《毛泽东选集》和《毛主席语录》。

德博（Günther Debon，1921—2005）1921年生于南德慕尼黑，1938年毕业于汉诺威凯泽-威廉中学。第二次世界大战后的1948年，他开始在慕尼黑学习汉语与汉学，同时研习日文和梵文。1953年，在获得博士学位后，德博开始在科隆大学任教，1959年获教授资格。1968年起他受聘为海德堡大学汉学系教授，直至1986年退休。几十年间，德博倾心研究中国古典诗歌，取得了巨大成就，译有大量的中国古典诗歌作品，并结集出版，主要有：《东方的诗：中国》《李白诗选》《道由白云尽：三千年中的中国诗》《幽居近物情：中国诗歌三千年》。德博出版的专著主要有：《〈沧浪诗话〉：中国诗歌艺术论》《中国语言理论基本概念及其与诗歌绘画的联系》《席勒与中国精神》《奥斯卡·王尔德与道教》《中国诗歌：历史、结构、理论》等。

《东方的诗：中国》初版于1952年，1958年重印，1962年又由慕尼黑袖珍图书出版社再版。该书在"出版说明"中写道："东方的诗在世界文学中占有极高地位。尤其是中国的诗歌，更是其三千年文化最美妙、最成熟的证明。歌德最早发现了这些诗歌独特而新奇的美。此后，人们便不断地把它们翻译成德文，以使更多的人去了解、探寻这诗的世界。"这一段文字，既是德博对中国诗歌的评价，也是对德国人译介中国古典诗歌的历史概括。

1986年，为纪念德博教授退休并祝贺他65岁寿辰，海德堡大学出版了一本有关东方文学特别是中国诗歌的论文集，取明代诗人袁宏道的一首诗意，名《渐渐集》，当是对德博一生成就的褒奖。

鲍吾刚（Wolfgang Bauer，1930—1997），1958年完成教授论文，曾先后执教于慕尼黑大学、美国密西根大学和海德堡大学，1966年起任慕尼黑大学汉学系教授直至1997年逝世。他研究的范围很广，出版有《中国人的姓名》《中国人的幸福观》《中国人的面孔》等专著，与人合作翻译出版有中国先秦至清代的小说选集《百宝箱》。

《中国人的面孔》一书1990年出版于慕尼黑，是鲍吾刚研究中国人自传的一本专著。全书分九章，按时间顺序，从《尚书》中的"孤"字说起，一直写到当代。书中涉及人物各种各样，有晚周诸子、汉代的史家哲人、魏晋的英雄和隐士、唐宋明清的和尚与诗人、古文大家、道学先生、画家和狂人、作家和吹鼓手、悔罪者和批评家……凡是抒发个人志向，记述个人生平的文章、词话、书信、碑帖、悔过书、自我批评报告以及诗词等都在其选材之列。其中，既有广为人知的名篇佳作，比如西汉史学家司马迁的《报任安书》、三国魏文学家嵇康的《与山巨源绝交书》、东晋诗人陶渊明的《归去来辞》以及清末代皇帝溥仪的《我的前半生》等，另外还涉及许多看起来颇为奇怪的材料，如唐代"茶圣"陆羽《茶经》中的自序、明代文学家徐渭的"墓志铭"，甚至还有红卫兵的思想汇报，等等。

中国现当代许多知名作家的作品当然在鲍吾刚的考察范围之内，其所涉及的作家有庐隐、丁玲、王蒙、舒婷、张抗抗、王安忆、白先勇、三毛等等。通过大量的自传或带有自传性质的作品，鲍氏对中国人的性格和心理进行了分析、探索，并在"序言"中讨论了中国人的自我观及其在自传这种特殊文学形式中的特殊反映。

写到这里，必须提一提汉学家霍福民（Alfred Hoffmann，1911—1997）。霍福民生于1911年，早年曾在汉堡和柏林学习汉学。30年代，他翻译过胡适、冰心、鲁迅和朱自清的小说和散文，也译过胡适、顾颉刚和阿英等人的学术著作。第二次世界大战前，霍福民曾在中国生活过八年。他所著《南京》一书于1945年在上海出版，内中介绍了南京城的历史与现状，图文并茂。

50年代后，霍福民致力于中国古典诗词的翻译与研究。1950年他在科隆出版了全译本《南唐后主李煜的词》，第二年又出版了一部题为《春花秋月》的宋词选。前述查赫所译《昭明文选》及其他古典诗文作品，最后是由霍氏整理结集，交由美国哈佛大学燕京学社出版的。晚年，霍福民潜心研究中国鸟类和哺乳动物的名称与分类，其成果在70年代由威斯巴登的奥托·哈拉索维茨出版社出版。

霍福民曾先后任教于马堡大学、柏林自由大学，后被聘为波鸿鲁尔大学汉学教授，参与了鲁尔大学东亚研究所的创建工作，为20世纪50至70年代德国汉学的发展作出了贡献。霍福民学识渊博，治学严谨，品格高尚，为他的弟子们所称道。1997年1月22日，霍福民因心肌梗死猝然离世，他的案头，还摆着尚未译完、写完的一大堆书稿。

1972年，中华人民共和国与当时的德意志联邦共和国建立了外交关系，中德两国间的文化交流从此翻开了新的一章。第二年，第一批由德国学术交流中心（DAAD）派遣的留学生来到了北京。从那时开始，德国来华留学人数一年多似一年，更新一代的汉学家也便由这些留学生中产生，德国的汉学研究从此进入了一个全新的阶段。新阶段具体表现在：1. 从事汉学研究的人数比历史上的任何一个时期都多；2. 这一代汉学家不再只钻故纸堆，他们的研究范围已扩展到现、当代中国的文学、语言、经济、民俗、军事、外交等等各个领域；3. 研究方法的多样化使汉学研究更为深入，由此结出了累累硕果，其影响也越来越大。

新一代汉学家中，最早从事中国现、当代文学的介绍与研究工作并取得了较高成就的，是曾先后任过波恩大学中文系和汉学系主任的顾彬教授。顾彬1945年生于德国策勒。1966年高中毕业后即入明斯特大学学习神学，1969年转入鲁尔大学主攻汉学，兼修日耳曼语言文学、哲学和日本学。1973年，他在霍福民教授指导下以论文《论杜牧的抒情诗》获哲学博士学位。1974年，顾彬曾到北京进修，一年后便应召回国，在鲁尔大学东亚研究所任助教。1981年，顾彬在西柏林自由大学以论文《空山》（副题为：中国文学中自然观之发展）取得教授资格。1985年被聘为波恩大学东方语言学院中文系教授兼系主任，1995年转任波恩大学汉学系主任直至退休。

1977年，顾彬发表题为《革命与肯定——以贺敬之、李瑛、浩然和户县农民画家为例谈中国当代文艺的独立与组合》的论文，并翻译发表了作家浩然的小说《一担水》，以此拉开了中国当代文学研究的大幕。接着，顾彬参照茅盾《子夜》1977年的新版本，对老一代汉学家库恩的原德文译本（1938年，德累斯顿）进行了全面的校正与补充，使《子夜》德文版（1979年，柏林，奥伯鲍姆出版社）以全新的面貌面世。茅盾为此书出版写了一封题为《致德国读者》的信（写于1978年11月26日），信中说：

> 贸易往来和文化交流是发展友好关系的手段。就文化而

言，我们从"五四"运动（1919年）以后就介绍和翻译了若干马克思主义的经典著作，到新中国成立后，这个工作以更大的规模进行着，可以说，马克思和恩格斯的全部著作和通信，都有中文译本。

至于文学方面："五四"运动后，我们翻译了歌德、席勒以至霍普德曼的作品。新中国成立后，这个工作还继续不断地在进行。

我们认为，通过文学作品，各国人民可以增进相互了解。现实主义的文学作品反映了光明与黑暗的搏斗，反映了人民革命的主流，它是时代进军的号角。

在这个意义上，《子夜》能够帮助德国读者对于本世纪30年代中国人民所经历的艰苦卓绝的革命斗争有一个大概的了解，那将是我的绝大荣幸。①

顾彬为该版本写了跋文，对书中人物作了介绍和分析，并论述了《子夜》的社会意义，文中说："小说《子夜》是中国现代第一部伟大的作品，它的意义和作用至今仍未有丝毫衰减。……《子夜》是茅盾作品长链上最重要的一节。在其一系列作品中，作家试图真实地描绘1911年之后的中国社会。……所有这些作品都与那些年代的中国革命相关。"

早在中国留学期间，顾彬便开始关注鲁迅。当他对鲁迅有了较为真切的了解之后，认识到，介绍中国现代文学，不介绍鲁迅是不可思议的。他开始阅读鲁迅，走近鲁迅。1979年，由他选编、翻译的一本鲁迅小说、诗歌、杂文选在联邦德国出版。在为该书所写的介绍性文字中，顾彬写道：

---

① Mao Dun: Schanghai im Zwielicht. Aus dem Chinesischen übertragen von Franz Kuhn. Revidiert von Ingrid und Wolfgang Kubin. Oberbaumverlag 1977. 茅盾的《致德国读者》影印于小说正文前。

中国文化对欧洲的影响

　　作为作家、科学家、杂文家和抒情诗人的鲁迅，其功绩正在于他不妥协地、彻底地揭露了当时中国社会的本质，那是一个等级森严、互相倾轧、用暴力压迫人的社会。中国传统的白话文学给人这样一种印象，即它与鲁迅作品的风格有相似之处，但却与中国古典的、为德国读者所熟悉的文学和哲学迥然不同。白话小说展示了人们相互关系中主人和奴仆的从属关系，暴露了金钱和性爱的本质，描绘了社会在冷酷的、互相倾轧的个人和集团中的崩溃。鲁迅精研过这种白话文学的历史，并在其作品中体现了这种评价。……鲁迅是本世纪中国最重要、最有影响的作家，这主要是由于他在自己的作品中把中国的传统和西方的影响融合了起来。他采用中国白话文学的基本形式，并从欧洲现实主义文学中汲取营养。他还使用当时在中国还不普遍的第一人称写法，并在结尾留给人们思索的余地。[1]

出于这样的认识，顾彬决心把一个真实、全面的鲁迅介绍给德国及其他德语国家的读者。于是便开始了一项巨大的工程：组织一些热爱鲁迅的汉学家翻译鲁迅。艰辛的劳动终于在 1994 年开花结果：一套六卷本的德文版《鲁迅选集》由瑞士苏黎世联合出版社出版，引起社会各界的关注。1995 年第一期《德国》杂志发布了有关消息和评论，欢呼这套书的问世：

　　虽然这位作家、杂文家和翻译家（即鲁迅）1979 年在普鲁士国家图书馆的一次展览上就曾得到高度评价，但是从那时以来，情况依然如故：鲁迅的作品仍然基本上是汉学家们阅读的佳作，译成德语的却寥寥无几。

---

[1] Lu Xun: Die Metohde wilde Tiere abzurichten. Übertragung und Einführung von Wolfgang Kubin. Oberbaumverlag 1979. 第 64 页。引文译自德文。

第四章　中国文化在德国的传播

联合出版社如今补上了这件耽误已久的事情：在一套六卷集的德文版本中介绍了这位作家的大部分作品，包括小说、杂文、回忆录和全部诗歌，总共约1500页，给始终渴望了解文学新天地的德国读者留下了深刻的印象。《南德意志报》在该书出版时写道："鲁迅的作品使我们认识了一位20年代和30年代初期的作家。他向他的读者和世界揭示了一种深度、一种忍辱负重的能力，一种对自我保持的嘲弄性的距离。在德国为人们所熟悉的80年代中国文学无法与之相比。"

译者这次找到了那种恰当的色调，那种放弃了激情的语言，充满了幽默诙谐、冷嘲热讽，但也饱含忧伤的风格。"使我一再惊讶不已的是，这位来自如此遥远的文化区的作家的声音通过各种不同的译文竟仍然如此亲切。"尤尔根·特奥巴尔特在《苏黎世周报》上这样写道。尤其是鲁迅最出名的小说《阿Q正传》在德国所产生的这种亲切感使克里斯托夫·海恩早在民主德国时期就获得了灵感。他创作了一个话剧脚本。它告诉人们，爱吹牛皮的阿Q和当时的那种文化氛围是很吻合的。[①]

顾彬为这套《鲁迅选集》撰写了长长的后记，讲述了他对鲁迅的认识过程并对鲁迅作了更为详尽的介绍。

在新一代汉学家们的共同努力下，中国现、当代许多重要作家的作品都先后有了德文译本，如郭沫若的《少年时代》和《青年时代》（即《我的学生时代》），诗歌《女神·序诗》《凤凰涅槃》《天狗》《我是个偶像崇拜者》；巴金的《家》和《寒夜》；丁玲的《莎菲女士的日记》；萧红的《生死场》《呼兰河传》及短篇小说集《小城三月》；沈从文的短篇集《边城》；老舍的中、长篇小说《骆驼祥子》和《四世同

[①] 该杂志由莎西埃德出版社和德国外交部合作出版。德文版与中文版同时出版。1995年第一期。

堂》；王蒙的短篇集《风筝飘带》；张洁的《沉重的翅膀》和《方舟》；张抗抗、王安忆等作家的爱情小说集；徐志摩、闻一多、戴望舒、臧克家、艾青、北岛、舒婷等诗人的诗歌等。

老舍的《茶馆》有两个译本，另外还有一本以《微神》为书名的短篇小说集（1981年，法兰克福出版）。小说集《微神》的译者吕福克（Volker Klöpsch，1948—）也曾在北京留学，后曾任教于波鸿的德国汉语中心和科隆大学东亚学院。《微神》收译了《开市大吉》《柳家大院》《马裤先生》《上任》《月牙儿》《我这一辈子》等十一个短篇。在该书的后记中，吕福克全面介绍了老舍的生平经历、创作活动及作品风格，他写道：

> 在北京留学期间（1975—1976），我曾多次在这座古老皇城的胡同中穿行。离开喧闹、繁忙的大街不远，就看到了一幅有乡村风味的、幽僻安静的景象，真好像是进入了另一个世界。每一次，哪怕是走进某一个灰墙围绕的小院的企图都会引起人们的注意。今天，在那些小院里，人们仍然继续过着北京人的生活。就连通过大门向里张望的视线也被借以阻挡恶鬼的"影壁"隔断了。……真正进入北京的小院是后来，我回到德国，在老舍的作品里。没有哪一位中国现代作家能像老舍的名字那样可以作为一个城市，即其故乡北京城的象征。读老舍的作品，可以了解北京，深刻认识北京。因此，老舍即使在漫长的、被那些玩世不恭者称为"伟大的、无产阶级的""文化大革命"的年代里，在其名字只能于私下的谈话中提及的时日，也仍然被北京人公认为、并将永远被公认为是他们的老舍，是北京城的编年史家。
>
> 是什么构成了老舍作品的魅力？首先是那些丰富多彩的、连环画式的生活画面，为我们描绘了一个我们所不熟悉的世界。我们看到了各式各样的、来自不同阶层的人物……拉洋车

的苦力、太监、拉皮条的、妓女、贵妇人、士兵、小偷和常常是少数的好人……从而向我们展示了一幅如此生动的中国30年代的生活景象，这是任何一本历史书、任何一个其他的新中国的作家所不能给予我们的。①

老舍未完成的自传体长篇小说《正红旗下》德文译本（凯茜译）出版于1992年，德文译名为《北京上空的雀鹰》。书的精装软套内写有介绍老舍及其小说的文字，其中写道："北京上空的雀鹰是剧变的使者——它们已经用利爪抓住了崩溃中的清王朝……以这个由暴力、腐败和争权夺利构成的时代为背景，作家老舍描写了他生活在极其贫困中的家庭境况……。"

女汉学家凯茜（Silvia Kettelhut，1965—）以论文《不仅仅是祥子——老舍作品中的女性描写和两性关系》（1997年，法兰克福，彼得·朗欧洲科学出版社）获波恩大学博士学位，作者从另一角度对老舍作品进行了考察与研究，别有新意。在单独发表的一篇题为《试论老舍作品中的女性描写》的论文中，凯茜肯定道，老舍作品中的女性描写是成功的，是值得称道的。她认为，老舍作品中的两性关系题材正是他叙述艺术的一个重要母题，尽管老舍自己说，两性之间关系的描写在他的作品中只起次要的作用。在列举老舍作品中许多女性描写之前，凯茜作出了这样的概括："老舍作品中的一个基本思想是对父权制度的颠倒，然而这颠倒却又常常是短暂的：传统的两性之间的权力关系最终总要恢复。这一切只是为了把主要人物彻底地推向不幸，而且，恰恰是用这种原本制度的复辟对它提出了质疑，或预示着一次新的颠倒，由此暗示出这种制度正面临死亡。"②

另有两位女汉学家迷恋萧红，其中一位是把萧红的长篇小说《呼

---

① Lao She：Zwischen Traum und Wiklichkeit. Herausgegeben von Volker Klöpsch. China Studien-und Verlagsgesellschaft Frankfurt am Main. 第280页。引文译自德文。
② 李润新、周思源主编：《老舍研究论文集》，人民文学出版社，2000年版，第263页。

兰河传》译成德文的鲁特·凯恩（Ruth Keen），另一位是中篇小说《生死场》的译者卡琳（Karin Hasselbatt）。20 世纪 80 年代初，鲁特·凯恩就写出了她研究萧红的专著《自传与文学——中国女作家萧红的三篇著作》（1984 年，慕尼黑，米奈发出版社），接着又翻译出版了萧红的短篇小说集《小城三月》（1985 年，科隆，卡泰出版社）。《小城三月》收译小说五篇，它们是《手》《桥》《牛车上》《朦胧的期待》《小城三月》。凯恩为自己的译作写了后记，内中写道："收入本书的五篇小说讲述的都是妇女的故事。这些妇女没有享受过人间的幸福，更不曾企望能撑起'半边天'。她们悲苦的命运就是 30 年代中国的历史。……不可忘记的是，今天，人类的三分之二还不得温饱，因此，这些小说描绘的故事，距离我们并不十分遥远。……写作这些小说的女作家的名字在德国，目前还鲜为人知，尽管她跟丁玲、冰心一样是中国现代最著名的女作家之一。提起萧红，中国的读者会立刻联想到那个在其短暂的一生中始终追求和谐宁静的、敏感的年轻女子，联想到她的那种使自然气氛与人的情感有机融合起来的抒情风格，联想到她批判社会的现实主义创作方法，联想到她对社会底层妇女命运的描写以及与其生平密切相关的抗日的主题……"

"中国文学以其诗歌著称于世。上千年间，诗就是中国文人表达思想的手段。若不是自本世纪以来对文学种类有新的发现和新的认识，我们真可以说中国的文学就是一部诗歌史——一部从《诗经》开始并由《楚辞》继承的历史。《诗经》和《楚辞》这两部诗歌集不仅是中国早期文学的高峰，而且在今天看来仍然是世界文学的著名篇章。"这是顾彬在为自己选编、翻译的一本书名为《太阳城消息》的中国现、当代诗歌选所作"序"中开头的话。《太阳城消息》1985 年由法兰克福苏尔卡姆普出版社出版，收译了包括毛泽东在内的中国现、当代著名诗人的诗作近 150 首。中国既被视为"诗国"，迷恋中国文学的汉学家们自然也就看重中国现、当代诗人对灿烂的古代诗歌传统的继承，关注他们的创作成就。顾彬在该集的"序"中对此作了简要论述："19 世纪末在西方影响下，通过对古典文学传统和白话文学的重新评价而发展起来的新诗，是在破除两千多年来在国内和国际上被认可了的'诗'的基础上才获得成功的。这个过程，今天乃至一个世纪之后都不能看成是结束。"

当然，德国汉学界的研究成果绝不仅限于中国文学，它实际上涉及中国历史、语言、宗教、艺术等各个方面，至20世纪末，一些相当年轻的汉学家已崭露头角。设有汉学系和中文系的各大学都出版有自己的研究丛书，比如鲁尔大学马汉茂（Helmut Martin，1940—1999）教授主编的《中国论文集》，已陆续出版了100余册，多是青年学子的硕士论文或研究专著；波恩大学顾彬主编的《袖珍汉学》，于1989年创刊，每半年出一期，发表了大量的译文和论文，为热爱中华文化的青年汉学家们提供了一试身手的阵地；慕尼黑大学的"慕尼黑东亚研究丛书"出版的主要是汉学家们的博士论文和教授论文，到20世纪90年代已出版五六十种，主要著作如：《元好问的文学批评》《1100年至1450年间的中国戏剧》《成吉思汗的生平事业》《13世纪的中国家庭史》《王国维与叔本华——哲学的碰撞》《道教的基本要素和发展趋势》《气功的古典传统》等等。

20世纪70年代末以来，德国汉学界已组织过许多次学术研讨会，如"宋代讨论会""唐代讨论会""鲁迅研讨会""红楼梦研讨会""现代汉语教学讨论会""异国主义与现代精神讨论会"等等。1988年10月，在波恩附近的小城圣奥古斯丁，中国孔子基金会和德国阿登纳基金会就曾联合召开了一次"儒学国际学术讨论会"，包括中国匡亚明、美国杜维明等许多知名学者都参加了这次研讨会并作了报告。

每次研讨会的直接成果——会议所收到的有学术价值的论文，都要结集出版。比如1979年在柏林召开的德语国家第一次汉语教学状况讨论会的成果是论文集《汉语——目的语》（1986年，波恩，海尔曼·凯斯勒出版社）；1986年为纪念鲁迅逝世50周年召开的"鲁迅国际研讨会"的成果是论文集《走出百草园》（1989年，波恩，布菲尔出版社)；"儒学国际学术讨论会"的成果是论文集《儒家学说与中国的现代化》（1990年，美因茨，哈泽与凯勒出版社）；"异国主义与现代精神研讨会"的成果是论文集《你眼中的我的形象》……

《走出百草园》中的论文从各个角度论述了鲁迅，比如：《鲁迅小说中主人公的美学塑造》《鲁迅的小说〈药〉抑或一种安慰剂的疗效》《神话与鲁迅小说〈白光〉中的冷嘲热讽》《鲁迅与爆竹——小说〈祝福〉的结构、象征手法及佯谬之论》《鲁迅与小约翰》《失去的天堂——读鲁迅散文〈从百草园到三味书屋〉》等。

"儒学国际学术讨论会"的中心议题是儒家学说及其与中国现代化的关系。比如来自哈佛大学的杜维明教授就极力推崇儒家文化对现代化的积极影响，德国学者则多持否定态度。波恩大学原汉学系主任陶泽德（Rolf Trauzettel，1930—2019）教授的论文《关于儒家思想的世界化问题》，认为儒家思想对现代化没有积极作用。顾彬的论文《心猿意马——儒家学说中的"自我"问题》，认为传统中国根本没有"自我"，因而缺少形成近代资本主义和个人化的条件。

"他山之石，可以为错"。20世纪80年代以来，我国学者开始更多地关注国外汉学家的研究成果，并把这种"研究之研究"视为一门新的学科。于是，已陆续有不少学术专著、论文被译成中文出版或发表，比如日本学者小尾郊一的专著《中国文学中所表现的自然和自然观》（1989年，上海古籍出版社）、德国顾彬的《中国文人的自然观》（1990年，上海人民出版社）、德国学者克林凯特（H.-J. Klimkeit，1939—1999）的《丝绸古道上的文化》（1994年，新疆美术摄影出版社）以及江苏人民出版社编辑出版的"海外中国研究丛书"（第一批中就有余英时的《中国思想传统的现代诠释》、杜维明的《儒家思想新论》、美国格里德的《胡适与中国的文艺复兴》、夏瑞春编的《德国思想家论中国》等10部）等。这些著作的出版发行，丰富了我国的国学研究，也给国内的学者提供了借鉴。

顾彬的《中国文人的自然观》本是他的教授论文，原题《空山

——中国文学中自然观之发展》（1985年，斯图加特，弗朗兹·施泰纳出版社）取王维《鹿柴》诗"空山不见人，但闻人语响"诗意，是20世纪下半叶国外汉学家研究中国文学史和中国文化史方面较有影响的著作之一。中文版《中国文人的自然观》为周谷城主编"中国文化史丛书"之一种，正文分四章：一、自然当做标志；二、自然当做外在世界；三、转向内心世界的自然；四、余论。作者将中国文人的自然观的发展大致分为三个阶段，认为中国传统自然观的发展，约莫在周至唐代的1500年间成形，其发展的特征在于伴随着多变的宗教面貌而衍生的精神上的渐次归真。自然在三个不同的发展阶段中被次第烘托成对社会的"他"面及相对于"我"的"非我面"，而造成这点的主要症结在于商周二朝旧有世道的瓦解，汉朝地主阶级豪族及其后六朝贵族的兴起。

《中国文人的自然观》出版后，引起了一些学者的关注。庞朴认为，顾彬的观点"发前人所未发"；其他的评论文章也对该书的学术价值给予了肯定，认为无论是学术水平、思想观点、研究视角乃至研究方法，都对中国文化史界有启示意义。

《读书》杂志1990年第12期发表刘小枫一文《空山有人迹》，以"断想"的方式对顾彬的著作作了评论。内中说："对自然意识的审视，并非是对自然之人格化和自然之感情化的描述，正如顾彬看到的：'自然的人格化和自然的感情化也都不是什么新东西。'毋宁说，这种审视旨在揭示一种类型的'自我意识'，亦即一种通过对自然加以变形来呈现自身的意识，通过对自然观的观，最终要把握的是历史中的'自我存在的基本意识''意识内普遍的整体因素'。这是地道的日耳曼式的Anschauung。"[①]

戴燕的评论文章《在研究方法的背后》（副题为"读小尾郊一《中国文学中所表现的自然与自然观》及顾彬《中国文人的自然观》"）发表于《文学遗产》1992年第一期。作者是把日本学者的著作与顾彬的著作对照起来加以评论的："顾彬恰恰是在日本学者所打下的基础上进

---

① 刘小枫：《空山有人迹》，载于《读书》，1990年第12期。

行他的研究的，而其中给他提供借鉴最多的正是小尾郊一的《中国文学中所表现的自然与自然观》一书。"作者写道，与日本学界不同，西方学界对这方面历来缺少关注，"因此，当德国汉学家顾彬发表他的《中国文人的自然观》这部著作时，不仅为西方汉学界开辟了一块新的领域，同时也令我们感到耳目一新"①。

在对顾彬的研究方法作了精细的分析之后，作者归结道："值得注意的是，在对作品进行引用分析时，他差不多采用了'文本细读'的方式，好像用放大镜去读每一个字，文学词句的言外之意、暗示和联想都逃不过他的眼睛。……挖掘到隐藏于作品深层而又透过形式表现出来的思维形式为同属于思维形式范畴的自然观的诠释提供了直接有力的证明，而不是沿袭传统的按主题内容罗列材料、比类事实的方法。采取'细读'的显微镜式的分析法，不仅避免了繁琐引证的麻烦，也使材料的运用更有效率。我们知道，社会历史研究法和文本研究法原是两种对立观念下产生出来的文学批评方法，而顾彬却同时利用它们在揭示作品外在环境与内部结构两方面所各自具有的特长，来使'有待解释的存在者'合理地进入他的解释之中，使中国文人的自然观走入黑格尔式的发展逻辑，这是不是也很值得借鉴呢？"②

最后，文章作者进一步指出："顾彬的著作令我们感到耳目一新，当然要归于他运用了一套对我们来说还比较陌生的方法，倘若追究得更深，则应该归于他与我们不同的认知方式以及所处的不同的民族文化背景。不同的文化环境不仅造成不同的思维方式、产生不同的学术研究方法，而且即便研究方法可以移植，在运用过程中，也会产生不同的结果。"③

读德国汉学家莫芝宜佳（Monika Motsch，1942—）的学术著作，也能给我们许多的启示。在她的专著《〈管锥编〉与杜甫新解》中，作

---

① 引自《文学遗产》，1992年第一期，第114页。
② 同上文，第117页。
③ 同上。

者试图找到中国与西方思想的"交接点"。

莫芝宜佳1942年生于柏林。年轻时曾先后求学于德国波恩大学、美国卡拉马祖学院以及慕尼黑、海德堡和英国伦敦。1973年起任教于波恩大学中文系直至退休。1992年获教授资格。多年来，教学之余，莫芝宜佳一直潜心于中国文化，特别是钱锺书《管锥编》的研究，还曾将钱锺书小说《围城》译成了德文（该书1988年由法兰克福因泽尔出版社出版）。《〈管锥编〉与杜甫新解》是她的教授论文，1994年由法兰克福欧洲科学出版社出版。该书中文版由河北教育出版社出版，1997年第一版，2002年改版再印。

读一读该书的"前言"，便可明了作者为中西文化沟通所做的可贵探索：

> 在道家著作《庄子》中，有一则意味深长的寓言：一只生活在烂泥里的青蛙得意地向东海之鳖讲它井壁破洞中的生活是何等的舒适与惬意。大鳖想亲自去看一看，刚刚伸出前脚就被井口绊住。于是大鳖便向青蛙描述大海的壮阔无边，结果青蛙被吓得差点儿昏了过去。与这个寓言相似，麻雀和大鹏之间的对话进行得也不顺利。世界观的差异阻碍了它们彼此间的理解与沟通。
>
> 庄子的寓言形象地说明了一个问题，这问题也正是本书探讨的中心，即中国与西方之间的相互理解是否可能。我将循着中国学者钱锺书在其主要著作《管锥编》中所指示的路径走，以求从理论上和实践上找到问题的答案。
>
> ……
>
> 钱锺书的著作首先是为中国人写的。我则站在西方人的角度对它加以审视。突出的问题依然是：语言和文化的差异如此巨大，把西方文学和中国文学放在一起来考察是否可能？我们能否把西方的范例、西方的术语乃至西方的评断运用于完全属

中国文化对欧洲的影响

于另一种的中国文学？有没有什么简便的方法、途径？这就涉及了中西方的比较文学问题。

　　书的第一部分论述的是《管锥编》，这一部分起的是定向作用：除了介绍钱锺书的生平与著作，还将综述《管锥编》的"中西法"。"文体""母题"以及"宇宙观"三章将由近而远地铺出三条能使我们较易进入这片"丛林"的"通道"。

　　……

　　本书第二部分论述的是唐代诗人杜甫。在这里我告别了钱锺书的《管锥编》，为的是把在第一部分中形成的理念验证于实践。

　　……

　　西方学者同样渴望着观点的交流。这样就展开了一个视野，从而逐渐填补西方比较文学中那些明显的资料空白。更重要的是，我们可以从一个新的视角来审视我们自己的文化。我们可以把自己的角色设想为青蛙，把陌生的东方设想为大鳖。这并不是说中国文化就一定比我们优越，而是说它像一面镜子，可以使我们从外面审视自己的视野并借此从井底跳出来。[1]

---

[1] 莫芝宜佳著、马树德译：《〈管锥编〉与杜甫新解》，河北教育出版社，2002年版，第1-3页。

第五章
中国文化对德国的影响

国家与国家、民族与民族之间的文化交流，从来都是双向的，文化上的影响也总是相互的。接触、碰撞、排斥、选择、改造、吸收、补充、交融……各国与各民族的文化于是在彼此的交流中，在相互的影响下不断地丰富和发展起来，构成了一道道气象万千、瑰丽雄奇的风景线。

有学者认为，没有中国的影响，很难想象法国启蒙运动时期的哲学家将如何产生。那么，古代德国的思想家呢？是否也可作如是判断？或许，只需将历史事实原原本本地摆出来，暂且不下断言更好些？但可以肯定的是：在德国一些思想家思想形成的过程中，在德国一些文学家的作品中，中国的影响确是显而易见的。

16世纪末至18世纪初，来华传教士们在传教的同时，在译介大量有关天文、数学、物理、地理、哲学等方面的西方书籍的同时，也把他们在中国这块土地上的所见所闻写成文字传给西方，把他们研究中国历史文化的成果写成著作流布西方，从而开阔了西人的视野，使他们看到了一个更加真实的中国。中国文化的西传，对欧洲社会产生了巨大影响。

中国文化对欧洲的影响

第一节　德国思想家论中国

德国思想家莱布尼茨是德国古典唯心主义哲学的先驱，因此被后人尊称为"德国哲学之父"。莱布尼茨 15 岁进莱比锡大学学习法律并迷恋哲学。19 岁时便以论文《论身份》获硕士学位。1667 年 2 月在阿尔特道夫大学获法学博士学位。1676 年，莱布尼茨专程到荷兰拜见了心仪已久的唯物主义哲学家斯宾诺莎（Baruch Spinoza，1632—1677，其时，斯宾诺莎已重病在身，但两位哲人还是就共同感兴趣的哲学问题进行了四天的长谈），读到了他《伦理学》手稿，从此接受了斯氏唯理论的影响。莱布尼茨不仅是哲学家、法学家，他还是一个自然科学家，是个学识渊博的学者。在数学方面，他是微积分学的创始人之一，他提出的二进位制，影响到后世计算技术的发展；在物理学方面，他纠正了法国人笛卡尔（Rene Descartes，1596—1650）的动量等于质量乘速度的公式，把它改正为动量等于质量乘速度的平方；他还是数理逻辑的奠基人之一，曾提出了充足理由律。此外，他在历史学、心理学、语言学、地质学、生物学、档案学等方面，也都有著作和贡献。

莱布尼茨怀抱世界主义、和平主义、爱国主义情感，曾为各国科学院和图书馆的建立，为宗教教派的联合和科学用语民族化奔走呼号。在其生命的后 30 年，莱布尼茨又热切关注欧洲与中国间的文化交流进程，并为推动这种交流竭尽了全力。他为灿烂的中国文化所倾倒，并毫不掩饰地赞美距他遥远又遥远的中国。

经过长期的资料积累，1697 年，年过半百的莱布尼茨终于用拉丁文编辑出版了《中国近事》。有德国学者认为：莱布尼茨将儒家学说看成是柏拉图理论的对应；建议作为基督教即天启宗教在中国的传播的补偿，应该让中国人到欧洲来传授自然神学；主张用理论及数学知识交换中国人的经验知识。在为自己所编《中国近事》所写的序言中，莱布尼茨首先对全书的内容作了简要介绍，然后便分 23 点介绍了中国，介绍了传教士们在中国的工作与成果，并凭借已有的认知阐述了自己的一些看法。他是把欧洲与中国对比着加以阐述的：

1. 正如我所相信的那样，通过一种奇特的命运安排，人类最高度的文化和最发达的技术文明今天仿佛汇集在我们大陆的两端，即欧洲和位于地球另一端的"东方的欧洲"——支那（人们这样称呼它）。或许是天意要达到这样的目的，当这两个文明程度最高（在地球上又相隔最远）的民族携起手来的时候，逐渐把位于它们两者之间的所有民族都引入一种更合乎理性的生活。我相信，下面这种情况绝不是偶然的，俄罗斯人借助其帝国辽阔的疆土把中国同欧洲联在一起，并统治着北冰洋沿岸那块最不文明地区的遥远的北方。也正如我所听说的，俄罗斯人现今执政的统治者自身积极地致力于同辅佐他的元老们一起领导人们努力效仿我们的业绩。

2. 那么，让我们来看看中华帝国：中国这一文明古国的面积同欧洲相比大致相同，而人口数量则已超过。在许多方面，他们与我们各有千秋，在几乎是"对等的竞争"中，有时我们超过他们，有时他们超过我们。……在思考的严密和理性的思辨方面，我们则明显高于他们。除了在逻辑学、形而上学以及对非物质事物的认识——即在那些有足够理由视之为我们自身的科学——以外，我们在数学——即通过理解从具体事物中抽象出来的思维方式——方面显然比他们出色得多。当然我们也应当确认，中国人的天文学可以与我们并驾齐驱。……

3. 然而，过去有谁相信，地球上还有这样一个民族，它比我们这个自以为在各方面都有教养的民族更具有道德修养。自从我们对那些中国人比较熟悉以后，便在他们身上发现了这点。如果说我们在手工艺技能上同他们相比不分上下，在理论科学方面还超过他们的话，那么，在实践哲学领域，即在生活与人类日常习俗方面的伦理道德和政治学说方面,我们肯定是相差太远了。承认这一点几乎令我感到惭愧。……

4. 如果任何一个民族对这种邪恶还可救药的话,那么与其他民族相比,中国人无疑具有比较好的规范。他们在其庞大的社会群体中所取得的成效比宗教团体的创始人在其小范围内所取得的要大得多。他们如此提倡尊重长辈、孝敬老者,以致孩子们对父母的关心和孝敬就像宗教礼节一样,哪怕是用言语伤害父母的事情在中国也几乎看不到,如若发生,则就会像欧洲的杀亲之罪一样受到惩罚。……(特别令我们欧洲人吃惊的是)在中国,农民和仆人之间也相互问候,如果多时未见,彼此十分客气,相敬如宾,这完全可以同欧洲贵族的所有社交举止相媲美。……

……

7. 中国的当朝皇帝康熙就是这样一位史无前例的伟大的君主。他对欧洲人一直怀有好感,但是最初仍不敢违抗朝廷最高当局的意愿,不敢以国家法律形式公开允许基督教在中国自由传播,直到他登基以后才实现这一点。事实无可辩驳地证明,康熙皇帝伟大而英明的蓝图终于使欧洲的技艺和科学更好地传入中国。从这个意义上讲,我认为康熙一个人比其他所有的官僚都更有远见卓识。我之所以把他看作一位英明的伟人,因为他把欧洲的东西与中国的东西结合起来了。……①

莱布尼茨《中国近事》序言的题目是:《用以描述我们时代历史的中国近事》,在这里,他在盛赞康熙皇帝的同时,分别谈到了十几位在华的欧洲传教士,如意大利的利玛窦,瑞士的邓玉函,德国的汤若望,比利时的南怀仁(Ferdinand Verbiest, 1623—1688)和安多(Thomas Antoine, 1644—1709),意大利的闵明我(Philippus Maria Grimaldi,

---

① 安文铸等:《莱布尼茨和中国》,福建人民出版社,1993年版,第103-107页。

1639—1712)、葡萄牙的徐日升（P. Thomas Pereira，1645—1708）和苏霖（Soares Joseph，1656—1736），法国的白晋、张诚（Jean Francois Gerbillon，1654—1707）、李明和韦尔瑞（Antoine Verjus）等，介绍了他们在中国的活动，评价了他们的工作，高度赞扬了他们为中西方的文化交流所作的贡献。莱布尼茨正是通过他们来了解中国、认识中国的，在与这些传教士们的通信中，他曾与他们共同探讨了一系列有关中西方文化交流的课题。

德国唯心主义哲学家克里斯蒂安·沃尔夫（Christian Freiherr von Wolff，1679—1754）是莱布尼茨的学生，1703年在莱比锡大学获博士学位，1707年受聘任哈雷大学教授。他继承了莱布尼茨哲学并使之系统化和德国化。1721年，沃尔夫发表了一篇论中国实践哲学的演讲，宣扬唯理论的观点，以孔子的道德教训为例，证明人的理性凭自身努力有能力达到道德上的真理。在这篇演讲的开头，沃尔夫宣称："中国人的智慧自古以来便闻名遐迩，中国人治理国家的特殊才智也令人钦佩。"他回顾中国历史并对孔夫子大加赞赏：

> 伏羲是第一个因大兴科学，创建国家而受到中国人崇敬的人。神农、黄帝、尧、舜治理国家时都以他为榜样，并不断改进伏羲创建的国家机构，到了夏、商、周，在各位帝王的领导下，不论是朝政还是法制都达到了空前的完善。
>
> ……
>
> 当中国呈现出一派混乱不堪的景象时，天意注定要由道德君、大学士孔子来整治这种混乱的局面。虽然他本人不在君王之位，不能为国家制定和实施治愈混乱局面的法规，但他非常注意尽自己最大努力履行一位师长应尽的职责，因此，他尽管无法做到己欲之事，但却做到了尽力而为，无一遗漏地完成了理性要求他为尽职耀职所必须做的一切事情。
>
> ……

中国文化对欧洲的影响

为掌握处世治国的准则,为了解帝王如何以身作则强化这个准则,孔子孜孜不倦地通读了记载古代帝王的史书,从中找出他自认为重要的东西,然后经过不断的思考、细心琢磨和亲身体验,最后面授弟子,以传后世。因此,即使不能把孔子看作是中国智慧的创始者,那么也应当把他视为中国智慧的复兴者。孔子的所作所为并非为了沽名钓誉,而是出于希望百姓幸福安康的爱。……①

以其三大"批判"著称于世的启蒙运动的伟大思想家、德国古典美学的奠基人伊马努埃尔·康德,也对中国怀有浓烈的兴趣。曾有一篇根据他的口授记录下来的文字,题目就叫《中国》,从中国人的民族习性、饮食、客套,谈到农业、手工业、科学、语言、法律、宗教、婚姻乃至商品出口,几乎是面面俱到。内容虽简略,叙述与描绘却生动而具体,结论与评价也相当肯定甚至武断,好像他真的在中国生活过许多年似的。在"总论"中,他着重谈到的是中国的大运河和万里长城:

中华帝国幅员辽阔。冬季,它的北部地区比欧洲同纬度地区寒冷得多。它无疑是全世界人口最多、耕地面积最大的国家。据统计,中国的人口数量相当于整个欧洲的人口总和。

运河几乎贯穿全国各个省份,由它们分支出的大大小小的水道通往城市和村庄。水道上,架起了一座座砖砌的拱桥。桥身高高隆起,即使带有桅杆的船只也可通行。大运河由广州通向北京,就其长度而论,它是世界上独一无二的。

中国的长城,包括所有弯弯曲曲部分在内,总长为300德里,……她翻过座座崇山峻岭,跨过条条河流,至今已经耸立了1800年。②

---

① 夏瑞春编、陈爱政等译:《德国思想家论中国》,江苏人民出版社,1995年版,第29-31页。
② 同上书,第61-62页。

第五章　中国文化对德国的影响

狂飙突进运动的"理论灵魂"赫尔德（Johann Gottfried von Herder, 1744—1803）是一位杰出的文艺理论家，是最后一位重要的启蒙运动的倡导者。尽管由于观点不同常使他陷入与同时代人的论争之中，但他依然是走在时代前列的、具有浪漫主义主导思想的人。在他的主要著作《关于人类历史哲学的思想》中，专有一节论及中国，其认识来源也同样是来华传教士的报告。除了概括性的介绍之外，他还讲到了中国的自然环境、政体、语言文字，中国人的礼仪、宗教、习俗。最耐人寻味的是赫尔德对中国的科学作出的评断：

> 拿欧洲人的标准来衡量，这个民族在科学上建树甚微。几千年来，他们始终停滞不前。我们能不对此感到惊讶吗？就连他们那些谈论道德和法令的书本也总是变着法儿，反反复复、详详细细地在同一个话题上兜圈子，千篇一律地吹捧那些孩童的义务。他们的天文学、音乐、诗歌、兵法、绘画和建筑如同千百年前一样，仍旧是他们永恒法令和千古不变的幼稚可笑的政体的孩子。这个帝国是一具木乃伊，它周身涂有防腐香料，描画有象形文字，并且以丝绸包裹起来；它体内血液循环已经停止，犹如冬眠的动物一般。所以，它对一切外来事物都采取隔绝、窥测、阻挠的态度。它对外部世界既不了解，更不喜爱，终日沉浸在自我比较的自负之中。这是地球上一个很闭塞的民族。除了命运使得众多的民族拥挤在这块土地上之外，它依仗着山川、荒漠以及几乎没有港湾的大海，构筑起与外界完全隔绝的壁垒。[1]

哲学家的见解确比常人要深刻得多，尽管他的结论不免尖刻、武断。不过最后，赫尔德声明：

---

[1] 夏瑞春编、陈爱政等译：《德国思想家论中国》，江苏人民出版社，1995年版，第89页。

中国文化对欧洲的影响

上述种种关于中国人特性的描述决非对中国人特性的敌意诋毁,相反它是从中国人特性的最狂热的维护者的报告中一点点地概括起来的,这可以在他们国家机构的任何一个阶层身上反复得到证实。这不过是事物的本来面目,即一个民族的真实写照。①

德国古典唯心主义哲学主要代表之一谢林(Friedrich Wilhelm Joseph von Schelling,1775—1854)认为中国是一个没有神话的国家,在《中国——神话哲学》一文的开头,他便明确指出:

中国是古老的,它没有效法任何一个神话民族,在它的想象中看不到有其他民族神话的影子。我们可以说:在众多同样古老的神话民族中间,中华民族是一个绝对没有神话的民族,它的发展仿佛完全脱离了神话运动,而转向了人类生存完全不同的另一个方面。对于许多国家和民族,神话过程发挥了巨大的威力,而唯有中国却是一个伟大的、独特的例外。这不能不引起我们的严肃思索。②

谢林的结论是:"中国人的原始宗教是一种纯粹的天的宗教。"他不理解:"中国人的学说怎么会这样想象,即把天的一切权威都赋予既不是永生的,又不是完美无缺的,甚至会犯错误的这样一位尘世的统治者。"

谢林还在文中用了很长的篇幅探讨中国的语言文字,他武断地认为:"中国人要用这么些字来满足一切难以想象的描述需要,以极其细微的层次差别来描述自然对象、道德生活和社会生活,这实际上是做不

---

① 夏瑞春编、陈爱政等译:《德国思想家论中国》,江苏人民出版社,1995年版,第90页。
② 同上书,第89页。

到的。"在论述了中国语言的特征之后,谢林说:"中国语言中保留的不是原始语言的质料,而是它的法则。这简直像个奇迹一样令我们惊叹不已。"

从18世纪末叶起,英国殖民主义者一方面用外交方式和武装挑衅手段对付清政府的闭关政策,一方面加紧扩大对华的鸦片贸易,以攫取暴利。在倾销鸦片受到抵制之后,19世纪中叶,竟向中国发动了侵略战争,以武力逼迫清政府代表与英方代表在南京江面的英舰上,按英国侵略者提出的全部条件一字不改地签订了丧权辱国的《南京条约》。从此,中国便由一个封建社会逐步沦为半殖民地半封建社会。面对外国侵略军的进犯,不甘屈辱的广大中国民众和清军中的爱国官兵进行了英勇的抗争。三元里的农民吹响了近代中国反帝斗争的第一声号角;太平天国农民起义沉重地打击了清王朝的反动统治,动摇了中国社会封建制度的根基,在中国近代革命运动发展史上谱写了光辉篇章。

全世界无产阶级的伟大导师马克思和恩格斯始终关注着中国社会的变化和中国人民的革命斗争。1853年6月14日,马克思发表《中国革命和欧洲革命》一文,写出了自己对中国革命的关注与思考:

> 中国的连绵不断的起义已延续了十年之久,现在已经汇合成一个强大的革命,不管引起这些起义的社会原因是什么,也不管这些原因是通过宗教的、王朝的还是民族的形式表现出来,推动了这次大爆炸的毫无疑问是英国的大炮,英国用大炮强迫中国输入名叫鸦片的麻醉剂。清王朝的声威一遇到不列颠的枪炮就扫地以尽,天朝帝国万世长存的迷信受到了致命的打击,野蛮的、闭关自守的、与文明世界隔绝的状态被打破了,开始建立起联系,这些联系从那时起就在加利福尼亚和澳大利亚黄金的吸引之下迅速地发展了起来。同时,中国的银币——它的血液——也开始流向英属东印度。[①]

---

① 《马克思恩格斯选集》,第二卷,人民出版社,1972年版,第2页。

中国文化对欧洲的影响

1857年至1859年间,马克思又陆续发表了《俄国的对华贸易》《英人在华的残暴行动》《中国和英国的条约》《新的对华战争》《对华贸易》等一系列文章,抨击帝国主义对中国的侵略和掠夺。

恩格斯也于1857年发表《波斯与中国》一文,肯定并赞扬了中国人民反抗外国侵略者的英勇斗争:"中国的南方人在反对外国人的斗争中所表现的那种狂热态度本身,显然表明他们已觉悟到古老的中国遇到极大的危险;过不了多少年,我们就会看到世界上最古老的帝国作垂死的挣扎,同时我们也会看到整个亚洲新纪元的曙光。"[1]

德国社会学家、历史学家、经济学家韦伯曾著有《儒教与道教》一书,德文版于1915年问世,英文版1951年出版于伦敦,1992年又被译成中文在我国出版。该书被认为是韦伯的另一名著《新教伦理与资本主义精神》的思想延续。

韦伯分析了中国儒教与道教的本质特征。在他看来,儒教是一种入世的伦理道德,其本质在于要求人们与"道",即宇宙和人类社会的规律保持和谐。儒教教育的全部内容就是培养能够自我克制和适应环境的具有中庸人格的君子;而道教在中国处于非统治地位,它和儒教不同,是一种出世的宗教,主张通过神秘的冥思与道合为一体,拒绝现实的世界和人类社会。它也同样阻碍了现代资本主义的发展。

第二节 卫礼贤笔下的"中国精神"

上一章中已经提到了卫礼贤,对其事迹作了简要介绍。鉴于卫礼贤的独特经历、独特身份及其与中国的独特情缘,觉得有必要设专节加以介绍和评述。

---

[1] 《马克思恩格斯选集》,第二卷,人民出版社,1972年版,第21—22页。

卫礼贤在中国

19世纪末,一位名叫里夏德·威廉(Richard Wilhelm, 1873—1930)的德国同善会传教士,乘坐一艘老式的劳埃德船社的轮船,来到了德国殖民者强行租占下的青岛。显然,他是肩负着传播基督教义的使命东来的,用他自己的话说,同时也是为了"呵护在殖民地的德国人的灵魂"。但实际上,他似乎并没有全力去做他应该做的事情,也没有为弘扬他信奉的教义倾注更多的热情,而是利用一切可以利用的时间,认真学习这个东方大国的语言——汉语,并在自己的观察与体验中认真感受中国人的心理和文化。那是一个腥风血雨的时代,中国面临着欧洲列强的瓜分,"冒险的欲望充斥在新殖民地的空气里"[1]。这位德国人于是跟中国人一起经历了那经历着巨大变革的岁月:他目睹了义和团运动如何兴起又如何被镇压;他看到了辛亥革命的风云如何席卷中国大地,亲见了辛亥革命之后各系军阀如何争权夺利,"你方唱罢我登场";当然,五四新文化运动的蓬勃兴起与发展也给他留下了永难磨灭的印象。

在闯过了语言关之后,这位德国人很快便为中国古代浩如烟海的典籍所吸引。在认真研读的同时,他感到有将这些经典译成德文介绍给德语国家读者的必要。于是,他开始一本一本地进行翻译,从1910年起,这些译本便得以陆续在德国出版,例如《论语》《道德经》《冲虚真经》(即《列子》,道家经典之一)《南华真经》(即《南华经》,亦即《庄子》,道家经典之一)《易经》《孟子》以及《吕氏春秋》(亦称《吕览》,杂家代表著作)等。值得一提的是,他的译本,因为内容准确,文字简洁,一直受到人们的推崇;特别是他的《易经》译本,在德语国家影响至深。在《中国心灵》一书中,他专门写到了《易经》的翻译经过:他是在一位姓"老"的老人(他称他为"老大师")帮助下完成自己的翻译的。"他用中文翻译内容,我作下笔记,然后我把它们

---

[1] 引文见卫礼贤著《中国心灵》中文版,以下所引短句未注明者皆出此书。

翻译成德语。因此，我没有借助中文原文就译出了德语文本。他则进行对比，检查我的翻译是否在所有细节上都准确无误。而后，再审查德语文本，对文字进行修改和完善，同时作详细的讨论。我再写出三到四份译本，并补充上最重要的注释。"

为了表达对中国文化的倾慕之情，这位德国人给自己起了一个中国味儿十足的名字：卫礼贤，并按中国文人的习俗取字"希圣"。就是这个卫礼贤，在与中国文化的接触中，竟逐渐成了一个儒家创始者——孔子的忠实信徒。辛亥革命后，在北洋军阀推动的"复古""尊孔"的潮流中，他曾参加过陈焕章等在上海发起成立的"孔教会"活动，并曾在青岛成立"儒教协会"（其成员包括了许多住在青岛的前清官员），广泛地与中国的文人雅士结交，其中不乏文化界名人，如康有为、辜鸿铭、徐志摩等。

对于卫礼贤来说，"故纸堆"中的探求当然是远远不够的。在中国期间，他曾利用一切机会，对中国文化作实地的考察和追寻。他曾两次登上被他称为"圣山"的泰山，并领略了泰山日出的壮丽景象；他曾游历孔子的诞生地曲阜，并参加了当时的"衍圣公"的中国式婚礼；他还曾远行至山西大同，参观了佛教胜迹云冈石窟；也曾南下苏杭，游览了那里的秀美园林，欣赏了令世人艳羡的西湖美景。除了济南那样的大城市，他还到过山东省境内的许多小城小镇，如即墨、胶州、潍县（今并入潍坊市）、青州、宁阳、泰安、高密等等。他也到过山东的农村，目睹了当时中国北方农民的生活状态；他考察过山东农村的教育状况，"做了大量针对乡村小学的组织工作"。当然，他也到过并滞留北京，熟悉北京城的人文环境，游览了城内城外的许多名胜古迹。

第一次世界大战结束后，卫礼贤曾短期回国，后奉派到德国驻华使馆任学术顾问；离任后，他曾受聘做过北京大学的德语教授。1924年，卫礼贤启程回国，受聘法兰克福大学教授。在此后的几年间，作为汉学家，他陆续完成了一系列研究中国文化的学术成果，并曾筹创"中国学社"，竭尽全力促进中国与德国间的文化交流。在1926年出版的专著

《中国心灵》①的"前言"中，卫礼贤对自己在中国的生活作了这样的总结：

> 我有幸在中国度过了生命中二十五年的光阴。像每一个在这块土地上生活了许久的人一样，我学会了爱这个国家，爱它的人民。过去的二十五年之所以特别重要，原因就在于这是一个新旧交织的时代。我见识过旧中国，它的一切那时看来还将世世代代延续下去；我也目睹了它的崩溃，看着新生活的萌芽怎么从废墟中生长出来。但是，不管是在新中国还是在旧中国，有一个因素是共同的，那就是处于进化过程中的中国人的心灵，这种心灵尚未失去它的文雅与冷静，并且我也希望，永远不要失去它。②

传播中国文化，探究"中国精神"

读《中国心灵》一书，读者可以强烈地感受到，卫礼贤确实是在努力探究"中国人的心灵"，也可以说是在认真探究潜藏于中国社会各个阶层和社会生活各个层面的"中国精神"。显然，这种努力是可贵的，因为他不满足于对中国社会生活的浮光掠影，更不满足于对中国文化的一知半解。在卫礼贤看来，似乎只有这样，才能真正了解中国文化，才能窥见"中国精神"或者说走进"中国人的心灵"，才能实现真正意义上的文化交流。

中国历史学家周一良先生，在其主编的《中外文化交流史》一书的"前言"中，表达过这样一种看法：要真正认识一个人，光知其姓名籍贯和身材面貌是不够的，还必须了解其经历，而最根本的是要了解

---

① 该书德文原名是"Die Seele Chinas"，也有学者将其译为《中国精神》或《中国灵魂》。记录在中国的生活经历，描绘中国的政治变革、社会变迁、著名人物、风俗习惯、名山大川等。该书中文译本《中国心灵》1998年由中国国际文化出版公司出版。
② 卫礼贤著，王宇洁等译：《中国心灵》，中国国际文化出版公司，1998年版，第1-2页。

其灵魂深处的思想性情；对一个民族的认识也是如此。他写道："对于一个民族，只了解其政治经济制度当然不够，还要通晓其历史语言，但更重要的，还要了解其文化——不仅狭义、广义的文化，而且要了解深义的文化，亦即一个民族的灵魂深处。"① 周一良先生所表达的这种观点，与卫礼贤的态度应该是相通的。

到中国不久，卫礼贤便在一个大型的集市上，从成群的苦力的劳作与态度中，有了"第一个重大发现"："他们不只是苦力，他们也是人，有人的欢乐和痛苦，不得不为生活奋斗，不得不通过自己的聪明和忍耐讨生活，不得不以或直或曲的方式走自己的路。是欧洲人对待他们的方式让他们以这种方式生活，谁以暴力对待他们，他们就以冷淡、僵硬、逃避的态度对付谁。对于压迫者的勃然大怒，他们只报以迟钝的一笑，对其他人，他们则把感情深深地藏在心里。我发现，他们是父亲、兄长、儿子，心系亲人，他们挣钱、存钱，冒着巨大的自我牺牲赡养年迈的双亲。在亲人当中，他们心甘情愿、无怨无悔地做着这一切，而面对敌人，他们又显示出极大的耐心和长久的受难力。"卫礼贤说："这个发现为我打开了通向中国人心灵的道路。"②

义和团运动是一场反帝爱国运动，是以山东为中心爆发起来的，时间是卫礼贤刚到中国不久的1900年。由于清朝当权者的出卖，在内外反动派的携手镇压下，这场运动很快便归于失败。但卫礼贤却把它看成是中国历史上一个新时期的开端。他这样分析这场秘密运动的起因："在中国的各个时期，当环境变得不可忍受，当政府的官僚体系难以维系，当庄稼歉收、税额苛重，当瘟疫肆虐、洪水泛滥、盗匪横行、国难安、家难宁的时候，就会有秘密的社团开始活动，试图在神的佑助之下，摧毁旧的社会体系，建立新的社会秩序。"义和团运动打击了西方列强瓜分中国的气焰，却被斥责为"排外主义"；义和团烧教堂、杀洋人，招致国际抗议，说是"仇视整个人类"，但卫礼贤的看法却是：

---

① 周一良：《中外文化交流史》，河南人民出版社，1987年版，第4页。
② 卫礼贤著，王宇洁等译：《中国心灵》，中国国际文化出版公司，1998年版，第10-11页。

"平心而论，这场运动是基于一种真实的民族主义狂热。当仇恨和残忍的冲动一起释放出来时，残酷是无法避免的。……如果和世界大战相比，义和团时期也不过是小巫见大巫。"①

五四新文化运动，以及由《新青年》掀起的文学革命，使卫礼贤看到了中国精神生活中蕴含着的许多生机勃勃的因素，他于是专用一章，以"新的中国"为标题，介绍了中国近现代史上一系列风云人物：章太炎、康有为、梁启超、孙中山、蔡元培、陈独秀、胡适、林纾、梁漱溟、徐志摩等。介绍之前，他首先作了这样的评述："如果一个人想要真正地理解近几十年出现的新中国，那么仅仅看到表现出来的外部政治环境和军阀之间复杂的斗争，还是远远不够的。中国现在的历史如同千百年来一样，扮演着双重角色：从欧洲传入的军国主义的历史在相互的斗争中已经气息奄奄了，而逐渐觉醒的中国文化的历史却在不断地向前发展。这场知识分子运动的领导人堪与欧洲文艺复兴时代那些伟大人物相比。"② 这样的评述，由一个西方传教士作出，其所具备的深刻性，恐非常人所能企及。

在"生活之网"一章中，卫礼贤用了相当大的篇幅介绍了中国的二十四节气、十二生肖、传统节日和日常习俗。关于中国的节日，除了春节、中秋节等大节之外，他还介绍了清明节、端午节、七夕节，解说也相当详尽。在这一章的开头，有一整个自然段，对中国社会生活加以概括："在中国生活不是随心所欲的。生活之卷如同织布机上的织网一样错综复杂地展开，尽管有各种自由，但一个固定的线被织进生活之网中，这些线支撑、规划整个生活，织成一幅由阳、阴、幸与不幸构成的和谐织物。经验之梭带动织线上下穿梭。但织机的经始终未动，它指导一切事物，把混乱如麻的生活有序地编织起来。"③ 这段话是统领整个一章的纲，是在对中国社会生活认真观察、深入分析的基础上所进行的

---

① 卫礼贤著，王宇洁等译：《中国心灵》，中国国际文化出版公司，1998年版，第15页。
② 同上书，第54页。
③ 同上书，第242页。

理性思考，其所用比喻，精当贴切，耐人寻味。

面对曲阜"三孔"——孔府、孔庙、孔林，卫礼贤发出许多感慨。他看到，"随着旧王朝成为明日黄花，神一样的孔圣人也失去了他尊贵的地位"；孔子所建立的精神世界正在受到新思潮的冲击，就是说，"崩溃的不仅仅是封建制的国家，还有儒家的思想体系"。但卫礼贤似乎并不悲观，仍然执着地坚信：

> 也许在新世界里，孔子思想中的某些东西注定要消亡。可是其中永恒的东西——自然与文化的和谐这样伟大的真理依然会存在。它将是新哲学和人类新发展的巨大推动力。从这个角度讲，孔子真正是不朽的。[1]

这带有预见性的语言，不仅仅源于他对孔子的崇敬和仰慕，更源于他对儒家学说的深刻领悟和透彻理解。不知道当时宣称"尊孔"的那些中国人，对儒家学说，是否也有如此中肯的见解和如此坚定的信念。

对孔子及其学说，卫礼贤在《中国心灵》的其他章节中，亦屡有述评。在卫礼贤看来，孔子及其学说体现的正是中国精神的精髓。纵观全书，似乎可以说，那是他观察事物、分析问题的哲学依据。于是，对孔子及儒家思想的议论，就成了一条贯穿全书的"红线"。他的述评，一般不是长篇大套，而是在介绍和评说其他的人或事时穿插其间，夹叙夹议。比如，当他叙述与他谈话的人谈及"穷兵黩武就像吸血鬼一样，正在威胁着要榨干人民的力量"时，他笔锋一转，忽然写道："孔子的伟大之处就在于，他认为所有国家在建立秩序时，精神的价值都是首要的。"接着，才是他自己对这一问题的大段议论。这样的写法好像让人感到前后语气不连贯，但这恰恰让细心的读者窥到了卫礼贤思索问题的逻辑。

《中国心灵》最后一章的标题为"东方和西方"，是作者对东方文

---

[1] 卫礼贤著，王宇洁等译：《中国心灵》，中国国际文化出版公司，1998年版，第81页。

化以及东西文化关系的探讨。对中国精神，他作了较为全面的总结，而其中的这样一段文字，可以看成是"总结"的总结：

> 正是在这种意义上，中国智慧成为现代欧洲的拯救者。听起来可能很奇怪，中国古老的哲学和智慧自有其幼稚的力量。中国人是如此古老，但无丝毫奴颜媚骨，矫揉造作，而是生活在孩童般纯真幼稚的精神中。纯真绝非无知与野蛮，只有纯真的人才能达于人性最深处，那里才是生命之泉喷涌之所在。①

客观的态度，交流的渴望

近代来华的传教士，是在西方列强瓜分中国的喧嚣声中东来的，其中不少人以在中国传播"基督福音"为幌子，充当了帝国主义侵略中国的帮凶；他们仰仗自己的特权，在一些地方官府的纵容下，以救世主自居，在中国颐指气使，为所欲为。能够以平等的态度对待中国人，以客观的眼光观察中国社会和中国事物，甚至想尽自己的一分力量给中国人以声援和帮助，并于苦难与黑暗中看到中国尚有希望的人，肯定是有的，但不会很多。卫礼贤就是这不是很多中的一个。

通读《中国心灵》全书，尽管我们偶尔也会感觉到卫礼贤作为一个西方人的某种优越感，但却绝对看不出征服者或救世主的心态。在德国外交官被杀、北京东交民巷使馆遭到攻打之后，德皇威廉二世（Wilhelm ll，1859—1941，亦称"小威廉"，普鲁士王国国王和德意志帝国皇帝，1888—1918年在位）曾发布敕令，要驻在中国的德军"无须宽恕，也不留俘虏"，务将那些不愿低头者斩于剑下！德国人卫礼贤不是军人，没有执行德皇敕令的义务，也没有与德国军人"同仇敌忾"。他对中国人不怀仇恨，且始终用理性而睿智的眼光观察中国、看待中国。

---

① 卫礼贤著，王宇洁等译：《中国心灵》，中国国际文化出版公司，1998年版，第90页。

中国文化对欧洲的影响

特别是在与孔子学说相遇之后,他似乎获得了新的思想武器,获得了可供比较、参照的东方精神的启迪。这种不带民族偏见的客观公正,不要说是一个身处那个时代的外国传教士,就是今天的一个西方人,怕也是不容易做到的。更何况,那时候的中国,国势衰微,民气不振,是"阿Q"名虽未取而人却早已苟活于世间的时代了。

于是,在卫礼贤的叙述与评介中,我们读到了一段又一段客观公正的文字:

——除了一般性的好奇但绝非友善的态度(因为外国人对青岛的占领)之外,我没有受到任何骚扰。在那个时代,一个欧洲人在中国内地活动,受到的侵扰要比中国人在一个欧洲城镇受到的侵扰少得多。①

——欧洲人深信,一定要保护优越的欧洲文化不受黄祸的侵袭,但这些人并没有注意到,正是他们自己在采取攻势,在彻底败坏远东的伟大文化方面无所不用其极。②

——在这个世纪之交,情况又一次变成这样。尽管在半个世纪之前就爆发了太平天国起义,可是情况仍然没有好转。国内到处都是外国人,他们用武力和不平等的手段四处渗透。为了证明自己文化的优越性,他们放火烧了仙园一样的夏宫——北京城边儿的圆明园。他们发表各种罪恶的和恶棍才会接受的言论。③

——不过中国的文化一直是非常统一的。周代的文化被视为经典,在其后具有独立的新文化价值观的朝代中代代相继。即使在上一个世纪已经发展出一种倾向于严格的科学态度和批判精神的考据学之后,依然如此。只是由于没有一个欧洲人愿

---

① 卫礼贤著,王宇洁等译:《中国心灵》,中国国际文化出版公司,1998年版,第9页。
② 同上书,第11页。
③ 同上书,第13页。

意花费心思，抛弃这种古老、陈旧的观念，也没有人独立地对中国知识生活中的现代因素进行考察，因而欧洲人对此一无所知。[1]

——有一段时间，传教士们争论着这种祭礼仪式是否有些异教意味。在我看来，这一传统是美好的，它令人兴奋。尊敬的态度无论如何是一项优点。在失去这种态度的地方，没有任何其他东西能以同等的形式取而代之。[2]

这些从一个"旁观者"内心深处发出来的议论，应无讨好他人或邀功请赏的嫌疑，因此就更有真实性；而恰恰因其真实，才给了我们更多的启示和思索余地。

也恰恰是因为卫礼贤能够客观公正地看待中国和中国文化，他才在自己的书中表达了东西方交流的真切愿望。早在居留青岛期间，卫礼贤就筹钱建了一个图书室，购置了不少珍贵的中国书籍，他在叙述这件事情时写道："我们的想法是为了将来，挽救已处于极度危险境地的中国文化财富。我们希望通过翻译、讲座和出版的方式，在东西方之间架起一座桥梁。"

卫礼贤倡导的，是东西方两种不同文化之间平等的交流，因此，他不赞同西方的炮舰政策，也不喜欢西方传教士以优等民族的眼光、用居高临下的态度看待中国人。他认为："与17世纪那些有广泛卓越贡献的传教士相比，这些传教士在文化交流方面的作用实在少得可怜。"他的结论是："当两种性质不同的文化沟通后，一种理智和精神深处的交流就不可避免地长期存在"，"这种文化上的联姻，如果在感情上能够容纳就经常会成为新生的开始，在与外部同化中得以前进"。

卫礼贤不是空头理论家，他用自己的行动和实绩，实践了自己的愿望；他为世人留下了丰硕的成果，也给后来者留下了"架桥者"的榜

---

[1] 卫礼贤著，王宇洁等译：《中国心灵》，中国国际文化出版公司，1998年版，第54-55页。
[2] 同上书，第124页。

样。

第三节　德国文学家的中国情结

从20世纪20年代起，便有中外（主要是德国）学者专注于中国与德国之间的文化关系、德国文学中的中国形象和中国影响的研究，写出了一些颇有见地的著作。德语文学作品中出现"契丹"（古族名、古国名。在西文中，它曾是"中国"的代称；俄语的"契丹"意思就是中国）的名字，可以追溯到15世纪。到巴洛克文学时期，著名诗人奥皮茨（Martin Opitz, 1597—1639）就已在他的诗中引入了中国形象，诗中不再称中国为"赛里斯"而改称"支那"（Sina）。欧洲在华耶稣会士对中国的报道，不仅为像莱布尼茨、沃尔夫、黑格尔那样的思想家提供了了解和评介中国的依据，而且也为巴洛克时期的几部有关中国题材的小说提供了素材，比如德国作家哈格多恩（Wilhelm Hagdorn）的小说《埃关》（又名《伟大的蒙古人》）所依据的，就是意大利耶稣会士卫匡国所写的《鞑靼战纪》；作家哈佩尔（Eberhard W. Happel, 1647—1690）的"传教小说"《亚洲的俄诺干布》，写的是清世祖顺治皇帝，小说情节虽有想象成分，但也不是完全的主观臆造；作家加塞尔（Rudolf Gasser）在他的一篇小说中写中国皇帝与英国公主联姻……

法国启蒙思想家孟德斯鸠早年曾遍游欧洲并在英国作了较长时间的逗留，其间他结识了当时英国资产阶级的思想代表、哲学家休谟（David Hume, 1711—1776），同时研究了英国哲学家洛克（John Locke, 1632—1704）的著作，深受洛克分权理论的影响。孟德斯鸠反对君主专制制度，主张立法、行政、司法三权分立，这一学说成为法国资产阶级革命的理论武器和资产阶级政治制度的基本原则。1721年，孟德斯鸠出版了他的书信体小说《波斯人信札》，以鲜明的批判态度揭露法国统治阶级的腐败透顶和上流社会的骄奢淫逸。有趣的是四十年后在德国，喜欢舞文弄墨的普鲁士国王弗里德里希二世（Friedrich Ⅱ, der Grosse,

1712—1786，旧译"腓特烈二世"，俗称"腓特烈大帝"，1740—1786年在位）也用孟德斯鸠之法写了一本书，书名叫作《中国皇帝的使臣费希胡发自欧洲的报道》。该书由 6 封写给中国皇帝的书信组成，借代表理性主义的中国人费希胡之笔抨击教会，攻击教皇。腓特烈大帝之所以对中国发生兴趣，似应归因于 18 世纪德国启蒙运动中资产阶级思想家莱辛（Gotthold Ephrain Lessing，1729—1781）、赫尔德等在当时造成的思想影响，皇帝本人恐怕也看到了中国文化不同于欧洲文化的独特之处及其特殊价值。

1772 年，写出过德国第一部教育小说《阿迦通的故事》的德国洛可可时期文学家维兰德（Christoph Martin Wieland，1733—1813）出版了他的另一部小说《金镜》，虚构了一个谢西安帝国的历史，塑造了一个名叫梯芳的中国仁主形象。小说影响颇大，大诗人歌德曾在 1772 年 10 月 27 日的《法兰克福学者通报》上发表书评对《金镜》大加褒奖。

德国剧作家、小说家克林格尔（Friedrich Maximilian von Klinger，1752—1831）被人们视为德国文学界那场反对理性主义、主张感情主义的叛逆运动——狂飙突进运动——的代表，1776 年，他发表剧本《狂飙与突进》（原名《混乱》），那场运动也便因此而得名。狂飙突进运动赞扬自然和个人主义，力图推翻启蒙运动所崇尚的理性主义，批评死气沉沉的封建文艺和虚伪道德。这一运动的创始人、基督教思想家哈曼（Johann Georg Hamann，1730—1788）不喜欢中国；这一运动的理论家赫尔德曾对中国进行过激的批评，却又始终关注着中国的一切；这一运动的重要代表人物、青年时代的歌德亦曾把中国与"非自然"等同起来加以看待。

后来，歌德接触了一些译成西文的中国文学作品，并由此对中国有了更多更深的了解，对中国文学产生了浓厚兴趣。1827 年，歌德曾依据一本英译中国诗集，将其中的四首"译"成了德文。既是翻译，又似创作，内容与原诗大致相同，表现手法却又迥异，内中不乏诗人自己的想象与发挥。1829 年，歌德发表了他的由 14 首诗组成的《中德四季晨昏杂咏》，借写自然美景抒写文人性情和诗人的中国情怀。

狂飙突进运动的另一位代表作家、与歌德齐名的德国诗人席勒（Johann Christoph Friedrich von Schiller，1759—1805）似对中国圣人孔子及其思想格外关注。1795年和1799年，席勒曾先后写下两首《孔夫子的箴言》，托孔子之名阐释自己的人生哲学和时空观。1799年所作的一首的第二段，席勒写道：

> 它们给你一种象征：
> 你要进入完美之境，
> 须努力向前，永不休息，
> 孜孜不倦，永不停止；
> 你要看清世界的全面，
> 你要向着广处发展；
> 你要认清事物的本质，
> 必须向深处挖掘到底，
> 只有坚持才达到目的，
> 只有充实才使人清楚，
> 真理藏在深渊的底部。①

席勒读过中国小说《好逑传》的德译本并对此留有深刻印象。1800年，他曾试图将《好逑传》改编成剧本，却没有成功。但其后不久，席勒还是依据意大利剧作家戈齐（Carlo Gozzi，1720—1806）的同名剧本改编、创作了诗剧《图兰朵——中国的公主》，抒写了他对古代中国的赞美，同时也寄托了他的向往与追求。② 为使"中国公主"更有魅力，席勒为他的剧本设计了14个谜语，其中之一是一首中国长城诗，

---

① 钱春绮译：《席勒诗选》，人民文学出版社，1993年版，第29页。
② 汉学家顾彬认为："在席勒《图兰朵——中国公主》中，中国变成了一种性的象征。席勒可能是第一个把美和死亡放到中国的公主这个形象身上。"见顾彬《关于"异"的研究》，北京大学出版社，1997年版，第42页。

第五章　中国文化对德国的影响

诗曰：

> 有一座建筑，年代很久远，
> 　　它不是庙宇，不是住房；
> 骑马者可以驰骋一百天，
> 　　也无法周游，无法测量。
>
> 多少个世纪飞逝匆匆，
> 　　它跟时间和风雨对抗；
> 它在苍穹下屹然不动，
> 　　它高耸云霞，它远抵海洋。
>
> 它不是造来夸耀宇内，
> 　　它为民造福，担任守卫；
> 它在世界上无出其右，
> 　　但却完成于凡人之手。

此诗谜的谜底是：

> 这座古代的坚固的建筑，
> 它对抗着风雨和世纪，
> 它伸展得无穷无尽，
> 保护万民，它就是长城，
> 给中国和鞑靼荒漠分界。[①]

德国19世纪的伟大诗人、"青年德意志"派的代表人物海涅以其1827年出版的《歌集》赢得了国际声誉，在其研究德国文化的专著

[①] 钱春绮译：《席勒诗选》，人民文学出版社，1993年版，第129—130页。

《论浪漫派》（1833年）的第三卷第一章的开头，便描绘了一幅古怪、奇特的中国形象，意在借此抨击已经演变成"神圣同盟"嫡子的德国浪漫派。海涅主张：德国的文艺女神应该是"一个自由的、不矫揉造作的、真正的德国的女孩子，不应该是苍白的尼姑和夸耀门阀的骑士小姐"。1831年，海涅开始了终身的流亡生活，迁居自己向往已久的巴黎。1842年，他在《巴黎德国报》上发表了一首题为《中国皇帝》的诗，借以嘲讽普鲁士国王及其追随者。在海涅那里，中国是一个"反派形象"，这实际上也是对当时欧洲的"中国画像"的批评。

19世纪德国现实主义小说的第一位大师冯塔纳（Theodor Fontana，1819—1898）在其晚年所著小说《艾菲·布里斯特》中，塑造了一个中国人的形象，可这个中国人却始终没有露面。汉学家顾彬这样分析《艾菲·布里斯特》：

> 德国作家冯塔纳的长篇小说《艾菲·布里斯特》（Effi Briest，1895）是一部值得仔细分析的作品。冯塔纳在他的作品中批判了德国当时的婚姻制度，他运用了一种"中国人的母题"，但中国人在他的作品中是抽象的，他始终没有真正出现，可他又无处无时不在。小说中的三个主人公都在讨论中国人，有的感觉到中国人即将出现，有的则认为，他的中国人已经死了。在这部小说中，中国人的出现近似于中国的闹鬼（Spuk），它构成了作品中冲突的焦点。①

德国20世纪表现主义运动最有才华的叙事体作家德布林（Alfred Döblin，1878—1957）本是一个医生，1911年在柏林自开了一个精神病诊所，一直到这个时候，文学对他来说还是第二位的事情。但德布林却为中国深深吸引，终于在1915年完成了一部带有一定戏剧性、真实而又超越了个人经历的长篇小说，名为《王伦三跳》。小说以中国乾隆年

---

① 顾彬：《关于"异"的研究》，北京大学出版社，1997年版，第43页。

第五章　中国文化对德国的影响

代的历史为背景，以中国道家哲学为依据，描写了历史上曾经发生过的一次由王伦领导的教派起义。小说涉及德布林在其以后的小说中都涉及的问题，那就是人世间的人道与非人道，是参与社会还是逃避旁观。

1946年获诺贝尔文学奖的德国小说家、诗人黑塞（Hermann Hesse，1877—1962），因为1911年的一次东南亚之行接触到了中国人，看到了侨居在那里的中国人的生活，听到了他们的音乐——歌声和琴声，竟给他留下了中国人的世界"种族和文化统一的美好印象"。他写了两首诗，一首题为《致一位中国歌女》，一首题为《新加坡华人的节日之夜》，以表达他对这种异域文化的兴奋、喜爱和好奇之情。实际上，黑塞主要还是通过阅读中国古代典籍的德文译本，逐渐加深了对中国传统文化的认识与理解的，对此，他曾相继发表过许多评论。在初读《论语》德译本后所写的一篇感想类文章中，他便引用《论语》中孔子所说的三句话推荐给德语国家读者，这三句话是：（一）"不患人之不己知，患不知人也。"（二）"为政以德，譬如北辰，居其所众星共之。"（三）"吾十有五而志于学，三十而立，四十而不惑，五十而知天命，六十而耳顺，七十而从心所欲，不逾矩。"黑塞对孔子学说的喜爱溢于言表。

在发表于《三月》杂志1911年第5期上的题为《中国拾零》的文章中，在赞美儒家创始人孔子的同时，黑塞也对中国哲学思想给出了总体评价：

> 自古以来，最著名的中国智者就是孔子，其理由是，在所有思想家中，他对其国家的生活和历史产生了最深刻的影响。如果我们完全"以中国人的方式"想象他，就是说以形式主义的方式直到迂腐死板，我们也会在整体上把他准确地想象出来，但是，如果我们基于这种判断就把中国人的思想完全看作冷漠呆板、看作不谙哲学而又浅薄轻率，那么我们就冤枉了中国人，因为与此相反，孔子自身就包含了足够的证据。始终依

中国文化对欧洲的影响

然为人知之甚少的是,在中国曾经出现过伟大的哲学家和伦理学家,其知识对于我们来说丝毫不逊于希腊人、佛祖和耶稣的知识。①

读过《道德经》的德语译本尤其是他最喜爱的卫礼贤的译本之后,黑塞曾在写于 1926 年的同样题为《中国拾零》的文章中,谈到了老子思想在过去十几年间对欧洲的影响:

> 中国哲学家老子,在此前的 2000 年中在欧洲并不为人所知,但却在过去的 15 年里被翻译成了欧洲所有的文字,其《道德经》也成了畅销书。在德国,正是里夏德·威廉的翻译和介绍将中国古典的文学和智慧以迄今为止未知的规模引入欧洲。……在过去十年中,除了陀斯妥耶夫斯基之外,可以肯定,没有任何一位伟大人物像老子那样对被战争激发的德国大学生产生如此强烈的影响。②

除了早期作品诗集《浪漫主义之歌》,黑塞创作的长篇小说作品有《彼得·卡门青》《德米安》《在轮下》《荒原狼》等,主要反映小市民和知识分子的苦恼与迷茫。晚年创作的长篇小说《玻璃球游戏》完成于 1943 年,是黑塞一生文学创作的高峰。也正是这部三卷本的杰作使黑塞获得了殊荣——诺贝尔文学奖。小说幻想色彩和象征色彩浓郁,表达了作者对法西斯统治和资本主义没落时代的憎恶,同时也表达了作者对人类美好未来的向往。小说虚构了一个名叫卡斯塔利恩的教育王国——一个乌有之乡,从而影射了第一次世界大战后,特别是第三帝国时期的德国现实。作品主题深奥玄妙,内容艰涩难懂,文字隐晦朦胧,传统的西方文化与古老的东方文化(小说多处引用和评论中国的《易经》

---

① 马剑:《黑塞与中国文化》,首都师范大学出版社,2019 年版,第 79 页。
② 同上书,第 88 页。

《吕氏春秋》以及老庄著作），尤其是中国的老庄思想混合交融，颇有些东方的神秘主义色彩。

20世纪德国最负盛名的戏剧大师、诗人布莱希特与中国，似有一种说不尽的特殊"情缘"。年轻的时候，布莱希特便已接触到中国老子的哲学思想。20年代中期他开始学习马克思主义，系统研究唯物辩证法，这使他的剧作从早期阶段过渡到了以对当时社会的有理批判为标志的第二阶段。1933年希特勒上台后，布莱希特和许多进步作家、艺术家、科学家一样，被迫流亡国外。他先后到过丹麦、瑞典、芬兰，后经苏联到美国。在长达15年的流亡生活中，布莱希特创作了大量的剧本和诗歌。其代表性剧作《大胆妈妈和他的孩子们》《伽利略传》《高加索灰阑记》等都是在这个时期完成的。

布莱希特是个爱国者，他痛恨法西斯，痛恨战争，为自己的祖国被推上罪恶的战车而痛心疾首。在流亡的当年，他便以无比的悲愤之情写下了一首题目为《德国》的诗，鞭挞那些祖国母亲的"不肖之子"。让我们读一读其中的几节：

啊，德国，苍白的母亲！
在世界民族之林中，
你是这样地被腥血污损。
在同样的被污损者中，
你又鹤立鸡群。

……

为什么在你的四周
　　压迫者为你高唱赞歌，
而被压迫者却对你
　　严词谴责？

被剥削者
　　用手指着你斥问，
而剥削者却称颂你那里
　　美如天国！？

……

只要听到从你那里
　　传出来的鼓噪，
人们就要嗤笑；
只要看见你的影子，
人们就赶快拿起刀
——宛如面对一个强盗。

啊，德国，苍白的母亲！
你的不肖之子
　　是怎样地把你污损，
使你在全世界的民族中
像一个小丑或一个凶神！①

　　在流亡的日子里，布莱希特的床头，总是挂着一幅中国画轴，上面画的是一个老人的肖像，那老人就是老子。布莱希特称画上的老人为"怀疑者"，那老人又似乎是他的精神支柱和效法的榜样，督促他不倦地工作，提醒他不可因失望而无所作为。1937年，他曾写过一首诗，诗题就叫《怀疑者》；不久，他又写出了另一首著名诗篇《老子出关著〈道德经〉的传说》，既表现了他对老子及其哲学的崇敬与关注，同时也是在借老子而明志。布莱希特是把自己的流亡比作老子出关，这是

---

① 译诗见《译海》杂志，1984年第五期，第167-168页。

"因为在国内善良又复软弱，邪恶又复猖獗"。但他坚信，法西斯必败，正义必胜。

布莱希特是"史诗剧"的创立者，他的一生都在实践，都在探索。在不倦的艺术探索中，中国古典戏曲给了他很大的影响。1935年，流亡中的布莱希特在莫斯科观看了中国京剧大师梅兰芳的演出，惊喜地发现了中国戏曲与他的"不谋而合"之处。第二年，他写成了《中国戏剧表演艺术中的离间效果》一文，赞美了中国古典戏曲并借以阐释他的"离间效果"这一新的美学概念：

> 在这篇文章里简短地论述一下中国古典戏剧中的陌生化效果的运用。这种效果终于在德国被采用乃是在尝试建立非亚里士多德式（不是建立在感情共鸣的基础上）的戏剧、亦即史诗戏剧的时候。这种尝试就是要在表演的时候，防止观众与剧中人物在感情上完全融合为一。接受或拒绝剧中的观点或情节应该是在观众的意识范围内进行，而不应是在沿袭至今的观众的下意识范围内达到。
>
> ……
>
> 中国古典戏曲中也很懂得这种陌生化效果，它很巧妙地运用这种手法。人们知道，中国古典戏曲大量使用象征手法。一位将军在肩上插着几面小旗，小旗多少象征着他率领多少军队。……各种性格通过一定的脸谱简单地勾画下来。双手的一定动作表演用力打开一扇门等等。舞台在表演过程中保持原样不变，但在表演的同时却把道具搬进来。所有这些久已闻名于世，然而几乎是无法照搬的。
>
> ……
>
> 中国戏曲演员的表演，除了围绕他的三堵墙之外，并不存在第四堵墙。他使人得到的印象，他的表演在被人观看。这种表演立即背离了欧洲舞台上的一种特定的幻觉。观众作为观察

者对舞台上实际发生的事情不可能产生视而不见的幻觉。……

演员力求使自己出现在观众面前是陌生的，甚至使观众感到意外。他所以能够达到这个目的，是因为他用奇异的目光看待自己和自己的表演。这样一来，他所表演的东西就使人有点儿惊愕。这种艺术使平日司空见惯的事物从理所当然的范畴里提高到新的境界。表演一位渔家姑娘怎样驾驶一叶小舟，她站立着摇着一支长不过膝的小桨，这就是驾驶小舟，但舞台上并没有小舟。……

……

中国戏曲演员的表演对西方演员来说会感到很冷静的。这不是中国戏曲抛弃感情的表现！演员表演着巨大热情的故事，但他的表演不流于狂热急躁。在表演人物内心深处激情的瞬间，演员的嘴唇咬着一绺发辫，颤动着。但这好像一种程式惯例，缺乏奔放的感情。很明显这是在通过另一个人来重述一个事件，当然，这是一种艺术化的描绘。……①

显然，中国古典戏曲的表演手法给了布莱希特许多启示，也给他的理论提供了有力的支持。我国戏剧理论家丁扬忠20世纪50年代曾求学于德国莱比锡戏剧学校，并曾到柏林剧团实习。其间他结识了布莱希特夫人、著名演员海伦·魏格尔，魏格尔对他说："布莱希特的哲学思想和艺术原则和中国有着密切的关系，布莱希特戏剧里流着中国艺术的血液。"

最有趣味的是，流亡期间，除了《伽利略传》和《大胆妈妈和她的孩子们》这两出名剧外，布莱希特还创作过一部寓意剧，剧的名字叫作《四川好人》。剧的情节是虚构的：三个神仙为证实自己的存在，从天上来到人间，想在中国的四川寻找一个真正的好人。但社会昏暗，好人难寻，他们最后找到的唯一好人是妓女沈黛。沈黛从神仙那里得到

---

① 布莱希特著、丁扬忠等译：《布莱希特论戏剧》，中国戏剧出版社，1990年版。

了一千银元，从良后开了一爿小烟店。不久，亲朋好友、街坊邻里都来索要，使她面临绝境。在万般无奈的情况下，沈黛只好扮成她凶狠的表哥隋达，才免遭破产。该剧就是用这样的一种虚构情节提出了一个问题：在私有社会里有没有好人？好人在这样的制度下能否生存？布莱希特在剧的最后并没有给出答案，而是留给观众去思索。戏中的四川女子沈黛是那样善良，而她的表哥隋达却是那样自私而凶恶，可沈黛和隋达其实是一个人，或者说是人性善恶的两个侧面。这个世界实在是太贫穷，人心也太险恶，一个弱女子的善心和善行不足以拯救这个日益颓败的世界。因此，当美好的理想一次次地碰壁之后，便不得不一次次地回到冷酷的现实世界中来，即从沈黛回到隋达。隋达开办一家烟草工厂，残酷地剥削工人，以使沈黛的小烟店得以维持下去，甚或使她能重新行善。沈黛的善行竟必须依靠隋达的恶行来支撑，然而人们仍然憎恨隋达，想念沈黛……

第六章
中国文化在欧洲其他国家的传播与影响

在前几章里，我们分别从总体上描述了中国文化在欧洲的传播以及欧洲人对中国文化和文学的接受、误读和研究状况，此外，我们还分别介绍评述了英、法、德这些主要的欧洲国家对中国文化的介绍和传播。无疑这对我们从总体上进一步理解中国文化在西方的地位和影响有着很大的帮助。但正如我们所知道的，欧洲是一个虽然面积不大但却有着众多民族和国家以及众多语言的大陆，就其地理意义和意识形态意义来说，它曾被有形无形地分为北欧、南欧、西欧和东欧几个大区。尽管近二十年来，欧盟试图从政治的角度考虑来实现对外以一个声音说话，并试图用欧元来统一欧洲货币，但实际上各国至今仍为采用何种语言为正式的官方语言而争论不休。特别是英国的"脱欧"给欧盟的"一体化"进程带来了很大的损失和打击。此外，由于语言的局限和资料的局限，我们的介绍无法涵盖所有的欧洲国家，再加之在这方面已有人就中国文学对某一国家的影响作了深入的研究并取得了成果，[①] 因此本章并不打算涉及俄罗斯这个横跨亚欧两大洲的国家以及东欧诸国，也不涉及南欧的一些国家，而是主要对中国文化在一些汉学研究较为发达以及中国文

[①] 关于中国文化（主要是文学）在俄罗斯和苏联的传播和影响，参阅李明滨《中国文学在俄苏》，花城出版社，1990年版。该书对汉学在俄罗斯和苏联的兴起及历史演变，以及中国各时期文学在俄苏的翻译介绍和研究状况均作了较详细的描述。

化影响较大的国家——例如荷兰的传播和接受状况作一评介，同时也涉及一些不大为人们所注意但实际上又与中国有着千丝万缕的联系的国家。

第一节　中国文化和文学对荷兰的影响

在西欧诸国中，对中国文化最感兴趣的国家，除了几个大国外，当数荷兰，这不仅体现在蜚声世界的莱顿大学这座欧洲的汉学中心在介绍和研究中国文化和文学方面所发挥的独特作用，[①] 更在于广大荷兰人民对中国文化的浓厚兴趣和对中国文学的热爱。在今天的荷兰几乎所有的城市或小城镇，人们都可以很容易地找到专营中国货物的商店和专做中国菜肴的中国餐馆。在荷兰首都阿姆斯特丹市的火车站附近，还有一个有着相当规模的中国城，吸引了前来荷兰旅游的各国游客，这无疑给这座城市里的华裔荷兰人的生活带来了很大的方便，同时也给周边地区荷兰人的饮食文化生活增添了几分光彩。

中荷文化的接触和交融

荷兰人最早与中国的接触是随着欧洲其他国家对中国的兴趣而开始的，据研究者考证，葡萄牙人最初于15世纪后期发现从非洲的好望角可以前往东方诸国，因而不少欧洲人（包括荷兰人）便纷纷取道这里来亚洲旅行探险，"荷兰濒临北海，航海业发达，16世纪下半叶摆脱西班牙统治后就积极加入了欧洲列强在亚洲的殖民地争夺，许多荷兰人通过各种途径来华。荷兰知识界最初对中国社会、文化和汉语的了解，主要是通过荷兰和其他西方国家的海员、商人、探险家、传教士、外交人

[①] 当本书作者之一王宁于1990—1991年在荷兰乌德勒支大学从事博士后研究时，曾应邀每两周前往莱顿大学汉学院参加那里的博士生研讨班，并发表演讲。那里的汉语语言环境确实令他吃惊，尤其使他印象深刻的是，汉学院的中国研究图书馆里各类藏书和中文期刊远比中国一般的大学图书馆藏书要多，有些绝版的老书甚至在国内图书馆内也难以找到。

员以及旅居海外的华人（特别是旅居东南亚和欧洲的华人）获得的"①。一位来自荷兰小镇上的青年水手曾两度乘船到澳门，回国后便在旅行观感中描述了自己对中国的感受和印象，这篇观感后来成书于1592年在莱顿出版，据说这可以算作荷兰人直接了解中国社会的第一份有据可查的文献资料。此外，一位新教徒赫尔聂斯也曾向一位中国天主教徒学过一些汉语，之后，在他的帮助下，赫尔聂斯还编过一本词典，内有基督教教义的汉译文，他以此来鼓励荷兰人学习汉语，以便利用这个工具更为有效地和中国做生意。但遗憾的是，这本词典后来不慎流失了。曾一度在莱顿大学任教的东方学研究者雅各布·戈利耶斯在一位中国学者的帮助下对中国的历法作了较详细的了解，他的这些工作实际上为后来在莱顿大学开始的汉学研究奠定了一定的基础。

应该承认，荷兰的传教士对中国文化的传播也做过不少工作。一位名叫卫匡国的神父曾出版过一部地图册，对同时代和后代的荷兰人了解中国的社会历史和地理情况均起到了较明显的作用。生活在17世纪的伊萨克·福修斯（Isaac Vossius，1618—1689）出于对中国的关注，也花过不少时间来研究中国的纪元系统，他也和相当一批欧洲知识分子一样，试图通过对一些东方国家的了解来证明，在欧洲以外的地区照样存在着悠久的文明，这些处于鼎盛时期的文明甚至比欧洲文明还要先进。他在后来的著述中仍发展了这些思想。② 毫无疑问，这一具有批判欧洲中心主义的朦胧意识的思想预示了当代的后殖民批评家对欧洲中心主义的批判。就这样，早期中荷之间的文化交流和接触通过四种途径来进行，即民间交流、政府接触、宗教传播以及商务贸易。这便为后来的中荷文化的全面交流奠定了基础。

此外，荷兰人对中国的了解也间接地通过文学作品和其他方式来达到。按照一些荷兰汉学家的考察和追溯，中荷文化关系有着悠久的历

---

① 这段描述主要参考了雄文华的文章《荷兰的汉学研究》，载阎纯德主编《汉学研究》第二集，中国和平出版社，1997年版，第1-29页。
② 雄文华：《荷兰的汉学研究》。

第六章 中国文化在欧洲其他国家的传播与影响

史,早在16世纪末叶,荷兰的海外远征队队员就从东方带回一些书籍,其中包括一本中国的文学作品,这就是施耐庵、罗贯中写的长篇小说《水浒传》。这本书中的一页至今仍保存在牛津的波德莱恩图书馆里。这本书的传人荷兰也说明了荷兰商人在与中国人做生意之余仍饶有兴致地去了解反映当时的中国社会现实生活的文学作品,书中的栩栩如生的人物形象确实令荷兰商人难以忘怀。可以说,在17世纪的许多年里,阿姆斯特丹都一直是欧洲传布中国货物和这一中央帝国的文化知识的中心,这恐怕对荷兰的汉学一直具有欧洲的中心之称也不无关系。早在17世纪60年代,荷兰人就开始关注中国发生的事,并试图用自己的想象力去进行建构和描绘,一个明显的例子就是在荷兰文学中出现了对中国明皇朝演义史的强烈兴趣,作家们至少写了两部描写明皇朝衰亡以及最后一个皇帝悲哀地死去的悲剧。虽然这些作家未必到过中国,但他们那丰富的艺术想象力至少说明了他们对中国的兴趣和幻想。而在此之后荷兰文学家对中国题材的兴趣一直未消退。这无疑对当代荷兰的中国文化和文学热也有着一定的影响。

汉学研究在荷兰

毫无疑问,也和其他欧洲国家的情形一样,中国文化在荷兰的传播在很大程度上得益于汉学学科的建立和发展。在欧洲诸国中,荷兰有着悠久的汉学教学和研究传统。如果说,欧洲的汉学起源于18世纪的话,那么到了19世纪中叶,荷兰的汉学便已经有了雏形。开始时只是为培养一些能够和中国人进行贸易洽谈的翻译而开设了训练班,但很快地,第一个中国语言文学教席就于1874年在最古老的莱顿大学设立了,古斯塔夫·薛力赫(Gustaaf Schlegel, 1840—1903)被任命为第一任中国语言文学讲师,他于1877年10月27日作了题为《关于学习中国语言的用途》的就职演说,在这篇演讲中,他从中国文化的悠久传统和辉煌遗产出发强调了中国在世界上的重要地位以及学习汉语的重要性。他在这一岗位上一直工作到1903年去世时为止,之后由高延(J. J. M. de

Groot，1854—1921）接替，直到 1912 年离任赴柏林才中断。1919 年，这一中断了数年的职位又由戴文达（J. J. L. Duyvendak，1889—1954）继承了下来，他在这一岗位上工作了十多年后于 1930 年晋升为教授。由于荷兰的大学教职采用的是英国制，每个学科专业只能设一个教授职位，只要那个教授不退休或病故，别人就无法得到晋升，这种制度无疑对教师的素质和水平是一种严格的把关，但另一方面确实也致使一些有才华的青年教师因为得不到晋升而离开荷兰去别国另谋高就。由此可见，为刚刚起步不久的汉学设立教授职位在荷兰大学里确实是一件重要的事件。戴文达于 1954 年去世，他的职位于 1956 年由何四维（A. F. P. Hulsewe，1910—1993）接替，直至 1975 年退休。现任莱顿大学汉学院中国文学教授职位的是 1976 年接替这一职位的伊维德，他是一位世界有名的中国文学翻译家和学者，一生著译丰盛，曾两度出任汉学院院长，还担任过非西方研究中心主任和中文系主任，并在包括美国哈佛大学在内的多所欧美名牌大学讲学，自 1998 年起出任莱顿大学文学院院长。此外，莱顿汉学院还于 1961 年设立了中国历史学教授职位，该职位一直由著名历史学家许理和（Erik Zürcher，1928—2008）担任，直到 1993 年退休。1990 年英国籍汉学家托尼·赛奇（Tony Saich，1953—至今）曾应聘担任汉学院院长兼中国政治学教授，后来又曾任福特基金会驻北京办事处主任。除了上述两位正式聘任的讲座教授外，莱顿汉学院现有教职工 40 余人，其中有十多名教师以科研为主，兼任教学工作。[①] 在这 40 人中还包括一位曾在美国任教授的中国裔汉语语言学专家梁兆兵，他退休前曾任汉学院院长兼中国语言学教授，除了教学研究工作外，他把大量的精力花在与中国大陆的三所大学进行合作交流项目。这三所大学分别是北京大学、北京语言文化大学和厦门大学。为了加强荷兰学生的汉语口头表达能力，使他们有条件亲身经历在中国的生活，每年莱顿大学汉学院都要派十多名学生到北京语言文化大学、北京

[①] 这段描述的主要资料出自伊维德于 1991 年赠送给王宁的一篇讲演稿《中国文学在荷兰的翻译：历史的回顾》，特在此致谢。

大学和台湾师范大学学习进修，与这几所大学的校际交流也定期进行。由隶属于汉学院的当代中国研究中心编辑出版的当代中国研究刊物《中国信息》（China Information）于1986年创刊，这一季刊开始时仅致力于介绍中国研究领域里的最新信息，兼发表少量的学术论文和书评，现在随着国际汉学和中国研究事业的飞速发展，此外也由于该刊编辑人员和广大作者的共同努力，这个刊物已逐步转变为一家专门研究中国当代问题的纯学术性刊物，由英国赛奇出版社出版，涉及中国研究学科的历史、政治、经济和文化等各个领域，它在同类期刊中的特色在于信息量大、论文发表周期短、探讨问题直接针对现实等，颇受广大中国问题研究者的欢迎。该刊主编为专攻中国哲学和社会思想的女汉学家庄爱莲博士，一个颇有权威性的国际顾问委员会协助她组稿和审稿。

中国文学在荷兰的翻译：从转译起步

既然荷兰有着如此得天独厚的汉学传统和中国文化的研究环境，那么人们一定认为，中国文学在荷兰的翻译介绍较之别的欧洲国家会更多，其实际情况并不如人们所想象的那么乐观。正如伊维德所指出的，直到20世纪70年代，直接从中文译成荷兰文的作品仍凤毛麟角，只是到了近40年，翻译界对中国文学的兴趣和介绍才出现了较大的增长，大批中国古典和现当代文学作品陆续有了直接译自中文的新译本。[①] 其实究其原因并不复杂：一方面是由于17世纪时，大多数荷兰人只是致力于与南部沿海地区的中国人做生意，他们学会的那一点点中文带有浓厚的乡音和混杂的方言，再加之繁忙的业务使他们难以坐到北京的学校里专心致志地攻读标准的中国语言文化，他们在文学作品中所描写的一些关于中国的故事也大多取材于外交官的日记、旅游者的游记以及传教士的报告，因此这些关于中国的文字充满了对中国的误解和好奇，往往虚构的成分大大多于真实的东西，并不能作为研究中国问题的第一手资

---

① 这段描述的主要资料亦出自伊维德于1991年赠送给王宁的讲演稿《中国文学在荷兰的翻译：历史的回顾》。

料。其次，作为一个西欧小国，荷兰人深知自己语言的局限，他们往往一生要学习好几种语言，如英语、法语、德语等，所以一般的荷兰大学毕业生都会说上述三种语言，加上荷兰语，一般的学者都能用四种语言写作甚至发表文章，而且与德国人和法国人所不同的一点恰在于，他们更愿意用国际通用的语言，如英文发表自己的重要学术论文，以引起国际学术界的注意。受这种开放观念的影响，荷兰的汉学家，如薛力赫和许理和，便大多用英文发表自己的中国研究学术论文，因为他们从自己的前辈学者 J. L. M. 穆列所受到的冷落之命运中得到了教训：他对中国古汉语和现代汉语语法的详细描述竟无法出版，只能以打印稿的形式在课堂上使用，而且很少被别的学者引用和讨论，这样久而久之便被人们遗忘了。

尽管如此，仍有一些荷兰人尝试着直接从中文翻译中国文学作品。第一位汉学讲师薛力赫于1866年率先译介了一部名叫《花间集》的广东叙事诗，其后他还翻译介绍了一些中国志怪小说，撰写了评介文章，并用英、法、德文发表了不少学术论文。但他获得莱顿大学的中文教职后便停止了这项文学翻译工作。高延所发表的关于中国文化和文学的论文一开始也是用荷兰文撰写的，后来很快便改用英文或德文，而且到了后来，他的主要兴趣集中于宗教问题，而不是文学。戴文达的学术兴趣主要是中国古典哲学研究、中西方文化交流史以及中国当代的发展问题。他一开始就意识到了中国新文学运动的重要意义，于1923年用荷兰文发表了一篇题为《中国的文学复兴》的论文，向他的荷兰同胞介绍了中国的五四新文化运动，他在文章中还提及了一些新派诗人，其中包括刘半农、沈尹默、李金发等，这足以看出他的美学倾向和爱好。他还是荷兰第一位将鲁迅及其小说介绍给广大读者的翻译家和文学研究者，他翻译的鲁迅小说有《肥皂》等，通过他的选择，我们可以看出荷兰汉学家对中国文学作品的翻译介绍并非听从中国学者，而是有着自己的选择。由于他的主要兴趣是中国古典哲学，因而他花了很多时间编选了一本《中国古典哲学文选》并于1941年出版，他还于1942年翻译出版了老子的《道德经》，该译本后来于 1946 年和 1980 年两次再版。尽管戴文达用荷兰文发表了许多关于中国文学的作品和论文，但这些绝不是他的主要学术研究成果，他十分重视自己在国际学术界的影响，因此他的主要学术著作一般都用英文撰写并发表。他和另一位名叫高罗佩（R. H. van Gulik，1910—1967）的汉学家一般在《中国》季刊上发表这些介绍中国文学的译文或论文，可以说，他们的努力为 20 世纪上半叶中国文学和文化在荷兰的传播和介绍起到了开拓的作用。

作为一位学院派历史学家，何四维很少用荷兰文发表论文，而另一位历史学家许理和则一般用英文或法文发表自己研究中国佛教和早期传教士在沟通中西方文化关系中所起的作用的论文，但是，他于 1964 年和一位名叫 F. 沃斯的日本学研究者用荷兰文合著了一部介绍东亚佛教禅宗的专著，其中翻译介绍了大量的原文文献。许理和用荷兰文编写的最重要的佛教研究文献出版于 1978 年，其中包括了相当完整的早期中国佛教的文献译文，对于荷兰读者了解中国古代宗教文化作出了重要的贡献。

正如伊维德所指出的，即使有着不少对中国感兴趣的荷兰读者等着阅读中国文学作品，但是大量的中国文学作品并非直接译自中文，而是将其他语言作为中介转译成荷兰文的，因而其质量大可令人怀疑。这些作品虽未在学术界引起足够的重视，但客观上广大荷兰读者恰恰正是通过这种直接的和非直接的途径对中国文化和文学有所了解的。

荷兰通过其他欧洲语言大量地转译中国文学作品可溯至 18 世纪。英文版《好逑传》于 1761 年问世，而其荷兰文译本很快便于 1767 年出版了。在诗歌翻译方面，译成法文和德文的中国诗歌在荷兰也有着一定的影响。但这一时期的荷兰文中国文学译本很乱，有些译本的任意发挥和删节导致作品面目全非，甚至连不少汉学家都无法找到原文的出处。可以说，这一时期的翻译作品鱼龙混杂，但在译成荷兰文的二三流通俗作家的作品中，也不时地兼有一些一流作家和哲人的作品问世，例如孔子和孟子的著述以及李白的诗等，但这些作品往往发表在杂志上，很少成书出版。

  应该承认，即使是通过转译，中国文学作品也照样对荷兰作家产生了一定的影响。就诗歌领域而言，对中国诗歌的翻译介绍产生的影响具体表现在荷兰诗人的误读和创造性建构上。这方面的主要代表是斯洛尔霍夫（J. Slauerhoff，1898—1936），他曾是一位在海军中服役的医生，游历甚广，并到过中国，他喜欢在自己翻译或创作的诗中引入一些异国风情。作为一位有着自己翻译标准的诗人兼翻译家，斯洛尔霍夫的翻译与他的前辈有很大的不同，他是最早采用英国翻译家阿瑟·韦利的译本的荷兰诗人。他一方面忠实地效法威利，另一方面又不时地对中国诗进行一些全新的误读和有意的曲解，因而展现在荷兰读者眼前的中国诗实际上是经过他带有创造性主体建构意识的接受之后用另一种语言重新书写的"再创造性"作品。可以说，尽管斯洛尔霍夫的翻译加进了自己的浪漫主义情调，但是对荷兰读者来说，读他那自由发挥的、带有创造性的译诗远远胜过读另一些诗人的译作。由于荷兰本身有着"诗的王国"之称，因而在20世纪40年代至80年代，在中国文学作品的翻译中，诗歌的翻译始终占有很大的比重。自80年代中期以来，一年一度的荷兰鹿特丹诗歌节——目前世界上最大的诗歌节——开始邀请一些中国当代诗人出席并朗读自己的诗作，这无疑也为中国诗歌在荷兰的翻译出版起到了推波助澜的作用。

  正如伊维德所总结的，中国诗歌并非仅由于其思想的深刻和意象的优美而受到广大读者的欣赏，同时也因为人们认为中国诗歌使他们能够感受到东方的智慧。《道德经》的荷兰文译本第一版于1910年出版，而第11版则于1986年问世，这足以看出人们对东方人的价值标准的兴趣。同样，孔子和庄子的著述也一版再版，一再地被不同的译者翻译、阐释。这充分体现了荷兰读者也和其他欧洲国家的读者一样对以中国为首的东方文化思想有着由衷的热爱和向往。应该指出的是，如同所有的国别文学在另一国度的流传一样，中国文学作品在荷兰的翻译所取得的成功在很大程度上并非取决于时代的风尚，而更多地取决于译者的高超的翻译技巧。这主要体现在弗朗茨·库恩的德译本中国古典文学名著（包括《三国演义》《水浒传》《金瓶梅》《红楼梦》等）一再被译成其他语言并转译成荷兰文这一事实。

中国文学在当代荷兰的接受：直接的翻译和交流

相比之下，中国现当代文学被荷兰转译的现象就少多了，这主要是因为经过多年的培养，荷兰逐步有了一批精通中文并有着丰厚的中国文化和文学素养的汉学家和翻译家，他们的努力工作为中国文学被直接翻译介绍到荷兰作出了重要的贡献。这一时期的转译本仍在继续出版。J.萨默威尔于1960年编辑出版了一部题为《中国小说大师》的现代短篇小说选集，该文集收入了鲁迅的两篇小说，其余的作家如郭沫若、茅盾、沈从文、老舍、巴金、丁玲、林语堂和端木蕻良则每人收入一篇。实际上，在此之前，赛恩·弗里斯于1959年出版了鲁迅的《阿Q正传》荷兰文译本，茅盾的《子夜》则问世得更早些。1986年，由威廉·克鲁恩和丁耐克·豪斯曼据法译本译出了巴金的《家》，从而开启了巴金作品的翻译工作。据不完全统计，中国现代的主要作家都有作品被直接或转译成荷兰文，包括赵树理的《李有才板话》和老舍的《骆驼祥子》等。还有些短篇小说的翻译出自英文版《中国文学》，这些翻译作品的问世无疑繁荣了荷兰的文学市场，对当代荷兰作家产生了一定的启迪作用，同时也为年轻的汉学家直接从中文翻译介绍中国文学作品奠定了基础。

在把中国文学直接翻译介绍给荷兰读者方面，亨利·鲍瑞尔、叶夫·拉斯特和肖特曼最为多产，他们的工作可以说在当代荷兰文学史上也留下了痕迹。亨利·鲍瑞尔早年师从薛力赫在莱顿大学专修中文，后为翻译中国古典哲学著作作出了很大贡献，他的三卷本中国哲学名著译本包括第一卷《孔子》，内收《中庸》《大学》以及《论语》节选，该卷问世于1896年；第二卷《老子》问世于1897年，包括《道德经》；第三卷《孟子》迟至1931年才出版。叶夫·拉斯特师从戴文达，后在德国汉堡大学获得博士学位，其学位论文是关于鲁迅在西方的接受，他除了专攻鲁迅外，还翻译了大量中国古典和现代文学和哲学名著。乔·W.肖特曼的专业是医学，他曾于 1921—1927 年在中国从医，开始对中国的诗歌和小说发生了浓厚的兴趣，以至他翻译了《诗经》全本、《道德经》以及孔子的名言。此外，在东南亚一带生活的中国华侨也为中国文学作品译成荷兰文作出了贡献。1973 年，由著名汉学家佛克马和许理和合编的《中国文库》在阿姆斯特丹问世，这套丛书不仅包括翻译作品，同时也包括研究著作，一直出至 1984 年。自 1985 年之后，佛克马的研究兴趣逐渐转向西方文学理论和后现代主义研究，对中国问题的关注从此也就逐渐淡化了，但他本人先后在国际比较文学协会秘书长、副主席和主席任上工作了十多年，为中国比较文学研究在国际学术界的地位的不断提高作出了不可忽视的贡献。佛克马在 1996 年退休后仍担任国际比较文学协会名誉主席，并在乌德勒支大学主持一个国家级科研项目。在他们两位大家的带动下，20 世纪 60 年代至 80 年代的中国文学翻译在荷兰出现了空前的繁荣。

也许最重要的一个因素在于，20 世纪 70 年代和 80 年代是荷兰汉学大发展的时期，学中文的学生数量猛增，许多人在中国学了一至两年中文后，便为中国当代的具有先锋实验特色的新时期文学所倾倒，有些学生甚至还未大学毕业就投身于中国文学的翻译工作。在这种形势的鼓舞下，一些荷兰的出版商也异常活跃地出版中国文学作品，并和一些基金会联手操作，邀请了一些中国当代著名作家访问荷兰，直接和荷兰读者见面并与翻译界建立了直接的联系。据不完全统计，先后受到邀请访问荷兰的中国作家包括北岛、古华、张洁、王蒙、王安忆、王家新、柏华、多多、芒克等，批评家则包括贺祥麟、刘再复、王宁、陈晓明、赵毅衡等。他们的访问讲学为荷兰的读书界和汉学界带来了中国文坛的最新信息，促进了中荷的文学交流。

在 20 世纪 70、80 年代中国文学翻译高涨时期，有几位作出重要贡献的翻译家值得一提。在古典文学的翻译和研究领域，伊维德的贡献至今恐怕也无人可以比拟，他已出版的中国文学著作、译著和论文多达50 余种，几乎涉及中国古典文学的各种文类。作为荷兰当代最有影响的汉学家和中国文学研究者，伊维德的翻译主要涉及中国古典诗词和赋，除了在杂志上发表译作外，他于 1977 年出版了一本选有 200 首寒山诗作的研究文集；1984 年出版了盛唐诗选集，其中包括王维、孟浩然、李白、杜甫和白居易的作品；1985 年出版了一本中国古代赋文选集；1986 年出版了收有 100 首白居易诗的选集；1989 年推出了收有 144 首杜甫诗的选集；1991 年又推出了长达 700 页的《中国古典诗词选：从〈诗经〉到清代》，从而达到了中国古典文学翻译在荷兰的巅峰；同年，他翻译的《西厢记》问世，这也是他早年致力于小说翻译的一个继续。

近三十多年来，中国现当代诗歌在荷兰也引起了广大读者和翻译界的重视，这主要得助于以著名诗人兼翻译家、汉学家汉乐逸（Lloyd Haft，1946—至今）为代表的一批中青年汉学家的努力。他于 1981 年出版了一本与别人合译的闻一多诗选，1983 年又出版了中国现代五位著名诗人的诗选，他们是闻一多、李广田、卞之琳、何其芳和臧克家。T. I. 翁义于 1986 年翻译出版了冯至的《十四行集》。新一代翻译家柯雷（Maghiel Van Crevel，1963）和汉乐逸合作译出了 1978 年以来在中国文坛崭露头角的诗人的作品选，他们包括顾城、多多、北岛、芒克、王家新、柏华、杨炼、琼柳等 10 位诗人。这两位汉学家一方面从事中国文学教学，另一方面通过直接与中国作家的接触，比较准确地把握了中国当代文坛的现状，及时地向荷兰乃至欧洲的汉学界提供中国文坛的最新信息。

随着中国当代诗歌翻译的兴盛，当代小说也不断被译成荷兰文，图书市场上出现了一系列当代中国小说选集，其中比较有名的是库斯·奎柏和爱德·布兰基斯廷合作编译的《新中国小说》（1983 年），所介绍的小说家包括"伤痕文学"的代表人物卢新华，以及新时期具有开拓精神的作家刘心武、陈国凯、茹志鹃、王蒙和高晓声；另一本则是出版于1988年的女性小说选集，由马利莎·班杰斯和爱利丝·德·琼合作编译，收入了王安忆、遇罗锦、宗璞、张辛欣和张洁的代表作品。当代荷兰的两位最多产的小说翻译家是库斯·奎柏和林特·希比思马，前者翻译了高晓声、戴厚英和张洁的代表作品；后者于1987年翻译出版了一本包括王蒙的四部短篇小说和王安忆的一部中篇小说的文集，1988年和1989年，他还接连出版了张贤亮的两部小说——《男人的一半是女人》和《绿化树》，1990年他又推出了王安忆的《小鲍庄》等。

在上述这些汉学家和文学翻译家的努力下，新时期中国文学的主要作家大都有了自己作品的荷兰文译本，其中作品被翻译得最多的作家当数张洁，包括《方舟》《爱是不能忘记的》《沉重的翅膀》《只有一个太阳》和《祖母绿》，这些小说在荷兰文学界和广大读者中均有着一定的影响。比较有影响的小说还有谌容的《人到中年》和古华的《芙蓉镇》。而与之相比，台湾作家的作品翻译成荷兰文的就少多了。这大概与近四十年来中国改革开放所带来的文艺繁荣局面不无关系。正如伊维德所总结的，近四十年来的中国文学在荷兰的翻译形势是令人鼓舞的，其标志是一大批年轻的翻译工作者正在成熟，他们活跃在中国现当代文学的翻译介绍领域，许多空白还有待于他们去填补。就翻译的文体来说，小说一般比较受欢迎，其次是诗歌，最没市场的是戏剧。因此在这方面，仍存在着很多问题，其中一大问题就是缺乏计划性，特别是对古典文学的介绍更是如此。尽管中国文学翻译方面仍存在着种种不尽如人意之处，但一些致力于中国文学翻译的译者仍会在未来的岁月里孜孜不倦地工作，以便为自己的同胞提供更丰富的精神食粮。[1]

佛克马的比较文学和中国现代文学研究

在荷兰的比较文学和汉学界，一个无法绕过的大学者就是杜威·佛克马。他学识渊博，几乎可以用欧洲所有主要的语言阅读，并用英、

---

[1] 参见伊维德的文章《中国文学在荷兰的翻译：历史的回顾》打印稿。

第六章　中国文化在欧洲其他国家的传播与影响

法、德文和荷兰文写作。他也通晓中文，对中国现当代文学及理论尤有研究。佛克马深知自己来自一个小民族荷兰，所用的母语是非通用语——荷兰语，因此他的主要著作都用英文撰写并出版，从而得以产生广泛的国际影响。自中国实行改革开放以来，佛克马率先来中国访问讲学，并自80年代中后期以来多次来中国访问讲学并出席学术会议，对中国比较文学在新时期的复兴和走向世界作出了重要的贡献。由于佛克马在中国的比较文学和文化理论界的重大影响和独特地位，同时也由于他在所有研究世界文学的西方学者中是极少数通晓俄语和汉语并熟悉中国现代文学和理论的学者之一，因此他的世界文学观便有着鲜明的跨文化特色。

佛克马作为一位有着严谨的科学精神的欧洲学者从一开始就十分注重文学的经验研究，他的博士论文题目就是《中国的文学教义及苏联影响》[1]，单单从这个题目就可以看出其中的跨度是很大的，涉及的语种也超过三种：首先，他的论文是用英文撰写的，讨论中国的文学教义时，他大多直接引用中国国内出版的文献，例如《人民日报》《光明日报》《文艺报》等主流报纸，以及《红旗》《文学评论》等主流理论和学术期刊。这充分体现了他的严谨学风和多语种能力。尽管如此，他仍然不满足于通过翻译来讨论苏联的文学艺术政策，他还学习了俄语，并达到阅读文献的水平。书中的不少文献就直接引自苏联的《真理报》《文学报》等主流报刊。此外，作为一位文学理论家，佛克马也十分关注国际文学理论前沿课题，他尤其对现代主义和后现代主义情有独钟，并发表了大量著述。1983年春，佛克马作为荷兰伊拉斯莫斯讲座演讲者赴美国哈佛大学作了三场演讲："国际视野中的文学史"（Literary History from an International Point of View），"现代主义的预设：纪德、拉波、托马斯·曼、特·布拉克和杜·佩隆作品中的文学成规"（Modernist Hypotheses: Literary Conventions in Gide, Larbaud, Thomas Mann, Ter Braak, and Du Perron），以及"后现代主义的诸种不可能性：

---

[1] 杜威·佛克马：《中国的文学教义及苏联影响：1956—1960》，穆彤出版社，1965年版。

博尔赫斯、巴塞尔姆、罗伯-格利耶、赫曼斯及另一些作家的作品中的成规"(Postmodernist Impossibilities: Literary Conventions in Borges, Barthelme, Robbe-Grillet, Hermans, and Others)。这三场演讲获得了学界的普遍好评,也扩大了他在美国学界的影响和知名度。但是出人意料之外的是,在第三个讲座的结语一段话里,他竟然武断地得出了这样一个结论:"后现代主义对想象的诉求在伊凡·丹尼索科维奇的世界或在中华人民共和国是不合时宜的。中国人有一句寓言也许可以从博尔赫斯的小说中衍生出来,叫做'画饼充饥'。然而,在中国语言的代码中,这种表达有着强烈的负面意义。因而有鉴于此及另一些原因,在中国赞同性地接受后现代主义是不可设想的。"① 但是,具有一种与时俱进精神的佛克马后来得知后现代主义确实进入了中国并在中国当代文学中产生了较大的影响时,他便改变了上述看法,并对之进行了研究。

　　进入21世纪以来,已经退休的佛克马在完成了荷兰皇家科学院的重大项目之后,便腾出更多的时间关注中国现当代文学了,首先进入他的研究视野的就是中国当代先锋小说。在2005年8月深圳举行的中国比较文学学会第八届年会暨国际研讨会上,佛克马应邀作了题为"中国的后现代主义小说"的主旨发言,后来又于2007年在四川大学就这个话题作了演讲,最终该文修改后发表于美国的文学史研究权威刊物《现代语言季刊》的关于中国现代文学的专辑中。② 在这篇论文中,佛克马首先指出,后现代主义在不同的地区有不同的表现形式,欧洲的后现代主义文学显然不同于美国的后现代主义文学,也不同于中国的后现代主义文学。那么中国的后现代主义文学有何特色呢?他认为:"这种差别并非局限于它是另一个地方的后现代主义,而在于它所赖以生存的历史背景、叙事形式以及读者的反应。"③ 可以说,佛克马正是从这几个视

---

① 杜威·佛克马:《文学史、现代主义和后现代主义》,约翰·本杰明出版公司,1984年版,第55—56页。
② 杜威·佛克马:《中国的后现代主义小说》,《现代语言季刊》2008年第69卷第1期,第141—165页。
③ 同上刊,第141页。

第六章　中国文化在欧洲其他国家的传播与影响

角开始对一些中国当代文学文本细读和分析。在他看来，中国当代文学中的后现代主义潮流的出现有其多方面的因素：

> 中国的后现代主义的文学背景也如同其近百年的历史一样是多方面的。首先，是社会主义现实主义，包括被认为是"红色经典"的一些俄苏小说。1958年社会主义现实主义这一术语被重新表述为"革命现实主义与革命浪漫主义的结合"……其次，20、30年代的中国现代文学依然是中国作家和读者的集体记忆之一部分。第三，中国的传统经典，这一传统始自孔子和庄子，直到唐宋诗词，再到《西游记》和《红楼梦》，它们始终作为中国文学背景的一部分。第四，还有外国文学，包括翻译成中文的博尔赫斯和加西亚·马尔克斯的作品，以及很快就译成中文的巴思的论文《补充的文学》，这些均使得后现代主义成为知识界的一个熟悉的概念。第五，还有通俗文学和民间故事的第一手知识，这些作家中比较有名的如莫言，大都出生在农村，或者青年时代就被送到那里去接受再教育的知识青年，如韩少功。[①]

因此，这种多元的价值取向和多方面文化背景便导致后现代主义作为其一元也能在中国当代文学中占有一席之地。于是他挑选了几位在他看来具有后现代主义倾向的作家，通过细读和分析莫言、王朔、余华、韩少功和海男等人的小说，颇有理论敏感性地加以理论总结："我们可以得出这样的结论，现代主义和后现代主义在当代西方文学中是同时出现的，其中先锋派作家们更为偏好后现代主义。在中国也是如此，现代主义与后现代主义是共存的，但是现代主义的地位较之其西方同行来则更为强大，因为现代主义在中国是一种迟缓了的发现和实践……现代主

---

① 杜威·佛克马：《中国的后现代主义小说》，《现代语言季刊》2008年第69卷第1期，第148页。

义者和后现代主义者对于社会主义现实主义都是一种反动，因此在这方面，现代主义与后现代主义与其说是竞争者，倒不如说更是同盟军。"① 这一结论是他在仔细分析了中国的具体情况后得出的，比较符合中国学者对现代主义与后现代主义在中国改革开放时代同步出现之特征的概括。当然，中国的后现代主义文学一方面消解了国际后现代主义文学运动的"宏大叙事"，另一方面又以中国的具体实践和变体形式丰富了国际学界的后现代主义文学理论。

在确认中国的后现代主义与欧美的后现代主义有着差别后，佛克马又提出了这样一个问题："是否存在一个中国的后现代主义者可据以反动的中国的现代主义呢？这倒是一个很难回答的问题。我们可以很容易地在20、30年代以及40年代的中国文学中发现现实主义、自然主义、浪漫主义和象征主义，但是能见到乔伊斯、普鲁斯特和托马斯·曼的那些带有其反讽和建立在假设之基础上的建构吗？"②在佛克马看来，答案自然是否定的。但是独具慧眼和理论洞见的佛克马却在一位学者型作家身上见到了现代主义的诸种特征，这就是他的老朋友——同样在欧洲留过学并有着深厚国学功底的钱锺书。他认为钱锺书的《围城》是在当时的中国文学大背景和大氛围中的一个另类，因此《围城》至少比较"接近欧洲的现代主义"。他在提出这一观点后紧接着就拿出了证据：钱锺书于30年代正好在欧洲留学，当时现代主义在欧洲文学中达到了全盛的阶段，他"在牛津大学读了艾略特和普鲁斯特的作品"，③这显然对他有着影响和启迪。确实，熟谙中国现代文学和当代比较文学的佛克马早就开始关注钱锺书的文学和学术著述了，他在改革开放后再次来中国访问讲学时，唯一专门前往拜访的作家兼学者就是钱锺书。可见他们至少在现代主义和比较文学这两个话题上有很多共同语言，甚至这两位学者所掌握的语言都大致相同。

---

① 杜威·佛克马：《中国的后现代主义小说》，《现代语言季刊》2008年第69卷第1期，第164页。
② 同上刊，第149页。
③ 同上刊。

第六章 中国文化在欧洲其他国家的传播与影响

在具体的文本分析方面，佛克马充分发挥了他的细读之长项。他在仔细阅读了余华、韩少功和莫言等人的小说后总结道，我们"有充分的理由认为他们是'后现代主义者'"，因此，"中国的后现代主义实际上是国际后现代主义的一部分，但同时也具有自己的特色，因为它产生自特定的中国文化语境并形成了自己特殊的叙事特征"。①他认为，只有认识到中国文学的世界性，才能更为全面地修正世界文学经典，反映世界文学发展的全貌。如果说，当年后殖民理论家赛义德所提出的"旅行中的理论"（traveling theory）只强调了理论从中心向边缘的单向度辐射和影响的话，那么毫无疑问，佛克马已经又前进了一步：他通过考察中国的文学创作实践，对出自西方的世界文学理论提出质疑和修正，即世界文学之于不同的国家和地区应该呈现出一种双向关系：世界文学促使这些民族/国别文学更加开放和包容，从而使之成为世界文学的一部分，另一方面，这些来自不同民族/国别文学的优秀作品又丰富了世界文学的宝库，使之更加具有普遍性。我们认为这应该是佛克马的世界文学观的重要贡献，同时也对我们的中国比较文学学者不无一定的启迪意义。

另一个值得我们在此指出的是，尽管佛克马多年脱离了汉学研究，但他一旦捡起过去的老本行仍然十分娴熟。他在这篇文章中分析的一些作品，如王安忆和莫言的小说是有现成的英译文的，而有些作品他则直接阅读中文，将中文原文引证并译成英文。例如，他对莫言的《丰乳肥臀》的细读就十分到位，除了阅读葛浩文的英译文外，他还找来2003年出版的《丰乳肥臀》中文版，仔细对照着读，结果发现葛浩文或许为了满足美国读者市场所需对莫言的原作作了一些删节和修改，甚至将其结尾作了符合叙事内在逻辑发展的修改，从而使得英语世界的读者很容易忽视其结尾的"短路"之后现代特征。他对韩少功的《马桥词典》的解读则直接引自中文原文，甚至连所引证的段落都由他自己

---

① 杜威·佛克马：《中国的后现代主义小说》，《现代语言季刊》2008年第69卷第1期，第151页。

译成英文。而他对中国批评家的著述的了解更是直接通过中文原文来阅读和引证。我们都知道，中国当代批评家很少能用英文著述并在国际刊物上发表，而且其批评著述被译成英文的也很少。因此，佛克马不得不直接阅读他们的原文著述，而且对这些批评家作了十分到位的引证。他除了直接引用王宁所发表的讨论后现代主义的英文论文外，还通过中文引用了中国批评家戴锦华和陶东风等人的论文。这一点也使他在那些国际后现代主义研究大家中独树一帜。

正如佛克马已经看到的，改革开放时代的中国作家有着一种强烈的世界意识，他们不仅为国内读者而创作，同时也为全世界的读者而创作，这样，通过翻译介绍，他们就有可能走向世界。对此，佛克马认为："这些用中文以及通过翻译创作了畅销作品的主要中国作家试图与西方的同行平起平坐。当然，他们的这种自信也是完全正当的：他们要对世界文学作出贡献，因此他们常常表现得比欧美的作家更为大胆，并且成功地向我们暗示了一种全人类的普适观点。"[①]应该说，佛克马的这一看法是相当准确的，较之那些仅看到世界文学之于中国的意义而忽视了中国文学的世界性影响的西方比较文学学者和汉学家，佛克马确实迈出了一大步。因此他从比较的和理论的视角对中国当代文学的研究也受到中国学界的重视。

第二节　中国文化对北欧的影响

位于斯堪的纳维亚半岛的北欧四国，就其地理位置而言，相对来说远离欧洲大陆，那里的人们有着与欧洲大陆各国较为不同的处事方式，他们往往显得比较保守和封闭，与外界的接触也比较谨慎，甚至在当今这个全球化的大背景下，美国文化横扫全球，甚至渗入到了一些民族文化机制很牢固的第三世界国家，如中国和印度，而在北欧，美国文化的

[①] 杜威·佛克马：《中国的后现代主义小说》，《现代语言季刊》2008年第69卷第1期，第165页。

影响仍远远没有在其他国家那么明显。这不能不影响到中国文化在这一地区的传播和介绍。因此，与中国文化在英、法、德、荷等国的传播和影响相比，北欧诸国对中国的兴趣和与之的接触，一般说来要晚至17世纪中叶，中国文化在北欧的影响也没有那么大，除了在瑞典有着较长的汉学研究传统外，在另三个北欧国家就逊色多了，这也说明，不同的国家有着不同的接受条件和文化交流环境。尽管如此，我们仍有必要在此对这一地区的中国文化传播、翻译、教学和研究的历史和现状作一介绍。

瑞典的汉学传统及现状

在所有的北欧国家，瑞典的汉学研究历史最为悠久，出版的中国文学作品和学术研究成果也最多，并且在整个欧洲都具有很大的影响。瑞典汉学家马悦然曾两度出任欧洲汉学协会主席，这就足以说明瑞典汉学在欧洲的地位和影响。这种影响大概与瑞典皇家学院担负着颁发诺贝尔文学奖的重任不无关系。当年身为文学院院士、诺贝尔文学奖评奖委员的马悦然教授曾断言，中国作家之所以至今未获得诺贝尔文学奖，在很大程度上是因为他们的作品没有好的西文译本。他的这一断言曾激起不少中国作家的愤怒，但另一方面，我们也应当看到，马悦然自己花了毕生的精力孜孜不倦地翻译和研究中国文化和文学，为把中国古典文学介绍给瑞典人民、为使中国现当代文学为世人瞩目都作出了很大的贡献。可以说，当代瑞典汉学的新发展以及中国文学在瑞典的翻译介绍和传播，马悦然的功绩是最大的。[①]

如同在欧洲其他国家一样，瑞典与中国的历史上的偶然接触虽然可以追溯至15世纪或者更早些，而且民间的交流和接触一直未中断过，

[①] 在这方面，可参阅尧基姆·安沃尔编《茂竹展叶：马悦然研究文集》，瑞典东方研究会出版，1994年版。本书作者感谢马悦然教授前来参加王宁于1996年9月在斯德哥尔摩大学所作的演讲，并和他进行了交谈。同时也感谢罗多弼教授和陈迈平博士热情邀请，并赠送他这本文集和其他非常有用的书籍资料。关于中国文化在瑞典的传播和研究，主要资料来源就是这本书以及张静河的《瑞典汉学史》（安徽文艺出版社，1995年版）。

但中国文化在瑞典的传播则是在瑞典的汉学成为一门独立的学科以后才有长足发展的。按照现有的研究成果,"瑞典的汉学研究已有300多年的历史,也可以说,从17世纪中叶开始,这个传统就已经形成。虽然早期有关中国研究的资料并不十分丰富,但却可以在许多博物馆与图书馆的收藏中发现端倪。瑞典人对中国文化的严肃的兴趣,从现在可以找到的史料看,当发端1655年前后"[1]。在此之后,不断有瑞典商人、船员、外交官员和传教士来中国旅行或工作,他们把自己在中国的所见所闻记载下来成书出版,从而为早期瑞典人了解中国起到了一定的作用。早在汉学作为一门独立的学科正式在乌普萨拉大学和斯德哥尔摩大学创立之前,一批对中国文化感兴趣并对之有所研究的汉学家就发表了著述,向瑞典乃至北欧诸国人民介绍中国的情况,因为在瑞典、挪威和丹麦三国,用任何一种语言写作的书都能为另两国的读者所读懂,这三国的人在一起交谈时甚至可以各说各的语言,但仍没有太大的困难。

瑞典汉学家对中国文化和历史的研究也早于其他北欧国家,这方面最早的专著于1694年问世,出自一位名叫尤纳斯·洛克纳斯的乌普萨拉大学博士生之手,他以《中国的长城》为其博士论文的题目,通过了答辩;三年之后,艾略克·罗兰也在那里完成了题为《大中华帝国》的博士学位论文。在此之前或之后,实际上已经有翻译家从法文、英文或拉丁文转译出了中国的古典著述,并撰写了研究性的论著。这一切均为汉学的正式成形奠定了基础。在这一时期,中国对瑞典的影响表现在多方面,"不仅表现在如何治理国家的政治理想上,更普遍地涉及文化生活的各个方面……这种文化上潜移默化的陶冶,使瑞典知识分子的视野更加开阔,对东方的研究兴趣越来越浓"[2]。甚至连被称为"现代瑞典戏剧之父"的象征主义剧作家斯特林堡(August Strindberg,1849—1912)也曾对中国文学发生过强烈的兴趣,并将其创造性地运用于自己的戏剧创作。无疑,瑞典知识分子和文人对中国文化的兴趣以及汉学家

---

[1] 参见《瑞典汉学史》,第1页。
[2] 同上书,第19页。

第六章 中国文化在欧洲其他国家的传播与影响

们对中国的介绍也引起了瑞典王公贵族们对中国文化和工艺美术的兴趣，这也许是瑞典的汉学家同时也在中国工艺美术领域的研究中成绩斐然的原因之一。1926 年，当时的瑞典王子和公主双双来到中国旅行，从而实现了多年来希望访问东方诸国的理想。多年后，这位古斯塔夫王子成为国王，仍保持着对中国的兴趣，并大力支持和促成中国文物和其他工艺品在瑞典的展出，从而由上而下地促进了瑞典与中国的交流和接触。随着民间交流的进一步深入，科学界人士也对中国的地理环境产生了强烈的兴趣，科学家斯文赫定曾来到中国新疆和西藏地区进行考察研究，应该说，他的研究成果至今对欧洲人了解中国进而揭开中国边疆地区之谜仍有着一定的影响。考古学家安特生在中国华北地区的科学考察活动也取得了重要的成果，他于 1943 年出版了重要论著《中国史前文化研究》，奠定了他在考古学史上的地位。

这些民间的研究成果反过来也促进了高等学校的汉学学科的建设和发展。瑞典汉学的最早基地无疑是乌普萨拉大学，不仅在这里培养出了瑞典乃至欧洲最重要的汉学家高本汉（Klas Bernhard Johannes Karlgren, 1889—1978），而且出自这里的汉学研究成果也最多。之后，1945 年，斯德哥尔摩大学也设立了汉学系，高本汉作为第一任系主任和教授一直工作到 1965 年退休为止。高本汉基于自己的多种语言和多种学科的广博知识，对古代汉语尤其有着精深的造诣，他的专长主要体现在汉语语音学的研究，他通过以中国古典文学作品《诗经》等为个案分析，撰写出了《古汉语语法》一书，这被认为是他对国际汉学界作出的最重要的贡献之一。他的贡献还体现在对中国青铜器的考察研究等诸多领域。他在系主任和教授的岗位上培养了许多卓有成就的新一代汉学家，当代瑞典乃至欧洲最有名的汉学家和翻译家马悦然就是他的高足。他退休之后，这一职位便由当时正在澳大利亚堪培拉大学教书的马悦然教授接替。马悦然是中国读者比较熟悉的一位瑞典汉学家和文学翻译家，他不仅本人学识渊博，对中国各个时代的语言文学均相当熟悉，并花了大量精力把包括中国古典文学名著和现当代文学作品在内的中国文学精华介绍给了北欧文学界和读书界，他还和包括老舍在内的相当一批中国现当代作家、批评家和学者保持着密切的接触和联系，从而及时地向皇家学院诺贝尔文学奖评奖委员会作出报告，为委员们的最后决定提供重要的参考意见。马悦然上任后，大刀阔斧地对原有的课程设置进行了改革，并吸收了当代人文社会科学领域内的新理论和新成果，使得斯德哥尔摩大学的汉学系成为北欧的汉学中心，在整个欧洲的汉学界也独树一帜。可以说，高本汉和马悦然代表了现代瑞典汉学的两座丰碑或两个时代，若将高本汉和马悦然进行比较，我们大概可以从罗多弼的评价中见出这二者各自的特色："如果我们将瑞典的中国研究领域内的两位巨人——高本汉和马悦然作一比较的话，我们便可见出从一门专注于解决知识之谜的汉学向一门致力于'文化阐释'之中介的汉学的转型。事实上，我们也可在马悦然自己的学术生涯中见出这种转型之迹象。1970年以前，马悦然主要坚持高本汉的古典汉学传统；而在 1970 年之后，他便开始探索出一个新的汉学研究方向，我们可称之为具有文化阐释之特征的学问。"[1] 这无疑是符合当代学术发展的大趋势的。马悦然在这个岗位上工作至 1990 年退休，但他在逝世前一直担任瑞典文学院院士和诺贝尔文学奖评奖委员这一终身职务。在中国的语境中，马悦然的知名度在很大程度上正是由于他长期参与诺贝尔文学奖的评选，这也使得他在中国受到一些争议。确实，早在 20 世纪 80 年代中期，马悦然在上海的一次中国当代文学研讨会上就被问及诺贝尔文学奖与中国文学的关系问题，他当时的回答十分巧妙，认为中国当代作家之所以长时期未能获得诺奖，在很大程度上并不是因为缺少优秀的作品，而是缺少优秀的（西文）译本。当然，他的回答虽然避免了对当代作家进行价值判断，但仍激起一些中国作家的强烈不满，一些与会者问道，诺奖评委会究竟是评价作品的文学质量还是翻译质量，马悦然并未立即回答，因为他自己内心中也有不少令外人难以想到的苦衷。后来，我们在一篇报道中看到，2004 年，当他再一次被问道"中国人为什么至今没有拿到诺贝尔

---

[1] 参见《茂竹展叶》一书中罗多弼的文章《瑞典的中国研究：历史的探讨》，第 25 页。

第六章　中国文化在欧洲其他国家的传播与影响

文学奖,难道中国文学和中国作家真落后于世界么?"时,马悦然干脆作了这样的回答:"中国的好作家好作品多得是,但好的翻译太少了!"① 他进一步解释道:"如果上个世纪20年代有人能够翻译《彷徨》《呐喊》,鲁迅早就得奖了。但鲁迅的作品直到30年代末才有人译成捷克文,等外文出版社推出杨宪益的英译本,已经是70年代了,鲁迅已不在人世。而诺贝尔奖是不颁给已去世的人的。"② 这样的回答虽然仍难以服众,却道出了诺奖的评奖原则和机制上的一个问题。1987年和1988年,沈从文曾两次被提名为诺奖候选人,而且1988年,诺奖评委会已经准备颁奖给沈从文,但就在当年的5月10日,台湾文化人龙应台打电话告诉马悦然,沈从文已经过世,马悦然仍执意给中国驻瑞典大使馆文化秘书打电话试图确认此消息,随后又给他的好友、文化记者李辉打电话询问这一消息是否确切,最终得到确认:沈从文确实已过世了。他的这一推介计划失败了,因为按照诺奖的评奖原则,已故的作家是无缘获奖的。因此马悦然试图从根本上改变这一规则,曾经几次提议改变这一原则,但在18位院士中,他的影响力毕竟有限。当他最后一次使出全身解数试图劝说诺奖评选委员会改变这一原则无效后,他甚至哭着离开了会场。③ 因此我们中国的一些批评家把中国作家长期未能获得诺奖归咎于马悦然的推荐不力实在是有失公允。

我们都知道,在瑞典文学院的18位院士中,只有马悦然可以直接通过阅读中文原文来判断一个中国作家及其作品的优劣,而其他评委只能依赖阅读主要的西文译本来判断进入推荐名单的中国作家的作品是否属于一流。当然,如果语言掌握多一点的院士还可以再参照法译本、德译本、意大利文或西班牙文的译本。但问题是,如果一个作家的作品没有那么多译本怎么办?那他也就自然而然地出局了。这确实是诺奖评选的一个局限,而所有的其他国际性奖项的评选或许还不如诺奖评选的这

---

① 王洁明:《专访马悦然:中国作家何时能拿诺贝尔文学奖?》,载《参考消息特刊》,2004年12月9日。
② 同上。
③ 曹乃谦:《马悦然喜欢"乡巴佬作家"》,《深圳商报》,2008年10月7日。

种相对公正性和广泛的国际性。这种依赖翻译的情形在诺奖的其他科学领域内则是不存在的：科学是没有禁区的。而文学作为语言的艺术，则体现了作家作品的强烈的民族和文化精神，并且内含有一个民族/国别文学的独特的、丰富的语言特征，因而语言的再现水平自然是至关重要的，它的表达程度如何在很大程度上能反映这种再现的准确与否：优秀的翻译能够将本来已经写得很好的作品从语言上拔高和增色，而拙劣的翻译则会使本来写得不错的作品在语言表达上黯然失色。因此译文质量的好坏就自然会影响评委对一个作家及其作品作出最终的评判。

今天，随着越来越多的诺奖评审档案的揭秘以及网络信息的普及，我们完全可以从一个新的角度替马悦然进一步回答这个老问题：由于诺奖的评委不可能懂得世界上所有的语言，因而在很多情况下他们不得不依赖译本的质量，尤其是英文译本的质量。这已被莫言的获奖作品的英文翻译所起的决定性作用所证实。

马悦然退休后，他的系主任职位由瑞典皇家人文、历史与考古学院院士罗多弼教授接替。罗多弼早年思想左倾，关注中国的"文化大革命"和一系列政治运动，他的研究除了文学外，似乎更注重现当代知识分子思想史和理论思潮的研究。他本人曾在瑞典使馆工作过，和不少中国作家和学者建立了个人联系和学术交流关系，对中国当代学术思潮的发展走向有着比较准确的把握，这也是使得瑞典的汉学居于欧洲前列的一个必要保证。可以说，经过高本汉和马悦然直到罗多弼三代人的努力，斯德哥尔摩大学终于成为瑞典当代汉学研究的中心，并且影响了其他学校的汉学研究。按照罗多弼的描述，斯德哥尔摩大学的东方语言文化系的中国研究尤其关注中国现当代知识分子思想史、中国当代文学以及大众文化的研究，但研究生的博士论文题目仍包含了从《诗经》以及先秦哲学、宋朝李清照的词、苗族语言、现代中国的广告传媒直到当代中国社会价值的转变等。① 1989 年，伦德大学也设立了中国语言文化教授职位，担任这一职位的是拉斯·拉格沃尔德，他的专长是能够流利

---

① 罗多弼：《瑞典的中国研究：历史的探讨》，载《茂竹展叶》，第 23-24 页。

地说一口普通话和广东话，并把中国文化和社会诸方面结合起来研究。

　　由于瑞典汉学的得天独厚的优势，中国各个时期的重要文学作品都有着完整的或部分的译介。尤其应该指出的是，由于瑞典文学院近四十多年来一直关注中国文学创作的新动向，并有意促使中国作家早日获得诺贝尔文学奖，这就为瑞典的中国当代文学翻译工作提供了有利的条件。甚至中国20世纪80、90年代活跃的作家，如莫言、王朔、苏童、余华、格非等先锋派作家的作品也或多或少地有了瑞典文或其他欧洲语言的译本。应该承认，瑞典汉学家陈安娜（Anna Gustafsson Chen，1965—）将莫言的作品译成瑞典文对莫言于2012年获得诺贝尔文学奖也起了重要的作用。此外，瑞典汉学家，尤其是罗多弼一直与中国学界保持着密切的交流关系，他不仅一度出任斯德哥尔摩大学孔子学院院长，还多次邀请王宁前往瑞典访问讲学或出席国际学术会议，2016年9月，王宁在瑞典访问讲学期间，还有幸进行了乌普萨拉大学高本汉讲座，这无疑对中国学者是一个很高的荣誉。

中国文化在北欧其他国家

　　在另外几个北欧国家中，值得首先提及的无疑是丹麦，这不仅是因为丹麦最接近西欧主要国家，同时其首都哥本哈根本身也素有"北欧之都"之称，更因为在人口不多的丹麦王国，综合性大学虽然只有五所，但其中却有两所（哥本哈根和奥尔胡斯）有东亚研究系，而且这两所大学的汉学研究也各具特色：前者历史较长并更注重语言学和古典汉语文学的研究，后者则致力于现当代中国文学和历史的研究。这两校的东亚研究系在欧洲都有着一定的影响，两校的教师都积极参与北欧的中国研究学术活动，并程度不同地参与了欧洲汉学界的合作项目。

　　第一个在哥本哈根大学任汉语教师的是一位中国人，名叫夏雷，他曾是中国驻哥本哈根公使馆的官员，于1921年开始教学工作。尽管他的教学并不算成功，但直接的成果却体现在为丹麦培养了第一位汉学家，也即后来在哥本哈根大学执教的库尔特·伍尔夫（Kurt Wulff，

中国文化对欧洲的影响

1881—1936)。

伍尔夫生于哥本哈根,早年曾求学于哥本哈根大学和德国莱比锡大学,专攻古典语言学和比较语言学,毫无疑问,这两门学科的广博知识为他后来的汉学研究打下了扎实的基础。他于1918年在哥本哈根大学获哲学博士学位,其博士论文显示了他的博学和对一些稀有语言的娴熟掌握,之后他一度担任皇家图书馆管理员。1921年,哥本哈根大学校方曾几次试图为伍尔夫设立一个讲师职位(丹麦的大学教师在职务聘任方面也实行英国制),但由于多方面原因而未能成功。但他本人却获得了国会和嘉士伯基金会的资助,前往亚洲游学。由于他本人在语言方面天资较高,他竟然在来中国的途中就学了一些广东话,但作为其代价,他却感到学北京话太难。他总共在北京住了一年半,终于学会了北京话。1926年,伍尔夫出任哥本哈根大学东亚研究讲师,不久晋升为副教授。他主要的教学研究领域为亚洲语言,尤其是汉语和泰语,通过在教学中对这两种语言的比较研究,他于1934年出版了专著《汉语与泰语》,他试图证明这两种语言的内在联系和发音方面的对应关系。应该承认,他的这一研究成果对欧洲人用比较的方法来学习这两种语言有着很大的帮助。伍尔夫不仅是一位优秀的语言学家,他在中国古典文学翻译和研究方面也有着较深的造诣,他的授课范围很广,从古代汉语到古典文学作品,从《左传》《孟子》等先秦时期的作品直到清代作品《聊斋志异》等。在授课之余,他还翻译了老子的《道德经》等作品,他的工作直到他去世后多年都难以有人能够替代。

另一位值得介绍的汉学家为索伦·伊格洛德,他于1923年生于哥本哈根,早年曾攻读古典语言学和比较语言学,并涉猎汉语、梵语和希腊语,1948年至1950年,伊格洛德获得洛克菲勒基金来中国学习汉语和中国文化,其间他专攻中国广东话等南方的方言,并能用这些方言进行交流。此外,他还在美国加州大学伯克利分校学习了藏语和泰语,并且在汉语语言学方面颇有造诣。此时的哥本哈根大学东亚系由于伍尔夫的去世而一蹶不振,直到1957年伊格洛德接替这一职位才填补了这个

第六章 中国文化在欧洲其他国家的传播与影响

空白。伊格洛德一上任就是副教授，他开设了一系列与语言学有关的课程，其中包括古代汉语、现代汉语、汉语历史语言学、汉语方言学、汉语哲学和文学。1958年他晋升为教授，直到1993年退休。退休后的伊格洛德仍积极参加欧洲汉学组织的学术活动，并发挥了一定的影响。

如前所述，丹麦的另一汉学重镇在位于日德兰半岛的奥尔胡斯，作为丹麦第二大城市，这里的奥尔胡斯大学的名气仅次于哥本哈根大学，1968年，在这里也设立了汉语专业，开始时由艾尔斯·格兰担任讲师。格兰对中国诗歌和建筑颇有研究，她在奥尔胡斯一直工作到1986年，后去英国剑桥的里德汉姆研究所工作。奥尔胡斯大学的东亚系从一开始就体现出了自己的教学研究特色，即致力于20世纪中国文学和历史的研究，尤其关注中国当代的文化和文学状况。该系前任系主任魏安娜教授本人就是一位中国现当代文学专家，她多年来尤其关注西方现当代文艺理论思潮，如现代主义和后现代主义思潮在中国的传播和影响以及中国文学界对这些理论思潮的接受。她与一些中国作家和批评家保持着较密切的联系，不断地从他们那里获取中国当代文坛的最新信息。此外，她与美国的汉学同行也保持着密切的关系，并不断用英文撰写论文在国外发表。[1]

也许丹麦人在语言方面有着特殊造诣（本世纪第一位英语语法学家耶斯柏森就是丹麦人，而非英国人），丹麦的汉学研究成绩主要体现在语言学的研究方面。

相比之下，汉学在挪威的发展远远不如在丹麦，虽然早在17世纪就有一批挪威探险家远涉重洋来到中国，从而开启了挪威与中国的接触和交流。作为一个独立的国家，挪威直到20世纪初才彻底摆脱了瑞典的殖民统治。作为传播中国文化的主要动力的汉学在这里起步较晚，目前只有奥斯陆大学设有东亚系，而且该系教师所关注的主要是汉语语言

---

[1] 关于丹麦的汉学研究，笔者的写作主要得助于与哥本哈根大学东亚系讲师董罗拔先生的谈话（1994年，哥本哈根）、与奥尔胡斯大学东亚系主任魏安娜教授的多次谈话（1994年，奥尔胡斯和1996年，哥本哈根）以及索伦·伊格洛德的文章《丹麦高校的汉学》（载阎纯德主编，《汉学研究》第二集，中国和平出版社，1997年版，第542-546页），在此特致谢忱。

学和中国古典文学研究，很少涉及现当代中国文学的研究。在奥斯陆大学图书馆工作的汉学家、著名的易卜生研究者伊莉莎白·艾达曾在伦敦攻读博士学位，论文写的是易卜生在中国文化土壤中的接受以及中国作家和艺术家建构出的易卜生。该文从接受美学和跨文化研究的角度出发，对易卜生研究作出了一定的贡献。此外，80年代后期，中央戏剧学院青年教师陈迈平来这里专攻易卜生的戏剧，后因种种原因而转去瑞典斯德哥尔摩大学继续新的研究课题。坐落在市中心奥斯陆大学图书馆的易卜生研究中心致力于在易卜生研究领域内发展同中国学术界的关系。除了1995年成功地和中国翻译工作者协会合作举办了易卜生学术研讨会，该中心还参与举办了1996年国际易卜生戏剧节，邀请了中国中央实验话剧院易卜生剧组赴挪威访问，演出了易卜生的《人民公敌》，在挪威观众中获得了巨大的反响。1997年，该中心还和北京语言文化大学比较文学研究所合作招收了一名攻读博士学位的研究生，由两个机构的教授联合指导，研究专题为易卜生的戏剧在中国20世纪20、30年代的影响以及其在80年代以来中国文学中的接受。据说这位博士生同时也是奥斯陆大学文学院第一位中国研究生。1999年，奥斯陆大学和北京语言文化大学合作在北京举行"易卜生与现代性：易卜生在中国"国际研讨会，从而把中挪两国的文化学术交流推向一个新的高潮。1995年，奥斯陆大学等一批北欧的著名高校加强了与中国高校的进一步合作，并促成了复旦大学北欧中心的成立，时任挪威首相布伦特兰出席了中心的成立仪式，使得中国和北欧的关系达到前所未有的高峰。

在芬兰这个北欧大国，汉学已经有了一段漫长的时间。按照芬兰汉学家的追溯，"芬兰中国研究的起源与任职于瑞典东印度公司的芬兰人有关，该公司于1732年就开始了与中国的贸易。第一个就中国情况加以报道的芬兰人是伊斯雷尔·雷尼尔斯（Israel Reinius，1729—1797），1746年2月13日，他乘船离开瑞典港市哥德堡，屡经波折，终于在

第六章　中国文化在欧洲其他国家的传播与影响

1747年6月13日抵达广州"[1]。可以说，中芬两国的偶然接触应当开始于那时，而两国的文化交流也在不久以后便开始，但较之瑞典和丹麦，汉学作为一门学科在芬兰发展较慢。芬兰出版的第一本研究中国的论著出自雷尼尔斯的笔下。在其后相当长一段时期内，中国和芬兰的接触和交流主要是贸易上的往来，一批又一批的芬兰商人、船员、在俄国军队中服役的芬兰官兵以及传教士，一方面传播了欧洲文化，另一方面也学习了中国的语言和文化，带回去不少中国的文物和艺术品向国内人民展出。与之同时的便是芬兰的汉学家对中国文化思想的介绍和传播。凯勒·克尔赫兰（Kalle Korhonen，1885—1963）曾把《大学》译成芬兰语，托伍·克尔科克里（Toivo Koskikallio，1889—1967）也花了不少时间和精力把《道德经》《孟子》《昭明文选》以及《诗经》等译成芬兰语。[2] 令人遗憾的是，这些译著由于知音者甚少而并不受出版商青睐，因而至今仍以手稿的形式保存着，但这却为我们今天研究中国文化在芬兰的传播提供了宝贵的资料。

现代芬兰汉学的发展与中国和北欧之间越来越密切的交往是分不开的。由于芬兰的汉学研究有着良好的基础，因而尽管赫尔辛基大学直到1987年才正式设立东亚研究教授职位，但这并不影响中国文化和文学在芬兰的介绍和传播。近几十年来，一大批中国文化和文学作品被译成了芬兰文，其中包括唐宋时代的诗词，儒家和道家的哲学著作，以及近现代中国作家的作品。一些汉学家也发表了研究论文和专著，但主要兴趣仍集中于19世纪以前中国思想文化的研究、与中国的贸易关系以及现代语言学的研究，文学研究方面成绩并不显著。

---

[1] 考克尔·莱特兰:《芬兰汉学的发展》，载《汉学研究》第二集，第538-540页。
[2] 同上文。

结语
汉学的重建与世界文明新秩序

　　本书各章节对中国文化在一些欧洲主要国家的传播和影响状况应告一段落了，尽管这样的总体描述远远不够充分，但至少可以向国人转达这样一些信息：即有着悠久历史和辉煌遗产的中国文化在世界上有着不可忽视的影响，这一点可以在世界文化和人文学术的"中心"——欧洲见出。在今后的年月，它必将以新的姿态展现出新的活力。中国文化在欧洲这一课题已经引起国内外从事比较文化和比较文学的研究者注意了，他们开始搜集资料，著书立说，试图向国人展现中国文化在欧洲的传播、介绍、教学和研究概况，以便弥补过去的比较文学和比较文化研究中实际上存在着的"欧洲中心主义"和"西方中心主义"之缺憾。而相比之下，中国学者对西方的了解则大大甚于西方对中国的了解。[①]正如季羡林先生所正确地指出的："中国人不但能'拿来'，也能'送去'。在历史上的'送去'，可能是无意识的。但是，在今天的情况下，我们认为，既然西方人不肯来拿，我们只好送去了。想要上纲上线的话，我们可以说，这是我们的国际主义义务，我们必须认真完成的。我

[①] 在"文化身份：中国与西方国际研讨会"（南京，1998年）上，两位国际比较文学协会文化身份研究委员会委员的发言显示出，有相当一部分西方大学的比较文学教授对中国文学和文化一无所知，甚至对中国现代文学的巨匠鲁迅的名字都未曾听说过。他们甚至对此并不感到耻辱，反倒觉得十分正常。

结语　汉学的重建与世界文明新秩序

们必须把中华民族文化中的精华部分送给世界各国人民，使全世界共此凉热。"本书就是这一工程浩大的"送去"计划的一个组成部分：即在这样一个庞大的计划中，我们一方面要总结历史上曾出现的中欧文化的偶然接触及其相互影响和相互启迪作用，另一方面则有目的、有计划地把中国文化的优秀成果送到欧洲去。在这方面本书可能会起到一些作用，但主要的目的乃在于以此为基础继续深入地研究，以弥补中欧文化交流上的不平衡状态之缺憾。

我们说，要把中国文化的辉煌成果送出去，这绝不意味着也像过去西方殖民主义者那样对东方和一些第三世界国家进行文化殖民主义式的渗透，正如赛义德在《东方主义》一书的结尾所指出的，"我不希望向我的读者表明，东方主义的答案是西方主义"[1]。我们不应当以一种不恰当的"西方主义"来作为西方人建构的"东方主义"的对立面，从而使得这二者长期存在的对立继续下去；[2] 我们所要做的是致力于平衡中西方文化交流关系中长期存在的逆差，从而使西方人更多地消除对中国的偏见，更全面更完整地了解中国，这样也许对我们继续学习和借鉴西方文化的成果也有所裨益。那么，我们今天要把中国文化送出去，是不是就意味着对历史上曾实行的拿来主义措施予以否定呢？绝不是。拿来和送去实际上标志着中西方文化交流的两个不同阶段：当有着辉煌传统和悠久历史的中国文化发展到了一定的阶段，便试图甩掉有可能阻碍其前进的历史重负，从西域借鉴新的思想和文化成果，这时，我们的立足点自然是拿来，即把国外（包括西方）一切先进的科学技术和文化思想成果有选择地拿过来用以发展中国自身。可以说，西方的先进科学技术和思想文化的精华对推进百年来中国的现代化进程起到了如此重要的作用，以至于一些保守的中国知识分子甚至惊呼中国文化"被殖民"了，中国当代的文学语言充满了模仿之作和欧化的语言，新诗也早已不

---

[1] 爱德华·赛义德：《东方主义》，第328页。
[2] 关于东方主义与西方主义的可能的对峙和对话，参阅王宁：《"东方主义"与"西方主义"：对话还是对峙？》，载《东方丛刊》，1995年第3期。

见了古典诗词的典雅词句和严整的韵律，甚至中国的文学理论批评也失去了自己的声音和话语，等等。因此究其原因，实在是因为鸦片战争以来中国向世界开放以及由此而带来的"全盘西化"所造成的后果。我们不禁要问道，难道情况果真如此严重吗？恐怕并非如此。

　　诚然，从经济上说来，中国仍是一个属于第三世界的发展中国家，但近些年来，由于中国经济的飞速发展简直出乎人们的意料之外，使得不少西方人士从综合国力着眼，对中国是否算得上一个第三世界国家产生了怀疑。毫无疑问，中国学者和批评家出于反对西方新殖民主义文化霸权之目的，往往把本民族的文化自我认同为第三世界文化，其出发点恰恰是因为中国文化长期以来实际上所处的"边缘"地位所致。但是就西方语境下所讨论的所谓第三世界文化而言，它也像"东方"或"东方主义"等情形一样，往往指涉的是被殖民化的第三世界国家的文化，因而它也是之于西方的一个被人为地创造出来的现象。与"东方"或"东方主义"这类概念不同的是，这一现象既是西方人同时也是第三世界人民自己建构出来的。在这方面，中国文化和文学话语之所以被说成是"被殖民化"，其原因恰恰在于，自20世纪初以后，或更确切地说自"五四"时期以后，各种西方文化思潮和学术思想蜂拥进入中国，对中国文化和文学产生了强烈的影响，几乎当时所有的主要作家和文学研究者都或多或少地介入了中国的"现代主义"文学运动或文化现代性。[①] 其结果是，比较文学研究者通常通过采用接受——影响的方法来比较研究这一时期的中国文学，而对于中国古典文学与西方文学之关系则采用平行研究的方法，因为这一时期的中国文学几乎并未受到西方的任何影响。如果我们承认"五四"时期是中国文化和文学的第一次"殖民化"的话，那么20世纪80年代的文化热则应被看作第二次"殖民化"，因为在此之前的中国文化和文学实际上受到了苏联文艺思想路线的直接影响。众所周知，自20世纪70年代末中国实行改革开放

---

① 乐黛云、王宁：《西方文艺思潮与20世纪中国文学》（中国社会科学出版社，1990年版）中的有关文章。

以来，不仅西方文化思潮和文学思想蜂拥进入中国，而且这些思潮几乎渗透到了中国人的生活的各个方面，包括消费文化、大众传播媒介和广告事业。至关重要的是，中国的文学语言以往一直有着简洁、典雅、畅达等特征，充满了内涵丰富的典故和优美的意象，读来颇有节奏和韵味，而现在却已经不可避免地含有了杂质，甚至被"欧化"了。文化学者、作家和批评家在中国的语境下也不得不使用一些"借来的"（批评）话语和理论术语，因而造成了理论期刊和学术著作中大量充斥"借来的""欧化"术语。这样，在一些人看来，面对西方的影响，中国的语言带有了"杂质"，实际上也就被"殖民化"了，推而广之，甚至中国文化的民族身份也变得模糊不清了。究其根源，这种"文化殖民化"的现象应当追溯到五四新文化运动的激进革新，因为在那场运动中传统中国文化及其偶像孔子受到了猛烈的抨击和批判，博大精深的中国文化之精髓荡然失却。因而我们不得不面对这样的问题：难道中国文化果真"被殖民"了吗？

我们的回答是，历史总是在前进的，这种必然的进程是不以人们的意志为转移的，语言的进化也是如此。在大多数中国知识分子和普通人看来，中国应当在经济上和科学技术上赶上和超过西方发达国家，中国的语言也应当趋于简化，以便在一个风靡全球的信息时代更为便利地用以和国际社会进行交流。在当今时代，任何社会或任何文化，不管是东方的还是西方的，都无法避免受到外来文化的影响甚至"被殖民化"。就我们所从事的汉学研究而言，以及从本书所披露的欧洲以及北美汉学教学研究的现状来看，我们不难注意到这样一个事实：目前在欧美各大学的比较文学系和东亚语言文化系执教的中国裔学者有数百人，他们无疑以自己的学识和丰厚的中国文化知识背景或多或少地改变了西方的汉学之本质，注入了一些新的方法论和思维观念。难道我们也可以把这一现象看作是对欧美文化的"殖民化"吗？在国际交往过程中，任何文化为了影响他种文化或更新自身，都会不可避免地失去一些东西。也就是说，在送出的过程中首先要找到别人可赖以接受的中介，这个中介自然就是语言。至于我们的语言和文学话语是否被殖民化或现代化了，这是一个有待于我们进一步研究的问题。但是我们应当区分殖民化和现代化这两个不同的概念：前者是消极的，其意在我们不得不接受（西方的）影响，进而使得我们的语言也受到西化（殖民化）；而后者则是积极地表明随着中国的全面现代化进程的推进，中国的语言也应当普及和简化，以便于我们更为便利地与国际社会进行交往。当代中国文化和文学语言的现状显然属于后一种情况。因此我们应当以辩证的方法来考察这一现象：一方面，这种"殖民化"导致了中国文化和语言带有了"杂质"，它不像以往那样"纯正"了，但却有助于促进中国文化和语言自身的革新和现代化，以便使中国文学逐步与世界文学的大潮相接近；但另一方面，在与国际交流和接轨的过程中，中国文化和语言的民族特征却不可避免地会部分地变得模糊乃至有所丧失。[1] 但如果我们考虑到这样做的一个结果会使我们更为有效地把中国文化的精华和中国文学的优秀作品送出去，那么这样的丧失就有可能是一种"必要的丧失"。因而从这一点看来，过去的"拿来"和今天的"送出"自然就是中外文化交流史上的两个不同的阶段：前者的成功为后者的启动奠定了必要的基础，而后者的有效运作则会弥补前者所导致的缺憾和不足，这与一种基于后殖民立场的"西方主义"决不可同日而语。在这方面，我们也不赞同新儒家的"用中国文化来统一21世纪的世界文化"的企图。

我们深深地知道，随着中国的国际地位的日益提高，随着中国的经济的飞速增长，中国文化也越来越受到国际社会的重视，其重要标志可以体现在中国文化在长期以来习惯性地形成的事实上的"中心"地带——欧洲的传播、发展和演变。同时，我们也可以从欧洲各主要国家的高等学校对中国文化的日益增长的教学研究兴趣中见出中国文化在世界上的地位和影响。这也体现在两个方面，其一是代表中国文化精华的大

---

[1] 关于中国文化的非殖民化问题，请参阅王宁著《后现代主义之后》（中国文学出版社，1998年版）第四章"中国文化的'非殖民化'"，第66-88页。

结语 汉学的重建与世界文明新秩序

量经典文学作品和现当代文学作品不断在欧洲主要国家被翻译介绍和研究，其中有些已成为中国文学教学的必读教材；其二便是在欧洲介绍和传播中国文化的过程中一直在起推进作用的西方的汉学研究。长期以来，国内有些从事中国文化和文学的研究者常常会把汉学和国学相混淆，其实这两者本来确有着很大的差异，具体表现在出发点、观察的视角和理论分析的视角：汉学代表的是中国文化圈和操持汉语的族群以外的人们对汉语以及用这种语言撰写的作品及其所表现的文化现象进行的研究及其成果，它的出发点绝不是中国本身，研究主体也不是中国人，而是把中国当作一个"他者"来考察研究的外国人，他们的研究成果由于其出发点和方法论的不同而迥然有别于中国学者的成果，但有些确有新见的成果无疑会给国人的研究以新的启示；[①] 而国学则恰恰相反，它的出发点是中国本土，研究主体也是中国人自己，也就是说，如果前者是从外部来考察中国及其文化，那么后者则是从内部来研究自己的文化。也许这两者的相得益彰才能达到中国文化在世界普及传播之目的，但目前的现状并非如此。另一方面，如果说前者是使中国文化国际化（全球化）的一个必要途径，那么后者则是坚持中国文化本土化的一种必然。我们已经欣喜地注意到，这二者经过长期的冲突和对峙之后最近出现了互通互补乃至共融的新趋向。[②] 尽管出发点和理论视角的不同所导致的结论迥然有别，但这也并不意味着这二者就一定不能沟通。人文社会科学的一大作用就是不断进行理论建构，佛克马说得好："人们的头脑总是向着新的经验开放；认知的和情感的自我正期待着新的发现。这些新的经验并非仅受制于自己族群的文化，而应当包括与其他文化的

[①] 这一点尤其可在夏志清的《中国现代小说史》对中国国内学术界所起到的反馈作用中见出：在以往的中国现代文学史教科书中，钱锺书、沈从文和张爱玲这三位作家基本上被放逐到了边缘，而在夏的书中，这三位作家则居于作者论述的中心，这显然是作者的意识形态观念和形式主义分析所使然。也许受到夏著的某些启发，钱理群、温儒敏等著《中国现代文学三十年》（北京大学出版社1998年修订版）终于纠正了这一偏差，给予这三位作家以应有的历史地位。

[②] 可参见王宁：《全球化和本土化的对立与对话》，载《马克思主义与现实》，1998年第6期；程钢和曹莉：《文化民族主义和文化世界主义》，载王宁、薛晓源主编，《全球化与后殖民批评》，中央编译出版社，1998年版。

接触。所有文化本身都是可以修正的,它们设计了东方主义的概念和西方主义的概念,如果恰当的话,我们也可以尝试着建构新世界主义概念。"[1] 本书的这一部分就是旨在对汉学进行新的建构的一个初步尝试。

毫无疑问,我们今天处于一个全球化的时代,也就是说,在这样一个时代,所有的国家都处于一种自由竞争的市场机制的制约中,市场经济的优胜劣汰法则致使我们每一个学科都面临着某种程度的危机。尤其是在全球化大潮的冲击下,人文社会科学的未来在许多人看来前景暗淡,甚至能否存在下去都不得而知。正如美国历史学家和汉学家阿瑞夫·德里克（Arif Dirlik, 1940—2017）所总结的,全球化已经取代了现代化,"全球化话语主张以重要的方式与早先的现代化话语分道扬镳,最为明显的是体现在摈弃欧洲中心主义的变化目的论方面……全球化作为一种话语似乎变得越来越普遍……全球化的可以使人得到解放的希望表现在,它是一种永远服从于未来的希望,而全球化本身却创造了新的经济和政治剥削和边缘化形式。由全球化导致的一些问题,其中最重要的环境问题,已得到了建设它的工程师的承认……全世界大多数人被边缘化,包括许多生活在中心社会的人。经济边缘化也隐含着政治边缘化"[2],而经济全球化的一个直接的后果就是文化的全球化。关于全球化与人文社会科学之间的关系,已有不少中外学者发表了不同的见解,此处毋庸赘言。[3] 我们这里仅想表明我们的看法：就我们所从事的人文社会科学而言,文化全球化给我们带来的是两方面的后果,它的积极方面体现在使我们的文化生产和学术研究受到市场经济规律和国际学术规范的制约,这样便使得我们的经济建设和文化建设的关系更为密切,我们的学术研究也就更接近国际水平；而它的消极方面则体现在使一部分精英文化或非市场化的文化产品的生产受到阻碍,因而造成新的等级

---

[1] 杜威·佛克马：《多元文化主义和新世界主义》,中译文摘要见《文艺报》,1998 年 9 月 15 日。
[2] 德里克：《全球性的形成与激进政见》,收入王宁、薛晓源主编《全球化与后殖民批评》,中央编译出版社,1998 年版。
[3] 有关这方面的不同观点的交锋,可参见上书。

对立。但是在全球化的驱动下，有时也会出现一些反弹现象，比如20世纪90年代在中国出现的歌剧《图兰朵》热等现象就是一例。因此我们应当警惕两种危险的倾向：以文化全球化来取代本土化只能导致中国文化特征的丧失；反之，过分强调文化的本土化，一味排斥外来文化的影响，也容易滋长另一种形式的民族主义情绪，其结果必然使我们的对外文化学术交流停滞甚至倒退，进而给我们的和平稳定的外部环境蒙上一层阴影。面对文化全球化的潮流，我们的对策应首先是顺应它，同时在不损害本民族文化的前提下利用它来扩大中国文化的影响，以达到我们将中国文化的精华送出去的目的；同样，通过与国际社会的交流和对话使得中国的文化研究真正与国际（而非西方）接轨。在这方面，我们所需要的是既超越狭隘的民族主义局限，同时又不受制于全球化的作用，因此正确的态度是顺应国际潮流，与之沟通对话而非对立。这样，可以预见，21世纪世界文化发展的新格局便是不同文化之间经过相互碰撞之后达到对话和某种程度的共融，而不是像亨廷顿之流所声称的"文化冲突"。

可以说，全球化的大背景有利于传统汉学自身的革新和与国学的交融。过去，汉学家们自认为掌握了新的理论方法，因而可以对文化和文学史上的老问题作出新的解释；而国学家则认为，从事中国传统文化研究，他们才是"正宗"，因为只有他们才掌握中国语言和文化的真谛，并占有大量第一手的原始资料，而这些则正是汉学家们所望尘莫及的。但曾几何时，随着计算机和因特网的普及，资料的占有已不再是国学家所掌握的优势了，因此他们必然在研究的方法和理论分析的视角上有所革新；同样，全球化也使得我们所身处的地球变得越来越小，汉学家很容易在十几个小时内就飞来中国和国学家用汉语进行直接的交流和对话，通过这样的交流和切磋，双方互通了信息，加深了了解，这必然反映在各自的研究成果中。因此在全球化的语境下重建汉学首先要克服狭隘的民族主义观念，认识到作为一门长期以来一直在西方高等院校的课程中占有一席的汉学并非中国文化本身的产物，而是西方出于不同的需要而进行的一种建构，因此它本身是十分复杂的。而与之相反的是，中国的传统文化研究或称国学，则是中国国内和港台地区的学者致力于在全世界弘扬中华文化而建立的一门学问，它与汉学的出发点是不同的，理论视角也迥然有别。这已是一个不可否认的事实。只有认识到这一客观的事实，才能进行有效的沟通和交流，最后达到汉学的重建之目的。

当今的新一代汉学家具备了深厚的理论意识，并掌握了多学科知识，他们往往在一个广阔的全球文化和世界文学的语境下考察研究中国文化和文学，并且对中国当代文化和文学予以特别的关注，因此仍然拘泥于传统的汉学研究已经不适应当今这个全球化时代的学术研究的氛围。近几年常为人们讨论的"中国学"研究（Chinese Studies）就是重建或革新传统汉学的一个有效尝试。这一新兴的中国学研究应当具有一种全球的视野和开阔的胸襟，从事其研究的学者不仅应有本学科的全面深入的知识，而且还应当广泛地涉猎其他相关的人文社会科学各学科领域，打通古代和现当代的分野。同时他们也应当克服根深蒂固的"欧洲中心主义"或"西方中心主义"之思维模式，与中国国内的研究者建立平等的交流关系，而不是仅仅将中国文化当作一个远离文明中心的"他者"来考察研究，应当及时把中国国内学者的最新研究成果拿来以充实自身的教学和研究。如果能做到这几点的话，我们的送出将和海外的中国学研究者的研究成果共同为中国文化在全世界的传播和接受作出贡献。就这一点而言，本书的写作应该算是一个初浅的尝试。

主要参考书目

（本书目仅将作者写作中参考或引用的成书出版的主要专著或编、译著，按汉语拼音或英文字母顺序予以排列，而发表在期刊上的论文则在正文注释中予以标明。）

一　中文部分

艾田蒲著，许钧、钱林森译：《欧洲之中国》（上下卷），河南人民出版社，1992年，1994年版

安文铸、关珠、张文珍编译：《莱布尼茨与中国》，福建人民出版社，1993年版

丁扬忠等译：《布莱希特论戏剧》，中国戏剧出版社，1990年版

《蔡元培美学文选》，北京大学出版社，1983年版

杜维明：《儒家思想：以创造转化为自我认同》，东大图书公司，1997年版

马立安·高利克著，伍晓明、张文定等译：《中西文学关系的里程碑》，北京大学出版社，1990年版

顾彬：《关于"异"的研究》，北京大学出版社，1997年版

塞缪尔·亨廷顿著、周琪等译：《文明的冲突与世界秩序的重建》，新华出版社，1998年版

季羡林：《留德十年》，东方出版社，1992年版

李兰琴：《汤若望传》，东方出版社，1995年版

李明滨：《中国文学在俄苏》，花城出版社，1990年版

利奇温：《18世纪中国与欧洲文化的接触》，商务印书馆，1962年版

李学勤主编：《国际汉学著作提要》，江西教育出版社，1996年版

李润新 周思源主编：《老舍研究论文集》，人民文学出版社，2000年版

李文潮 H.波塞尔编：《莱布尼茨与中国》，科学出版社，2002年版

刘以焕：《国学大师陈寅恪》，重庆出版社，1996年版

马剑：《黑塞与中国文化》，首都师范大学出版社，2019年版

马树德主编：《世界文化史故事大系·德国卷》，北京语言文化大学出版社，1998年版

钱林森：《中国文学在法国》，花城出版社，1990年版

钱林森编：《牧女与蚕娘》，上海古籍出版社，1990年版

钱林森编：《中外文学因缘》，南京大学出版社，1989年版

钱林森：《法国作家与中国》，福建教育出版社，1995年版

史景迁著、廖世奇等译：《文化类同与文化利用：世界总体对话中的中国形象》，北京大学出版社，1990年版

奥斯瓦尔德·斯宾格勒著、齐世荣等译：《西方的没落》（上下册），商务印书馆，1963年版

宋柏年主编：《中国古典文学在国外》，北京语言学院出版社，1994年版

王宁：《比较文学与中国文学阐释》，台湾淑馨出版社，1996年版

王宁：《后现代主义之后》，上海外语教育出版社，2019年修订版

王宁、薛晓源主编：《全球化与后殖民批评》，中央编译出版社，1998年版

王宁、葛桂录：《神奇的想象：南北欧作家与中国文化》，宁夏人民出版社，2005年版

王佐良、周珏良主编：《英国二十世纪文学史》，外语教学与研究出版社，1994年版

卫礼贤著、王宇洁等译：《中国心灵》，国际文化出版公司，1998年版

卫茂平：《中国对德国文学影响史述》，上海外语教育出版社，1996年版

夏瑞春编、陈爱政等译：《德国思想家论中国》，江苏人民出版社，1995年版

严光辉：《辜鸿铭传》，海南出版社，1996年版

阎纯德主编：《汉学研究》，中国和平出版社，1997年版

余三乐：《早期西方传教士与北京》，北京出版社，2001年版

于语和、庚良辰主编：《近代中西文化交流史论》，山西教育出版社，1997年版

乐黛云、勒比雄主编：《独角兽与龙：在寻找中西文化普遍性中的误读》，北京大学出版社，1995年版

张弘：《中国文学在英国》，花城出版社，1992年

张静河：《瑞典汉学史》，安徽文艺出版社，1995年版

章含之等：《我与乔冠华》，中国青年出版社，1994年版

周一良主编：《中外文化交流史》，河南人民出版社，1987年版

朱谦之：《中国哲学对欧洲的影响》，福建人民出版社，1983年版

宗白华：《宗白华全集》，安徽教育出版社，1994年版

二　西文部分

Duywendak, J. J. L., *Holland's Contribution to Chinese Studies*. London: The Chinese Society, 1950

Enwall, Joakim, ed., *Outstretched Leaves on His Bamboo Staff: Studies in Honour of Goran Malmqvist on His 70th Birthday*. Stockholm: The Association of Oriental Studies, 1994

Etiemble, Rene, *L' Europechinoise* (vols. I et II). Paris: Gallimard, 1988, 1989

Fokkema, Douwe W., *Het Chinese alternatief in literatuur en ideologie*. Amsterdam: De Arberderspers, 1972

Fokkema, Douwe W., *Issues in General and Comparative Literatur*. Calcutta: Papyrus, 1987

Galik, Marian, ed., *Chinese Literature and European Contert*. Bratislava: Rowaco Ltd, 1994

Goldman, Merle, ed., *Modern Chinese Literature in the May Fourth Era*. Cambridge, Massachustts: Harvard University Press, 1977

Hsia, C. T., *A History of Modern Chinese Fiction 1917−1957*. New Haven: Yale University Press, 1961

Kubin, Wolfgang, *Nachrichten von der Hauptstadt der Sonne*. Suhrkamp, 1. Auflage, 1985

Kubin, Wolfgang, *Aus dem Garten der Wildnis−Studien zu Lu Xun*. Bouvier Verlag, Bonn, 1989

Lao She, *Zwischen Traum und Wirklichkeit*. China Studien−und Verlagsgesellschaft, Frankfurt am Main, 1981

Lu Xun, *Die Methode, wilde Tiere abzurichten*. Oberbaumverlag, 1. Auflage, 1979

Mao Dun, *Schanghai im Zwielicht*. Oberbaumverlag, 1979

McDougall, Bonnie S., *The Introduction of Western Literary Theories into China*, 1919—1925. Tokyo, 1971

Motsch, Monika, *Mit Bambusrohr und Ahle Von Qian Zhongshus Guanzhuibianzu einer Neubetrachtung Du Fus*. Peter Lang − Europaeischer Verlag der Wissenschaften, Frankfurt am Main, 1994

Said, Edward, *Orientalism*. New York: Vintage Books, 1979

Said, Edward, *Cultire and Imperialism.* New York: Vintage, 1994

Salmon, Claudine, ed., *Literary Migrations, Traditional Chinese Fiction in Asia.* Beijing: International Culture Publishing Coporation, 1987

Sprinker, Michael, ed., *Eduard Said: A Critical Reader.* Oxford UK & Cambridge USA: Blackwell, 1992

Tu, Wei-ming, *Way, Learning, and Politics: Essays on the Confucian Intellectual.* Albany: State University of New York Press, 1993

Wang Ning, *Translated Modernities: Literary and Cultural Perspectives on Globalization and China*, Ottawa: Legas Publishing, 2010

Xiao Hong, *Fruehling in einer kleinen Stadt.* Cathay Verlag, Koeln, 1985

后　　记

　　对中国文化在欧洲的翻译介绍、传播和影响的匆匆巡礼就这样结束了。但是留在我心中的仍然是一种遗憾之感，这一方面是因为这一领域所涉及的各个方面实在是太广阔了，而且也超出了本人的能力，尤其是语言的能力，因而有些章节的撰写不得不借助于中文和英文资料；另一方面则是对文化本身的定义又实在是太多元了，因而本书中所写到的文化基本上是一种限于有文字记载的高雅文化，而较少涉及民间文化、大众文化以及传媒文化等方面。尽管如此，我仍感到，这方面仍有许多东西可以写和可以说，特别是在欧洲这样一个有着几十个国家的大陆，经常使用的语言就有几十种，一个人无论多么博学也无法掌握这么多的语言去阅读原文资料。再加之时间上、资料上和篇幅上的局限，我又不得不忍痛割爱就此打住，留下的一片片空白有待于我们本人或后人再去弥补了。好在据我所知，国内尚没有与之完全相同的专题的一本著作问世，因而我就斗胆邀集一些学术界的同人，在现有的资料和研究的基础上写出并抛出这本不甚成熟的小书，以供后来者进一步研究。

　　毫无疑问，本书的写作是在国内外学者早已开始的前期研究成果的基础上进一步发展、补充和深化的产物，所有引用或参考的主要书目或论文分别在注释和书后的参考文献中予以标明，在此我谨代表本书的另两位作者向这一领域内的先行者表示衷心的感谢。同时也感谢河北人民出版社的编辑张晨光和高菲，没有他们的良好建议和不断敦促，本书及其修订本恐怕是难以如期完成的。最后，我谨在此交代一下本书撰写的

后　　记

　　分工情况：王宁撰写绪论、第一章、第六章和结语部分，并负责全书各章节的编排、结构的调整、部分章节的修改以及全书文字风格的统一；钱林森撰写第二章和第三章初稿；马树德撰写第四章和第五章并负责这两章的定稿。

　　从本书的初版直到此次的修订，已经过去了二十多年。在这二十多年里，这方面的研究又涌现出了一些新的成果。因而此次趁着修订之际，我分别邀请马树德教授修改了他所负责撰写的两章，而我本人也对我自己以及年事已高的钱林森教授负责撰写的章节作了适当的修改，但大多是文字上以及史实上的问题，少数文献资料也作了一些更新。但由于时间关系不可能作大幅度的修改和扩充。如有不当之处，恳请广大专家学者不吝指正，以便本书今后再版时有机会改正。

王　宁
2022 年于上海